高等院校"十三五"**电子商务系列**规划教材

ELECTRONIC COMMERCE

新媒体营销

营销方法 + 平台工具 + 数据分析

微课版

刘亚男 胡令 / 主编

秦绪杰 易俗 刘彩华 / 副主编

人民邮电出版社

北京

图书在版编目（CIP）数据

新媒体营销 ：营销方法+平台工具+数据分析 ：微课
版 / 刘亚男，胡令主编. -- 北京 ：人民邮电出版社，
2021.1
高等院校"十三五"电子商务系列规划教材
ISBN 978-7-115-53426-2

Ⅰ. ①新… Ⅱ. ①刘… ②胡… Ⅲ. ①网络营销－高
等学校－教材 Ⅳ. ①F713.365.2

中国版本图书馆CIP数据核字 (2020) 第030968号

内 容 提 要

新媒体营销是一种借助新媒体平台进行营销的方式，不管是个人还是企业，都可以通过新媒体平台进行营销，通过优质的内容打造口碑并提高知名度。本书首先介绍新媒体和新媒体营销的基础知识、新媒体营销内容的设计，然后介绍如何利用微信公众号、微博、社群、短视频、直播、写作和知识问答等平台开展新媒体营销，最后介绍新媒体营销数据分析的方法，帮助读者成为新媒体营销的高手。

本书可以作为高等院校新媒体营销类课程的教材，也可以作为新媒体营销相关从业人员的参考书。

◆ 主　　编　刘亚男　胡　令
　　副主编　秦绪杰　易　俗　刘彩华
　　责任编辑　许金霞
　　责任印制　周昇亮

◆ 人民邮电出版社出版发行　　北京市丰台区成寿寺路 11 号
　　邮编　100164　电子邮件　315@ptpress.com.cn
　　网址　https://www.ptpress.com.cn
　　北京天宇星印刷厂印刷

◆ 开本：700×1000　1/16
　　印张：15.5　　　　　　　　　　　2021 年 1 月第 1 版
　　字数：310 千字　　　　　　　　2025 年 1 月北京第 5 次印刷

定价：49.80 元

读者服务热线：(010)81055256　印装质量热线：(010)81055316
反盗版热线：(010)81055315
广告经营许可证：京东市监广登字 20170147 号

前言
PREFACE

　　互联网与信息技术的快速发展使传统的市场营销形式发生了变化，企业纷纷搭上互联网的快车，开始享受基于互联网的营销方式所带来的"红利"。在这种环境下，新媒体营销突破了传统市场营销的诸多限制，快速发展并进入一个相对繁荣的时期。不管是个人还是企业，都可以通过新媒体达到营销的目的。对于个人而言，新媒体可以提供多渠道、多模式的创业机会，便于最大化地实现个人价值；对于企业而言，新媒体可以提供更加丰富的营销方式，扩大企业的营销市场，带来更大的营销空间。

📀 本书内容

　　本书从新媒体营销的角度出发，系统、全面地介绍了当前新媒体的发展趋势，以及相关营销策略和方法，帮助企业和相关从业人员不断提高新媒体营销的综合能力。本书共8章，可分为3个部分，各部分的具体内容如下。

　　第1部分（第1章~第2章）： 介绍新媒体营销的基础和理论知识，包括新媒体与新媒体营销概述（如新媒体的类型、新媒体的发展趋势、新媒体营销的特点、新媒体用户定位、新媒体营销方法和新媒体营销平台选择等）、新媒体营销内容的设计（如新媒体营销内容的标题写作、正文写作和排版设计等）。

　　第2部分（第3章~第7章）： 介绍新媒体营销的具体方法和策略，包括微信公众号营销、微博营销、社群营销、短视频营销与直播营销、写作营销与知识问答营销。通过这几章的学习，读者可以熟悉主流的新媒体营销平台，学习新媒体营销的方法和策略，快速掌握新媒体营销的实战技巧。

　　第3部分（第8章）： 主要介绍新媒体数据分析的相关内容，包括新媒体数据分析概述、新媒体数据分析的基本方法，以及微信公众号和微博数据分析。

📀 本书特色

　　作为新媒体营销的教材，与目前市场上的其他同类教材相比，本书具有以下特点。

　　思路清晰，知识全面。 本书从新媒体营销的"宏观"角度出发，通过合理的知识安排，全面围绕新媒体营销的各项内容来展开介绍，从最基础的知识开始，循序渐进，层层深入，使读者对新媒体营销的定位、内容、方法、渠道等有全面的了解。

案例丰富。本书每章开始均以案例导入的方式来引导读者学习，并在正文知识讲解的过程中穿插对应的案例，案例以文字或图片的形式进行展示，具有较强的可读性和参考性，可以帮助读者快速理解并掌握相关知识，加深对知识的理解程度。

理论与实践相结合。本书是一本新媒体营销的策略性图书，在讲解理论知识的同时，以课堂实训的形式加强读者对知识的理解与掌握。本书还设计了"课后练习""拓展知识"板块，帮助读者更好地运用相关知识。

经验提升。书中提供了"知识补充"栏目，补充了与书中所讲内容相关的经验、技巧与提示，可以帮助读者更好地总结和消化知识。

配套资源

拓展学习资源。扫描书中二维码即可直接查看相应的视频或知识链接，相关内容可以帮助读者更加直观地学习相关操作知识，或进一步理解新媒体营销的相关知识。

赠送资源。本书配套有丰富的学习资源，包括二维码链接式拓展资料、PPT课件、教案和题库等，有需要的读者可通过人邮教育社区下载。下载地址为：www.ryjiaoyu.com。

本书由刘亚男、胡令担任主编，秦绪杰、易俗、刘彩华担任副主编。由于作者水平有限，书中难免存在不足之处，欢迎广大读者、专家给予批评指正。

编　者
2020年8月

目录
CONTENTS

第1章 新媒体与新媒体营销

案例导入

2019年春节，支付宝再次推出了"集五福"活动，并新增了"花花卡"。拥有花花卡的用户，就有机会抽取"全年帮你还花呗"大奖。活动推出后，"花花卡""集五福""求换敬业福"等话题快速占据了微博话题榜。据统计，支付宝的"集五福"活动使支付宝官方微博增粉过万，单条博文互动过万。支付宝"集五福"活动的巨大成功，引发了同类竞争者的竞相模仿，如百度、抖音、今日头条等也推出了集卡拿红包的活动，百度甚至还拿下了央视春晚的独家互动合作。

自2012年以来，国内新媒体用户的数量持续增长，新媒体普及程度逐步提升，新媒体产业日趋活跃，行业日益成熟化。到底什么是新媒体？新媒体营销有哪些特点和类型？新媒体营销的方法有哪些？本章将针对以上问题，对新媒体与新媒体营销的基本情况进行介绍，帮助读者初步了解新媒体与新媒体营销。

学习目标

- 了解新媒体的概念与特点、新媒体的类型
- 熟悉新媒体的发展趋势和发展面临的问题
- 熟悉新媒体营销的特点与误区
- 了解新媒体用户定位
- 掌握新媒体营销方法
- 掌握新媒体营销内容的准备
- 了解新媒体营销的各类平台、新媒体营销数据分析的意义

技能目标

- 能够进行用户的定位和分析
- 能够熟练运用新媒体营销方法
- 能够选择合适的新媒体营销平台
- 能够对营销数据进行初步分析

1.1 新媒体概述

新媒体是以数字技术为基础、以网络为载体进行信息传播的媒介，与传统媒体存在很大的区别。新媒体的出现丰富了企业营销的方式，为不同产品或品牌的营销推广提供了新的平台。较之于传统媒体，新媒体的概念是不断变化的，它有着独特的特点与类型。下面先对新媒体的概念、特点等进行讲解，再对新媒体的类型、发展趋势和发展面临的问题进行介绍。

1.1.1 新媒体的概念与特点

新媒体是新的技术支撑体系下出现的媒体形态，如数字化的传统媒体、网络媒体、移动端媒体、数字电视、数字报刊等。下面分别对新媒体的概念和特点进行介绍。

1. 新媒体的概念

"新媒体（New Media）"这个概念于1967年，由美国哥伦比亚广播电视网（CBS）技术研究所所长、国家电视标准委员会（National Television Standards Committee，NTSC）电视制式的发明者戈尔德马克（P. Goldmark）在发表的一份关于开发电子录像商品的计划中提出。随着科技的飞速发展，新媒体越来越受到人们的关注，成为人们议论的热门话题。关于新媒体的概念，很多专家分别从不同的角度进行了研究。新传媒产业联盟秘书长王斌认为，新媒体是以数字信息技术为基础、以互动传播为特点、具有创新形态的媒体。美国《连线》杂志更是将新媒体定义为：所有人对所有人的传播。那么，到底什么是新媒体呢？对于新媒体的概念，可以从广义和狭义两个方面理解。

- **广义**：新媒体可以被看作在各种数字技术和网络技术支持下，以互联网、宽带局域网和无线通信网等为渠道，利用计算机、手机和数字电视等各种网络终端，向用户提供信息和服务的传播形态，具有媒体形态数字化的特点。
- **狭义**：新媒体可以被看作继报纸、广播、电台和楼宇广告等传统媒体后，随着媒体的发展与变化而形成的一种媒体形态，如互联网媒体、数字电视、移动电视、手机媒体等。

总的来说，新媒体既是信息科技与媒体产品紧密结合的产物，也是媒体传播市场发展的趋势和方向。

> **知识补充**
>
> #### 传统媒体的"改头换面"
>
> 新媒体的界定会随着时代的进步不断发生变化：数字电视基于电视，属于新媒体；电子报刊基于报纸，属于新媒体。新媒体的关键就是数字技术与网络技术，当各种传统媒体被数字技术和网络技术改造后，就可以变为新媒体。

2．新媒体的特点

就内容而言，新媒体既可以传播文字，还可以传播声音和图像；就传播过程而言，新媒体既可以通过流媒体的方式进行线性传播，还可以通过存储、读取的方式进行非线性传播。与传统媒体相比，新媒体主要具有以下特点。

（1）交互性。

交互性是新媒体与传统媒体最大的区别。传统媒体属于单向传播，无论是电视、杂志还是报纸，都是单向传播信息。也就是说，媒体负责传播信息，用户负责接收信息，交互性较差。但是，在新媒体环境下，信息的传输是双向或多向的，传播者与接收者之间能够进行信息的相互传递。信息的来源不只包括传播者，还包括接收者，信息传播的双方可以随时对信息进行反馈、评论、补充和互动，这样能最大限度地调动接收者的参与性和主动性，实现双向的信息交流。

新媒体的交互性主要体现在两个方面：一是传播者与接收者的信息交流是双向的；二是信息的控制权掌握在参与传播的用户手中。

（2）开放性。

传统媒体在发布信息时必须获得授权或取得相关资质。例如，政府部门、新闻媒体、报刊等平台发布的内容需要经过层层审核，严格把关。在新媒体环境下，用户可以随时随地通过互联网进行信息的发布与传播。用户可以作为信息的传播者自由发布自己的意见与观点、评论或转载他人的信息，也可以通过网络获取更多的信息。

（3）即时性。

传统媒体在发布信息时往往需要诸多环节，这必然会造成信息的滞后。而新媒体不受诸多外在因素的制约，用户可以直接通过手机等智能终端进行"现场直播"，做到随拍随发，实现无时间、无空间限制的"超时空"传播。通过新媒体，用户可以随时了解世界各地发生的事，做到"足不出户，便知天下事"。

（4）丰富性。

新媒体依托数字技术、信息技术和移动通信技术等形成了巨大的网络体系，其表现形式多样，可将文字、音频、视频融为一体，做到即时地、无限地扩展内容，从而使内容变得生动形象。

（5）数字化。

传统媒体在发布信息时，其形式和内容通常都比较单一，而新媒体的数字化以信息技术和数字技术为主导，以大众传播理论为依据，融合文化与艺术，将数字信息传播技术应用到了文化、艺术、商业、教育和管理等众多领域中。从信息传播的角度来说，新媒体数字化包括信息的采集、存取、加工、管理和分发等过程；从信息的表现形式来说，新媒体数字化可以呈现出图像、文字、音频、视频等多种形式。如今，数字化的新媒体已成为信息社会中较为广泛的信息传播载体，几乎渗透到了人们生活与工作的方方面面。

（6）个性化。

一方面，新媒体可以基于用户的使用习惯、偏好和特点等，专门为其提供能满足其各种个性化需求的服务，实现信息传播的个性化；另一方面，用户也可以通过新媒体选择信息、搜索信息甚至订制信息，其传播的信息内容与用户的个人喜好密切相关，具有个性化的特点。

（7）传播综合性。

新媒体传播是多种技术和途径的融合，具有综合性的特点。新媒体打破了传统媒体的单一分工模式和界限，催生了媒体之间的融合，使信息的传递更加全面翔实。例如，如今电视和广播节目均可在网络新媒体上被用户实时接收，重大公共事件在传统媒体平台上被报道的同时，也会在微博或网站等新媒体平台上得到同步报道。

1.1.2 新媒体的类型

新媒体按不同的方式可以划分成不同的类型，每一种分类方式都有自己的依据，其中常见的分类方式有按传播途径分类和按传播媒介分类。下面分别对按这两种分类方式分类的新媒体进行介绍。

1. 按传播途径分类

按传播途径的不同，可将新媒体分为 4 种类型，下面分别进行介绍。

- **基于互联网的新媒体**：这种类型的新媒体包括博客、电子杂志、网络视频、播客、群组和网络社区等。
- **基于数字广播网络的新媒体**：这种类型的新媒体包括数字电视和移动电视等。
- **基于无线网络的新媒体**：这种类型的新媒体包括手机电视、手机报、手机视频、手机无线应用协议（Wireless Application Protocol，WAP）、手机短信／彩信等。
- **基于融合网络的新媒体**：这种类型的新媒体包括交互式网络电视（Internet Protocol Television，IPTV）等。

2. 按传播媒介分类

按传播媒介的不同，通常可把新媒体分为 4 种类型，下面分别进行介绍。

- **网络新媒体**：网络新媒体主要包括门户网站、搜索引擎、虚拟社区、RSS、电子邮件／即时通信／对话链、博客／播客／微博、维客、网络文学、网络动画、网络游戏、网络杂志、网络广播、网络电视、掘客、印客、换客、威客／沃客等。
- **手机新媒体**：手机新媒体主要包括手机短信／彩信、手机报纸／出版、手机电视／广播等。
- **新型电视媒体**：新型电视媒体主要包括数字电视、IPTV、移动电视、楼宇电视等。

- **其他新媒体**：其他新媒体主要包括隧道媒体、路边新媒体、信息查询媒体及其他跨越时代的新媒体等。

1.1.3 新媒体的发展趋势

新媒体的发展日新月异，结合当前的形势来看，新媒体的发展趋势主要表现在以下几个方面。

- **智能化**：大数据、云计算和人工智能等技术的快速发展，使信息的采集、制作、发布和传播方式发生了巨大改变。社会化媒体应用、移动互联网技术、大数据技术、云计算等为媒体的智能化提供了基本的技术铺垫。
- **大数据**：新媒体在现代传媒产业中占据着非常重要的位置。新媒体在发展的过程中积累了大量的用户和用户行为数据，这些数据是进行用户分析的基础。大数据已成为新媒体的核心资源，它与新媒体之间是相辅相成的关系。新媒体的功能属性可对社会信息进行分析和解读，而通过对"大数据"的挖掘、分析和使用，可以得到全面的、有价值的社会信息。
- **社群化**：无论是微信、微博，还是一些新媒体客户端，都开始重点关注细分市场、精准定位受众群体，并逐渐向社群转化。通过互联网，社群可以更加有效、快速地推动产品的传播，并迅速建立企业的品牌效应，而且还能在一定时间内保证产品的用户数量。由此可见，未来新媒体的一个发展趋势就是社群化，并会逐渐形成社群媒体。
- **垂直细分**：垂直细分就是将新媒体的某一类型，划分出更多的类型。垂直类媒体讲究精耕细作，且针对的是特定人群的特定需求，用户黏性相对较大。
- **媒体融合发展**：在经济快速发展的今天，传统媒体在科学技术的冲击下将会面临更多的挑战，传统媒体与新媒体的融合与发展已成为时代的潮流。传统媒体在与新媒体融合发展的过程中要坚持新媒体思维，坚持移动和智能优先，坚持发挥优质内容优势，深化媒介融合理念。

总而言之，在发展环境方面，新媒体相关政策将会更加细化，监管方面将更为严格，新媒体将走上健康和可持续发展的道路；在技术手段方面，云计算、大数据、人工智能与新媒体的结合将会更加紧密；在细分领域方面，新媒体行业将垂直化细分领域，在未来，新媒体将会被应用在更多的行业和领域。

1.1.4 新媒体发展面临的问题

新媒体在为我们带来便捷的同时，也带来了一些新的问题，这些问题产生的负面影响，随着新媒体的传播，变得越来越不容忽视。下面分别介绍新媒体发展面临的问题。

1. 网络谣言

新媒体的发展带来了信息量的绝对增加，然而正是过快的增长速度使信息真假难辨，甚至还有一些网络谣言的制造者为了博取关注编造虚假信息。例如，2018年10月28日的大巴车坠江事件，前期网络上就谣传一小轿车女车主驾车逆行导致大巴车坠江，随后网上都是对小轿车女车主的指责和谩骂。然而，警方在对事故现场进行调查后才发现，责任人实际上并不是小轿车女车主，而是大巴车乘客与大巴车驾驶员发生争吵殴打而导致大巴车在行驶中突然越过中心实线，撞击对向正常行驶的小轿车后冲上路沿，撞断护栏，坠入江中。通过此次事件可以看出，新媒体时代，网络极易滋生谣言，该事件中的女车主虽然在车祸中逃过一劫，却受到了网络谣言的极大伤害。

2．网络暴力

新媒体具有互动性等特点，容易导致网民产生非理性情绪，当情绪被放大后，容易演变为大量网络用户对少数人的网络暴力。网络暴力一般是指在网络上发表具有侮辱性和煽动性的言语、图片、视频等的现象。网络暴力的根源包括：网民的虚拟性，网络制度的不健全和道德约束的缺乏，部分网民的素质低下，法制建设与精神文明建设的不同步等。

3．侵权抄袭

版权即著作权，是法律赋予作者对自己创作的作品依法享有的权利。在网络中，信息的流通量大，再加上网络和网民的虚拟性，使版权的维护变得十分困难。在网络中，很多时候人们仅仅需要注册一个账号，就能随意复制、抄袭其他人的言论，并在未经作者允许的情况下肆意转载其作品，导致侵权现象泛滥。

1.2 新媒体营销概述

新媒体营销是将传统营销理论通过新媒体平台重新进行应用和发展的一种更适合当前环境的营销模式。新媒体营销通过在新媒体平台上发布具有广泛影响力的内容来吸引用户参与具体的营销活动。新媒体营销更注重内容信息的渗透性，通过一种软性广告来传递品牌或企业的某种理念或观点，以更好地进行企业品牌形象的建设与产品的销售。

1.2.1 新媒体营销的特点

新媒体营销并不是简单地通过新媒体平台来进行传统营销理论的实践，而是基于传统营销思维的升级和应用，更符合当前的互联网环境。总的来说，新媒体营销主要有以下5个特点。

● **成本低廉**：与传统的电视广告、报刊广告相比，新媒体营销的固定资金投入较少，并且可以借助先进的多媒体技术手段全面实时发布营销信息，从而更好地进行企业产品和品牌的宣传与推广。

- **覆盖广泛**：新媒体营销需要互联网环境的支持，其传播方式和传播渠道均多样化。新媒体营销不受时间和空间的限制，能够覆盖全世界的目标消费人群，营销信息也能不受影响地得以扩散。
- **定向精准**：新媒体营销基于大数据、云计算等技术，能够通过用户在网络上的浏览行为的信息数据绘制产品的目标人群画像，从中寻找到客户的潜在需求，从而有针对性地进行营销，制定更加精准的营销策略并获得更好的营销效果。
- **传播迅速**：新媒体营销的传播速度主要体现在传播途径和自身特点两个方面。从传播途径上说，新媒体营销更注重信息的传播，符合用户需求的信息，用户会更愿意主动传播，从而加快信息传播的速度；从自身特点上说，新媒体平台本身具有信息发布便捷、快速的优点，用户可以随时随地接收信息。
- **互动性强**：新媒体信息的传播是双向的，用户可以对营销信息进行传播、讨论和反馈，甚至还能参与营销的策划与改进，具有非常强的互动性，这也是新媒体营销如此火爆的原因之一。

1.2.2 新媒体营销的误区

新媒体营销是一个长期的过程，很多营销人员因为急于求成而陷入一些误区，这对实现营销目标是相当不利的。下面介绍 5 个新媒体营销的误区，帮助营销人员规避营销误区，更好地实现营销目标。

- **营销就是推广**：推广是为了更好地进行产品和品牌信息的传递，让用户快速认同并消费而采取的行为，如广告宣传、促销信息展示、公关说明等。相比推广来说，营销的内容更加丰富，不仅包含推广的内容，还包含传统意义上的销售、用户分析与产品设计以及定价。可以说营销包含了推广的环节，比推广更加复杂与系统。同时，营销也不仅限于网络，通过将线下的商务机会与互联网结合（Online To Offline, O2O），实现线上线下整合营销是目前的营销趋势。
- **太看重数据**：数据是营销成果的表现，但过分看重数据而忽略其他因素会让新媒体营销的重点发生偏差。比如微博转发量过 10 万、微信文章阅读量超过 20 万、每月粉丝数量增加 1 万等数据。如果纯粹是为了达到这样的数据而进行营销，可能会出现造假的情况，这些数据也并非完全真实可信。真正的新媒体营销应该是立体式的营销，即将所有参与其中的人都联系起来，告诉参与者营销的核心内容和精神，达到产品或品牌推广的目的。
- **过度营销**：有些企业认为营销就应该做大、做全——花费大量的资金投入各种营销平台，不同方法轮番上阵，大量的营销文章层出不穷，甚至一天好几十篇，每篇内容各不相同。其实这种思想是错误的。新媒体营销并不是向用户灌输全方位的信息，而是抓住一个点，并通过营销手段来加深用户对这个点的印象，让他们产生记忆并自发传播。

- **不需要营销成本**：与电视、报刊等传统媒体营销相比，新媒体营销的成本相对较低，但这并不意味着新媒体营销就不需要成本。有些企业之所以选择新媒体进行营销，就是认为新媒体传播快、覆盖范围广，不需要花费过多的精力就能获得良好的营销效果。这种想法是错误的。真正零成本就能达到营销目的的营销方案几乎是不存在的，要想扩大营销规模、吸引更多用户的关注，还需要与其他大号联合运营，如与"网红"、微博"大V"、微信公众平台大号等合作，同时还需要不少的资金。有实力的企业还可以直接邀请明星做代言，通过明星的力量快速引发明星粉丝的传播，打造产品热度，这更需要高昂的成本。

- **营销只需要一个人**：新媒体营销的操作方法虽然相对简单，但并非是一个人就能完成的。新媒体营销的整个过程涉及多方面的内容，如文案写作、图片设计、营销进程管理、内容推广等，如果将这些工作都交给一个人来完成，不管这个人的工作能力有多强，都很难保证所有环节不出现纰漏。并且，一个人的想法始终有局限，一个人独自确定的营销方案往往没有多个团队成员之间的思维碰撞所产生的营销方案有创意。因此，新媒体营销是要靠整个营销团队的合作来开展的。一般来说，新媒体营销团队需要有团队管理者、文案策划人员、美工人员和推广人员等，这样才能更好地进行产品和品牌的推广与宣传，从而获得更好的营销效果。

1.3 新媒体营销的准备

新媒体的快速发展使各种营销方式层出不穷，越来越多的个人和企业加入新媒体营销的大军，激烈的市场竞争使新媒体营销变得越来越困难。正所谓"凡事预则立，不预则废"，不管是个人还是企业，要想获得竞争优势，都应当在营销前做好充分的准备。

1.3.1 新媒体用户定位

用户定位是新媒体营销至关重要的一个环节，只有了解自己的目标用户，知道用户需要哪些服务，才能更好地进行营销计划的制订与实施，使营销效果最大化。

1. 了解目标用户

了解目标用户，一是需要了解哪些是自己的目标用户，二是需要了解这些目标用户的主要特征。而要清楚这些内容，应当从用户属性和用户行为两个方面进行分析。

（1）用户属性。

用户属性是指用户的自身分类属性，包括性别、年龄、身高、职业、住址等基本信息。这些属性信息的不同可能会导致用户的收入水平、生活习惯和兴趣爱好不同，从而影响用户的消费行为。因此要在开展营销计划前就做好用户属性的分析，找到符合自己产品和品牌定位的用户群体，这样才能针对这些用户群体更好地制订营销计划，刺激他们产生消费行为。

定位与企业属性相符的用户可以从以下两个方面入手：一方面可通过对大量消费群体的地理位置、消费水平、消费行为、年龄、收入等属性信息进行分析，将具有类似消费行为的群体筛选出来，并将其与企业的产品和目标进行匹配，得到最终的目标消费群体；另一方面可以通过问卷调查、有奖问答、实地探访等方式进行调查研究，了解用户的实际想法，有针对性地根据用户的行为来调整产品定位。

（2）用户行为。

用户行为由用户意向左右。用户意向是指用户选择某种内容的主观倾向，表示用户接受某种事物的意愿，是用户行为的一种潜在的心理表现。一般来说，影响用户意向的因素主要有以下3点。

- **环境因素**：环境因素会影响用户意向。如冬季雾霾导致空气污染严重，防霾口罩在该时间段就会比其他时间段的人气高；又如某热播剧引起人们对某件商品的关注，受该热播剧的影响，关注该商品的用户也会增多。
- **商品因素**：主要是对商品的价格、质量、性能、款式、服务、广告和购买便捷性等因素的考虑。如在淘宝直播平台上，用户可以在观看直播的同时直接购买商品，这比传统视频营销结束后告知用户通过何种渠道购买更加便利。
- **用户个人及心理因素**：由于自身经济能力（如购买能力、接受程度）、兴趣习惯（如颜色偏好、品牌偏好）等的不同，用户会产生不同的购买意向。用户的心理、感情和实际的需求各不相同，也会产生不同的行为动机。

综上所述，用户的行为是不断变化的，要想了解用户的行为，就需要重视用户信息的收集与分析，并发现用户的行为规律，研究用户产生购买行为的原因。需要注意的是，用户定位是一个长期的过程，企业不仅要在营销计划开始前就进行定位分析，还要在营销的过程中随时观察用户的变化，找出用户未被满足的需求，将其作为下一阶段营销计划的改进方向。

2．构建用户画像

用户画像是表现用户行为、动机和个人喜好的一种图形表示，能够将用户的各种数据信息以图形化的形式直观展示出来。但是用户画像展现的并非某一个用户的信息，而是具有相同特征的目标用户群体的共同信息，通过画像的方式来为这些具有共性的用户贴上一个标签，从而实现数据的分类统计。

（1）用户画像的作用。

利用用户画像可以为不同用户贴上不同标签，然后呈现给营销人员。用户画像是真实用户的缩影，其作用主要包括以下 4 个方面。

- **精准营销**：要做到精准营销，数据是最不可缺少的。以数据为基础，构建用户画像，利用标签，企业就可以在充分了解用户信息的基础上针对用户推送营销内容。
- **数据统计**：构建用户画像后，企业还可以借助用户画像的信息标签，计算出如"喜欢某类东西的人有多少""处于 25~30 岁年龄段的女性用户占比是多少"等数据。不仅如此，在用户画像数据的基础上，企业还可以实现关联规则计算，即可以由 A 联想到 B。
- **用户研究**：用户画像构建完成后，就可以研究和分析用户的各种数据信息，从而指导企业对产品进行优化，还可以根据不同用户群体的需求进行订制服务。
- **业务决策**：根据用户画像，企业可以得知用户地域分布情况、年龄分布情况等信息，这些信息可以帮助企业做好相关的业务决策。

（2）如何构建用户画像。

一般情况下，通过对用户属性与用户行为的分析就可以建立起基本的用户画像模型，然后对收集和分析的数据按照相近性原则进行整理，将用户的重要特征提炼出来形成用户画像框架，并按照重要程度进行先后排序，最后进行信息的丰富与完善，即可完成用户画像的构建。图 1-1 所示为一点资讯华为手机用户画像。

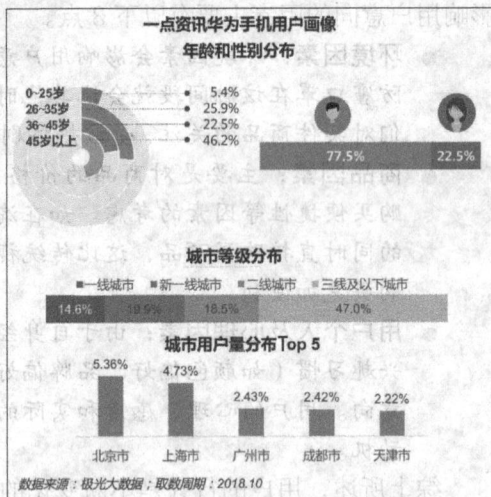

图 1-1 一点资讯华为手机用户画像

3. 提供用户服务

经过前面的定位基本可以确定企业所要面向的目标用户，但这并不意味着用户定位已经结束。企业不但要在用户心中树立起独特的形象，还要根据产品和用户的需求做好服务定位。即不仅要让企业选择目标用户，还要让目标用户主动选择企业。那么，怎样通过营销来体现用户服务呢？

首先，要充分了解企业所在行业的情况，了解企业产品的特点，并根据这些内容有针对性地进行用户的产品服务定位，让目标用户感到企业提供的产品与他们的需求是一致的，从而提高用户的认同感。如针对老年手机用户群体，要突出产品音量大、按键大、可手写等特点；针对年轻手机用户群体，则要突出智能、高清、双卡、大容量等优势。

其次，要从目标用户需求的角度出发，突出企业自身产品与竞争对手产品之间的差异，在用户心中留下特别的印象，最终打造出属于自身的特色产品或服务。如在微信公众号中，就可以根据产品或企业的特点来设置个性化的功能菜单。

1.3.2 新媒体营销方法

随着互联网技术的快速发展，新媒体营销已经成为企业品牌推广的重要途径。新媒体营销在品牌宣传的方式上比传统营销更新颖和快捷，也更容易被当下的年轻人接受。新媒体营销有 6 种比较具有代表性的营销方法，下面分别进行介绍。

1. 饥饿营销

饥饿营销是指企业或商家通过一系列策略（如限时、限量），营造一种"供不应求"的现象，使用户产生紧迫感，进而促进产品销售或宣传品牌形象的营销手段。

图 1-2 所示的星巴克"猫爪杯"营销就是比较典型的饥饿营销案例。"猫爪杯"是一款星巴克在中国门店发售的2019 年樱花主题系列杯，这批限量玻璃杯只在中国发售，限量购买，先到先得。最终，凭借好看的外形与有限的供货数量，"猫爪杯"迅速成为"网红"产品，可谓"一杯难求"，网上销售价格甚至被抬高了近 5 倍。

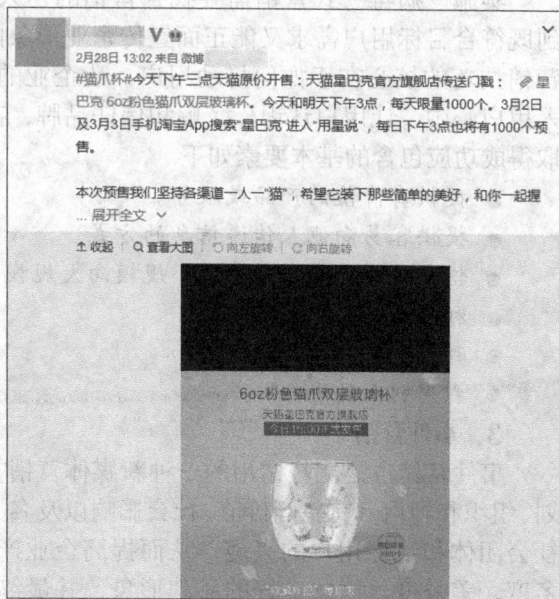

图1-2 星巴克"猫爪杯"

饥饿营销的核心是制造"供不应求"的现象，以增强用户的购物欲望，刺激用户快速做出购物决定。这种营销方式要获得成功，还应当注意以下 4 个关键点。

- **心理共鸣**：实施饥饿营销的基础即产品能够满足用户的需要。只有用户认可该产品，饥饿营销才能够正常开展。
- **量力而行**：实施饥饿营销，可以在一定程度上提升品牌的价值和影响力，但是一味采用这种营销方式，可能会消磨用户的耐心，也可能会产生适得其反的效果，对品牌形象造成负面影响。

● **宣传造势**：每个用户对产品的欲望不同，对产品的需求程度也不同。所以，实施饥饿营销，首先需要激发用户的欲望，吸引更多用户的关注。在宣传节点的制定、宣传平台的选择及宣传内容的策划等方面，都要谨慎。

● **审时度势**：在市场经济下，用户的欲望可能还会受到其他竞争对手市场活动的影响。因此，实施饥饿营销还需要密切关注市场环境的变化，关注竞争对手的营销策略。

2．"病毒"式营销

"病毒"式营销是新媒体营销中比较常见的一种营销方式，常用于网站推广和品牌推广。"病毒"式营销是一种利用公众的积极性和人际网络，让营销信息像病毒一样扩散、传播的营销方式。拼多多广告就是典型的"病毒"式营销——邀请足够数量的好友砍价就可以免费获得产品，它利用用户的人脉圈子，一传十、十传百，达到"病毒"式快速传播的营销效果。

实施"病毒"式营销需要找到营销的切入点，而如何找到既符合目标用户需求又能正面宣传企业形象的话题是关键。营销技巧的核心在于如何打动用户，让企业的产品或品牌深入用户心中，让用户认识、了解和信任品牌，甚至依赖品牌。"病毒"式营销取得成功应包含的基本要素如下。

● 提供有价值的产品或服务。
● 提供容易向他人传递信息的方式。
● 信息传递范围很容易从小规模向大规模扩散。
● 利用公众的积极性。
● 利用现有的通信网络。
● 利用别人的资源。

知识链接
"病毒"式营销
经典案例

3．事件营销

事件营销也是比较常用的一种新媒体营销方式。事件营销是指企业通过策划、组织和利用具有新闻价值、社会影响以及名人效应的人物或事件，引起媒体、社会团体和目标用户的兴趣，从而提高企业产品和服务的知名度、美誉度，树立良好的品牌形象，并最终促成产品成交的营销方法。

通常来说，事件营销要快速引发热度和关注，借助名人或热门事件是非常简单的途径。总的来说，一次成功的事件营销可以让企业花费较少的人力、物力和资金成本，成功将产品或品牌推入大众的视野，甚至引起裂变式的"病毒传播"。对于企业来说，容易吸引用户关注，同时有利于提升品牌形象的事件包括公益

知识链接
事件营销经典案例

活动、热点事件、危机公关和名人效应等。

比如，2018年5月18日为世界博物馆日，当天，中国国家博物馆、湖南省博物馆、南京博物院、陕西历史博物馆、浙江省博物馆、山西博物院和广东省博物馆与抖音合作推出了"博物馆抖音创意视频大赛"活动。此次活动，通过骨节动画、配音特效等一系列新媒体技术，将当下的流行元素与国宝文物相结合，并进行了年轻化的演绎，让展台上的国宝文物配合着抖音中的旋律在视频中"翩翩起舞"。这个活动引起了更多年轻人对这些国宝文物的关注，并且加深了他们对国宝文物的认知。在活动期间，视频累计播放量超过了1.1亿次。

在事件营销里，要想与用户产生共鸣，需要将产品的特性与媒介活动相结合，借事件的热点创造有亮点的话题。若要在事件营销中实现双赢，还需要掌握以下5点关键因素，下面分别进行介绍。

- **真实性：**对于事件营销而言，必须保证事件的真实性，切忌弄虚作假。
- **相关性：**一般情况下，心理、利益和地理上与受众相接近和相关的事实，其价值更大。因为人们对自己的出生地、居住地和曾经留下过美好记忆的地方总有一种特殊的依恋情感，所以企业在策划事件营销时必须关注受众的相关性特点，这样才能引起人们的广泛关注。
- **重要性：**重要性是指事件内容的重要程度，它是影响事件营销的重要因素。一般而言，对越多的人产生越大的影响，事件价值就越大。而判断内容重要与否的标准主要是该事件对社会产生影响的程度的大小。
- **显著性：**事件中的人物、地点和内容的知名度越高，就越容易引起用户的关注。这也是企业多用"名人""名山""名水"进行营销的原因。
- **趣味性：**大多数用户会对新奇、不寻常的事情产生兴趣，因此在事件营销的过程中，增添趣味性是一种常用的手段。从心理的角度来说，多运用趣味性方式，会增添事件的色彩。

4. 口碑营销

口碑营销是企业运用各种有效的手段，引发企业的目标用户对其产品、服务以及企业整体形象进行讨论，并激励用户向其周边人群进行介绍和推荐的市场营销方式。说到口碑营销，就不得不提海底捞。在很多海底捞的门店，客人可以一边吃着水果、喝着饮料，一边享受着免费上网、擦鞋、美甲等服务，排队等待用餐。在用餐时，服务员会为长发女士提供皮筋和发夹，防止头发垂到食物里；会为戴眼镜的客人提供擦镜布，为普通客人提供保护手机的小塑料袋；甚至还会帮助客人喂小孩吃饭或陪小孩做游戏。这些个性化服务让海底捞拥有了良好的口碑。

要进行口碑营销，关键在于以下4点。

- **区别对待不同的对象：**并非所有产品都适合进行口碑营销，因为不同产品具有不同的特点，如外观、功能、用途、价格等。口碑营销在不同产品中发挥的作用均不相同，对于不同类型的对象要使用不同的营销策略。

- **做好用户体验**：在市场竞争中，产品的用户体验对其他用户有着很大的影响，也在一定程度上决定了公司发展的好坏。用户体验包括产品使用体验与服务使用体验。
- **利用知名品牌进行推荐**：对于一个新产品来说，如果有知名品牌的推荐，可能会帮助用户消除心中的疑虑，提高品牌的可信度。国内很多汽车品牌在上市之初，可能都会利用与奔驰、宝马、奥迪等品牌的合作来推广本汽车品牌，如使用奔驰、宝马、奥迪等品牌的发动机，该品牌由奔驰、宝马、奥迪等联合设计等。因此，很多用户就会对该品牌汽车产生一定的印象，并在交流中传播这些内容，形成一定的口碑，吸引一定数量的用户进行购买。
- **品牌和故事结伴传播**：故事是传播声誉的有效工具，在口碑营销中利用带有感情的故事传播品牌，其效果可能会比其他传播方式更有效。

需要注意的是，口碑是一把双刃剑，既能因为正面传播为企业带来口碑效应，也会因为负面传播给品牌带来巨大的负面影响。所以企业在进行口碑营销的过程中，一定要学会对负面口碑进行控制和管理。

- **控制负面口碑**：控制负面口碑即控制口碑传递过程中的负面信息流。企业对口碑信息流的合理控制不仅可以将口碑信息真实、完整地展示给用户，还可以方便企业对不利的口碑信息进行管理。从实践的角度来讲，保持企业与用户之间的密切交流（即通过搭建有效的沟通平台、及时进行回应等方法）是控制负面口碑最常用、最有效的方法之一。
- **管理负面口碑**：当负面口碑已经形成，并且已经在社交平台上进行传播时，企业应该迅速对负面口碑进行管理，正确处理用户投诉、引导舆论、加强重点客户管理。

5. 情感营销

情感营销主要是从用户的情感需要出发，唤起用户的情感需求，引发用户心灵上的共鸣，寓情感于营销之中，让有情的营销赢得无情的竞争。比如2018年苹果公司联手知名导演打造的中国春节营销微电影——《三分钟》，就是比较典型的情感营销案例。这部微电影全程使用 iPhone X 拍摄，讲述了一位列车员母亲过年期间在列车上值班，不能和自己年幼的儿子一起过年，仅仅凭借列车在站台停靠的三分钟与儿子相聚的故事。微电影将短暂的团圆浓缩在短短的三分钟里，用屏幕上方的三分钟倒计时和孩子背诵的乘法口诀营造出母子迫切希望团圆却无奈时间紧迫的气氛，引起了用户对亲情的共鸣。

不得不说，此次苹果公司的情感营销十分出色，微电影没有着重强调产品对人们生活的改变，仅仅展示了产品性能，利用亲情让用户产生情感共鸣，在虏获了大量人心的同时还深化了 iPhone X 的产品特性，深度包装了苹果公司的企业形象。图1-3所示即为《三分钟》微电影片段。

图1-3 《三分钟》微电影片段

情感营销是很多品牌争相效仿的一种营销方式，但是企业在进行情感营销时，应当注意以下4个关键点。

- **情感关联**：企业要通过情感来进行营销，就需要先明确企业产品、形象与所营销情感之间的关联。该关联可通过 Logo、产品外观、颜色设计等能够体现企业形象的内容来与目标用户进行情感的连接，使其感受到企业产品、形象给用户带来的文化、思想以及情感上的触动。
- **情感宣传**：一般情况下，宣扬情感、思想文化的广告往往能够提高产品形象，用户也会减少对广告本身的抵触。设身处地地为用户着想，加强与用户的情感交流，更能让用户对企业及其产品从认识阶段升华到情感阶段，最终到达行动阶段。
- **情感价格**：情感价格由能够满足用户情感需要的价格、品牌影响力以及产品自身组成。产品的设计和广告宣传再好，价格不合适，用户也只会观望，所以就需要以情感价格的方式，深入用户的内心。合适的情感价格可以提高产品及品牌的影响力，起到增强情感营销效果的作用。
- **情感氛围**：为用户提供舒适优雅、具有感染力的营销环境，一方面能够提升产品及品牌的格调，另一方面也能够让用户在无形中接受来自品牌的消费信息，增强消费欲望。

6. IP营销

IP（Intellectual Property）即知识产权，包括音乐、文学和其他艺术作品、发现与发明等。但是近年来随着 IP 内容的丰富，以及其越来越可观的商业价值，IP 的含义已超越知识产权的范畴，正在成为一个现象级的营销概念。在当前新媒体环境下，我们可以将 IP 理解为一种能够仅凭自身的吸引力，挣脱单一平台的束缚，在多个平台上获得流量并进行分发的内容，它是一种"潜在资产"。只要是具备知名度、话题的品牌和产品以及个人，都可以被看作一个 IP。

比如，故宫就是一个超级 IP。提及故宫，首先想到的就是它那辉煌悠久的历史，然而在新媒体时代下，故宫不仅借助新媒体来提升自身的价值、吸引力，它也成了一个品牌、一个无形的 IP，同时还具备了带动流量和营销的能力，最终顺理成章地走上 IP 营销之路。故宫先是充分运用"故宫大 IP"，将故宫传统文化元素植入时尚的当代工艺品中，设计了许多富有创意和特色的周边产品。除此之外，还拍摄了如《我在故宫修文物》等纪录片，让更多人了解中国文化、中国格物精神。其次还将 IP 营销渗透到了现代科技中，上线了如"皇帝的一天""清代皇帝服饰"等多个 App，不仅推广了 App 本身，也推广了文物。另外还与阿里巴巴、腾讯合作，将传统文化与新兴文化相结合，升级了品牌的形象。

IP 营销具有极强的话题性和传播性，有着庞大的粉丝基础和市场，是一种可以产生裂变传播的新型营销方式。在进行 IP 营销时，应当注意以下 3 个关键点。

- **原创性**：在日益碎片化的媒体环境下，非原创性的营销内容在市场上难以被用户记住、形成品牌的记忆，也很难取得好的传播效果，因此 IP 营销必须具有原创性。
- **持续性**：IP 营销应有持续运营的能力。一个好的 IP 应当像一个鲜活的生命体，不断产生内容；还应当具备持续生产优质内容的能力，有持续的号召力、影响力和衍生能力。
- **人格化的内容**：人格化是指让品牌具有一些"拟人"的功能和元素。在进行 IP 营销时，IP 需要有鲜明的人设和性格，可以与目标用户建立"人与人"之间的直接情感关联，再通过使用符合该 IP 的表达和交流方式，借助各种内容表达形式，如短视频直播、图文等，和用户进行沟通与交流。

1.3.3　新媒体营销内容准备

在新媒体营销中，内容是核心，而内容的出发点又是用户，在进行了用户定位后，就需要进一步对新媒体营销内容进行选择和准备，从而让营销深入用户的内心，提高营销效果。因此，个人、企业在营销时应当更加注重新媒体营销的内容，下面对新媒体营销的内容进行详细介绍。

1. 新媒体营销内容的选择

新媒体的诞生改变了信息传播的方式，对于企业而言，传统媒体依靠传播平台进行营销的方法逐步被淘汰，转而发展为依靠内容传播营销信息。通过提供目标用户感兴趣的内容，与受众建立良好的关系，从而达到增强营销效果的目的。也就是说，在进行新媒体营销时，营销人员应更加注重内容的选择。新媒体内容的选择一般从以下两个方面出发。

- **热点**：热点就是短时间内大多数人都在关注和讨论的内容，具有较强的时效性。当前大部分热点的热度都会持续几天、一周甚至半个月，如果借用热点输出内容，也会获得较好的营销效果。
- **用户需求**：传统的营销模式习惯于直接展示产品，在新媒体营销模式下，企业首先需要了解用户的需求，然后针对这类信息进行主动且专业的解答。企业通过帮助用户解决实际问题的方式培养用户对品牌的信任，最后顺理成章地引导用户购买产品。

2．新媒体营销内容的定位原则

对新媒体营销内容进行定位可以帮助营销人员确定营销的方向。一般情况下，新媒体营销内容的定位原则主要包括以下5个方面。

● **内容风格的统一**：内容要与企业产品或品牌的定位相符合，既要保持内容风格、用语等的统一，又要提升内容的专业性。

● **内容的高频输出**：内容的高频输出是指内容的持续生产能力，即内容从构思到成品需要花费的时间、精力、成本等是否可以支持内容在某一频率的时间内持续展现给用户。在开始做新媒体营销时，如果你的内容比竞争对手推出的时间更长，更新频率更低，那将不具备竞争优势。当已经有了稳定的用户群，并能保证稳定的自传播时，才可以慢慢降低内容输出的频率。

● **内容要满足用户需求**：与产品定位、服务定位一样，内容定位也要从用户需求的角度来进行考虑，从用户的需求中挖掘痛点，再以内容的形式展示出来，以打动用户。如某音乐App通过对"90""95"后的目标用户需求进行分析，发现他们除了听一线流行歌曲外，还喜欢一些比较小众的民间音乐、二次元音乐、各国影视剧目主题曲等，针对用户的需求，该音乐App以小众、猎奇、包罗万象的音乐为切入点，发动用户以用户原创内容（User Generated Content，UGC，即用户将自己原创的内容通过互联网平台进行展示或者提供给其他用户）的方式上传各种音乐内容，使其在音乐市场快速站稳脚跟。

● **内容要符合营销目的**：营销的目的不同，内容写作的方向就不同，需要呈现给用户的内容侧重点也就不同。如果以广告分成为目的，那么内容就要注重阅读量，可结合热点、娱乐、八卦等信息来确定内容写作方向；如果以个人品牌建设为目的，那么就要注重内容的质量与专业性，以累积个人口碑；如果以销售产品为目的，那么就要注重引流和转化，要选择能够直接引导到产品链接页面的营销平台，并在内容中突出目标用户的痛点或用户可以获得的好处。

● **内容要贴合营销人员的能力**：写作内容不是随便想想就能写出来的，它与运营人员的写作能力密切相关。如果没有较好的策划能力、写作能力和整合能力，即使有再好的点子也无法呈现出来。同时，运营人员也要明确自己在做运营时有什么优势，尽量利用自己的优势（如资源优势、写作能力强等）来进行内容定位，这样可以更好地写作内容。

3．新媒体营销内容的表现形式

新媒体营销内容的表现形式非常丰富与多样化，文字、图片、视频、音频等都是常见的表现形式。无论采用哪种表现形式，其本质都是一种内容的分享、传达，用有价值的内容将品牌和产品信息传达给用户。下面分别对新媒体内容的表现形式进行介绍。

（1）文字。

文字是信息最直观的表达形式，可以准确传递信息的核心价值，不容易使用户产生理解上的错误。文字的表现方式非常多样，不同文字的组合可以带来不同的营销效果，还可以快速吸引用户的注意并引起用户的共鸣。但以文字形式表达长内容一般字数较多、篇幅较长，此时应注意文字描述要准确，语言要简洁，每个段落的文字不要太长，以方便用户阅读。

（2）图片。

图片比文字具有更强的视觉冲击力，可在展示内容的同时给予用户一定的想象空间。新媒体营销中图片的展示内容可以全部是图片，也可以将文字作为图片的一部分融入图片中，使图片既能更鲜明地表达主题，又能快速提升用户的阅读体验。图1-4所示即为采用图片与文字结合的形式展现营销内容。

图1-4　采用图片与文字结合的形式展现营销内容

（3）视频。

视频是目前较为主流的新媒体内容表现形式，能够更加生动、形象地展现内容，具有很强的即视感和吸引力，能增加用户对营销内容的信任。比如欧莱雅为了给用户提供更多的内容和价值，就创建了"内容工厂"，为美宝莲、契尔氏等美容品牌的产品提供实时的共享内容；对"干货"视频、美妆教程进行视觉和内容的创造，并与著名视频网站YouTube进行密切合作，继续创建更多与品牌相关的内容；每当推出新产品，还会制作相应的产品视频教程，不仅说明产品的使用方法，还展示如何利用产品打造出一个完美的造型，以进一步满足用户的需求，如图1-5所示。

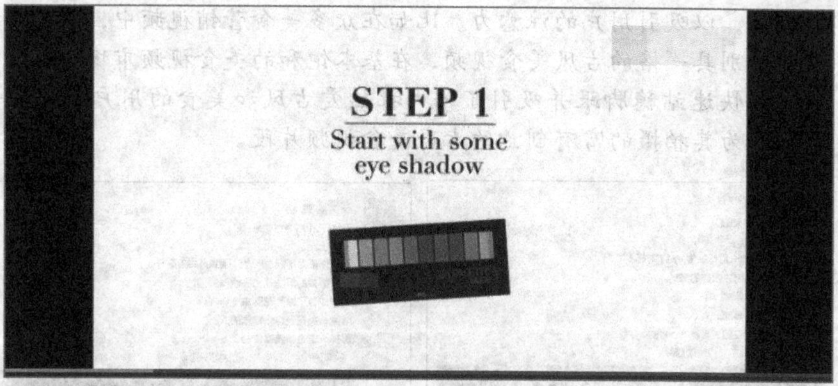

图1-5 采用视频形式展现营销内容

（4）音频。

除了文本、图片和视频外，音频也是常用的新媒体营销内容表现形式。音频更加具有亲和力，能够快速拉近产品或企业与用户之间的距离，让用户感到亲切，从而加深与用户之间的互动。但音频在收录过程中可能会由于外界的干扰而出现信息收录不完整，影响用户对信息的接收，导致用户错失重要的内容。因此，以音频形式进行新媒体营销时，要保证录音环境没有噪声、吐词清晰、语速适当、用语简明，让用户容易理解。图1-6所示即为采用音频形式展现营销内容。

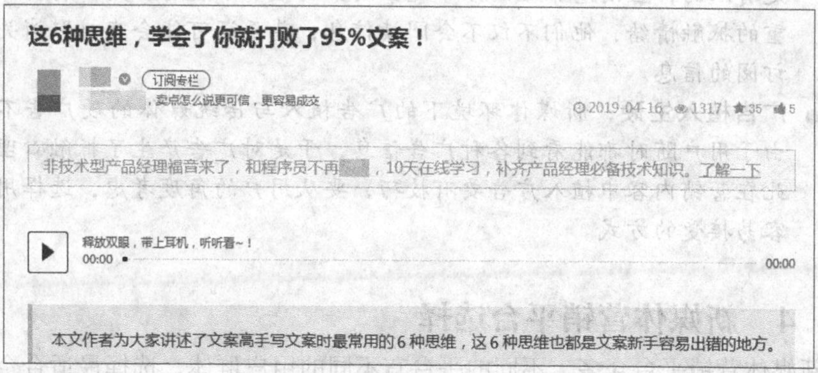

图1-6 采用音频形式展现营销内容

4.新媒体营销内容的常见误区

新媒体时代是一个信息泛滥的时代，充斥着很多没有价值的垃圾信息，要想快速吸引用户点击阅读营销内容，就要避免营销内容的一些误区。

● **内容没有新意**：在新媒体环境下，人们获取信息的方式更加多样化和自由化，用户可以自由选择想要阅读的内容。如果你的营销内容与其他企业雷同，没有创新，没有实用价值，那么用户是不会点击阅读的。这时可以从内容的标题、正文描述、写作手法等角度来与竞争对手产生差异，以吸引用户的注意力。比如在众多美食营销视频中，某微博博主通过别具一格的古风美食视频，在基本饱和的美食视频市场中打开了缺口，快速站稳脚跟并吸引了一大批热爱古风和美食的用户。图1-7所示即为其拍摄的富有创意的古风美食视频片段。

图1-7 某微博博主拍摄的古风美食视频片段

- **推送信息过多**：消息推送在新媒体营销中能起到唤醒用户、提高用户活跃度的作用。在消息推送机制下，用户属于被动接受方，其接受能力是有限的，当消息推送的频率超出用户的接受限度时，用户将会产生严重的抵触情绪，他们不仅不会阅读信息，甚至还可能会直接取消关注所订阅的信息。
- **广告植入生硬**：新媒体环境下的广告植入与传统媒体的硬广告不同，由于用户随时都能看到各种广告信息，于是对广告产生了抵触心理，因此在营销内容中植入广告要有技巧，要从用户的角度考虑，选择用户更容易接受的方式。

1.3.4 新媒体营销平台选择

新媒体营销平台众多，不同的平台有不同的用户群体，选择最适合企业自身运营的营销平台是使营销效果最大化的关键。下面将介绍新媒体营销的常见平台，帮助新媒体营销人员做好初期定位。

1. 微信

微信对于大家而言并不陌生，它是基于智能移动设备而产生的主流即时通信软件，是一个可以及时与用户互动的平台，注重即时性，可以实现一对一的互动交流。微信的渗透率高、覆盖面广，目前已经积累了较多的活跃用户，微信营销正是基于微信的迅速发展而兴起的一种营销方式。微信营销具有较强的用户互动性和即时性，根据其用户特点的不同，主要包括微信个人营销和微信企业营销。

- **微信个人营销**：微信个人营销是基于个人微信号所进行的营销。个人微信号可以与手机通讯录绑定，邀请手机联系人、微信好友进行交流，可以通过朋友圈发布动态，与微信好友进行互动。微信个人营销是一种点对点的营销，可以为目标人群提供更持续、更精准的服务，并会带来一定程度的口碑传播效应。对于微信个人营销来说，不管是建立个人品牌、促进产品销售还是维护用户关系，都具有非常良好的效果。

- **微信企业营销**：企业微信是一款用于办公沟通的即时通信产品，适用于各种类型的企业和机构用户。企业微信中提供了丰富的办公应用和强大的营销功能，员工扫码关注后，即可在微信中接收企业通知和使用办公应用。微信企业营销更多地偏向于企业公众号、企业微信群的营销，也可以培养业务人员在自己的个人微信号中进行推广营销。通过微信公众平台，企业也可以打造具有企业特色的企业号，与特定群体进行全方位的沟通和互动。

由于使用微信的用户众多，与其他营销相比，微信营销具有许可式互动推送、精准营销以及营销方式灵活多样等特点。下面分别进行介绍。

- **许可式互动推送**：微信营销是许可式的，只有在用户添加关注后，才能进行后续的营销。微信营销这一特点与广告的强制推送形成鲜明对比，从而避免了用户产生厌恶心理，占得营销先机。

- **精准营销**：微信拥有庞大的用户群体，借助移动终端、社交网络和位置定位等优势，让每个用户都能接收到指定信息，继而帮助商家实现点对点精准营销。

- **营销方式灵活多样**：微信营销方式多种多样，商家可以结合自身的情况，有选择地进行营销。比如利用位置签名功能可以让附近的微信用户看到；利用二维码让用户扫描并添加关注可以快速推送商业促销信息；利用微信开发平台，接入第三方应用可以无限拓展微信营销功能；利用朋友圈可以实现精彩内容的快速传播；利用微网站可以进行互动和品牌推广，将商家信息、产品服务、促销信息、市场活动等信息通过微信直接展示给用户。

2. 微博

微博随国外媒体平台"推特（Twitter）"的发展而兴起，是一个通过关注机制分享简短实时信息的广播式社交网络平台。微博是目前比较受欢迎、用户使用较多的一种博客形式，它更加注重时效性和随意性，能够表达用户每时每刻的思想和最新动态。微博是博客的微型化，主要有新浪、腾讯、网易和搜狐等平台，若没有特别说明，微博就是指新浪微博。图1-8所示即为新浪微博首页。

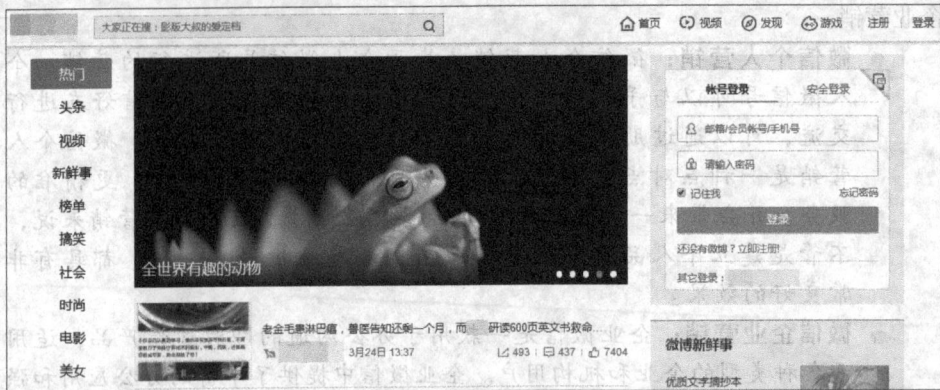

图1-8 新浪微博首页

微博的用户数量非常大，发布信息和传播信息的速度也非常快，微博博主通过每天更新微博内容、发布粉丝感兴趣的话题、与粉丝保持良好的交流互动，可培养出忠实的粉丝。如果微博博主拥有数量庞大的粉丝群，则他们发布的信息可以在短时间内被传达给更多用户，甚至产生裂变式的"病毒"推广效果，因此大多数个人和企业，都选择将微博作为主要营销平台之一。

与微信相比，微博主要有用户拉新快、发布便捷、互动性强的特点，下面分别进行介绍。

- **用户拉新快**：微博的传播速度特别快，尤其是热点话题，一经微博平台发布后，通过转发等方式就可得到迅速传播，而一旦有知名人士同时参与传播，那么其传播速度和传播范围将成倍增长。
- **发布便捷**：微博的审查过程比较简单，发布较轻松快捷。
- **互动性强**：微博发布后，粉丝通过留言、私信等方式与博主互动，博主可以与粉丝及时沟通，并获得反馈信息。

3. 视频平台

视频平台根据视频的长短和智能终端还可分为网络视频平台和短视频平台。

- **网络视频平台**：土豆视频、爱奇艺视频、腾讯视频、优酷视频、百度视频、搜狐视频、新浪视频、哔哩哔哩等都是比较常用的网络视频平台。这些视频平台的功能较为类似，都可以供用户自行上传视频内容，对视频时长的限制较少。同时，这些视频平台大多具有互动功能，可通过弹幕、评论等形式与用户互动，快速获取用户的反馈与意见，以便更好地进行营销计划的改善与调整。
- **短视频平台**：秒拍、抖音、美拍、快手、小咖秀等都是比较主流的短视频平台，其功能比较类似。与普通的视频相比，短视频具有操作流程简单、随拍随传等特点，并且短视频的时长较短，一般在60秒以内，用户可以快速进行内容的查看与分享。

与微信和微博相比，视频平台可以更加直观地将产品或品牌信息传达给用户，更好地进行内容的融合，其特点主要有以下4点。

- **目标精准**：视频营销是一种传播非常精准的营销方式。只有对产品、品牌、视频内容感兴趣的用户，才会对视频产生兴趣并持续关注，甚至由关注者变为传播分享者，将视频分享给与自己拥有相同兴趣的用户。

- **传播灵活**：视频的传播速度较快，很多视频在发布后短时间内就可以得到大量传播。企业可以根据需要在指定时间段将视频推送给用户观看，用户也可以主动去相关网站寻找感兴趣的视频。

- **效果可预测**：网络视频的投放效果，通常可以根据一些数据进行分析和预测，如网站访问量、视频点击量、收藏量等。这些数据使用户群体清晰易辨，不仅可以预测视频效果，还可以为下一次视频营销提供决策依据。

- **感官性强**：感官性强是视频营销最明显和最突出的优势。画面能够缩短用户对产品信任的过程，加快用户的购买决策。视频广告以"图、文、声、像"的形式传送多感官的信息，比单纯的文字性或图片性广告更能体现出差异化。图1-9所示即为视频平台中常见的广告。

图1-9 视频广告

4. 直播平台

网络直播是目前十分流行的新媒体营销方式，可以与用户进行现场实时互动。目前国内比较火的网络直播平台包括映客、虎牙、斗鱼和花椒等。与视频相比，直播更加直观，可以更好地实现与用户之间的互动，使营销更加容易，其特点主要如下。

- **营销成本低**：直播营销的直播设备简单，直播场景可由个人、企业自主构建，是目前成本较低的营销方式之一。特别是对于个人电商来说，仅靠一部手机就能完成直播营销。
- **营销覆盖范围广**：直播营销可以直接将产品的形态、使用方法等展现给观众，达到使用户全方位了解产品的效果。
- **销售效果好**：直播营销可以更加直观地通过主播的解说来传递各种优惠信息，同时开展现场促销活动，极大地刺激观众的消费欲望，以达到营销的预期销售效果。
- **营销反馈有效**：直播营销具有强有力的双向互动性，主播可以在直播内容的同时，接收观众的反馈信息，如弹幕、评论等。这些反馈信息中不仅包含观众对产品信息的反馈，还包含直播观众对产品的即时反应情况，这也为企业下一次开展直播营销活动提供了改进的空间。

5. 新媒体写作平台

新媒体写作平台是在新媒体的形势下产生的优质信息生产平台，用户可以通过这些平台分享自己的观点，输出个人价值，从而积累个人影响力，便于后期开展相关营销活动。当前主流的写作平台主要包括简书、今日头条、大鱼号、企鹅媒体平台、搜狐号、百家号、豆瓣等。总的来说，新媒体写作平台主要有以下3个特点。

- **流量大**：当前几大主流写作平台都背靠资金雄厚的大企业，如百度旗下的百家号、阿里巴巴旗下的大鱼号、腾讯旗下的企鹅媒体平台，本身就具备流量优势。除此之外，公司还会帮助作者大力推广并进行引流，只要内容质量高，一般就会有较高的阅读量。
- **版权的保护力度较大**：众所周知，网络平台中的抄袭与转载现象很普遍，这非常不利于文章的保护以及个人、企业品牌的建立。当前主流的写作平台，如今日头条、企鹅媒体平台等都开通了原创计划，极大地保护了原创者的权益。
- **品牌曝光**：在当前新媒体环境下，很多人都借助写作平台提升个人的影响力，通过写作平台不断地输出高质量的内容，拥有了大批粉丝，打造出个人品牌。就百家号而言，它是百度搜索引擎中重要的数据收录来源，作者在百度平台不断发表优质文章可以获得较高的个人品牌曝光量。在简书中，其平台有大量的出版社，质量高的文章可能还会获得出版社的青睐，并且还推出了签约作者，可为更多优质作者打造个人品牌。

6. 问答平台

随着新媒体的不断发展，专业化问答平台不断涌现，问答式网络社区崛起，这标志着知识型新媒体时代的来临。早期的问答平台包括百度知道、搜搜问问等，但是由于得到的答案参差不齐，便发展出了更具专业性的问答平台——知乎、分答、果壳等。

问答平台营销主要以内容质量来获取粉丝，优质内容在搜索引擎（如百度、搜狗)中可以获得较高的权重和较好的排名,是一种较为精准的营销方式。另外,由于问答平台注重知识和经验的分享与传播,这种营销方式还可以帮助个人或企业获得良好的口碑。总的来说,其特点主要如下。

- **互动性**:问答平台采用双向问答形式,用户既可以在问答平台上提出问题,或与其他人分享知识、经验和见解,还可以关注其他兴趣一致的用户。通过知识的解答和分享,问答平台构建了一张具有很高价值的人际关系网。个人可以在问答平台上通过交流的方式取得其他用户的信任,从而打造自己的个人品牌。

- **针对性**:问答既可以针对某个目标群体,根据群体的特点选择关注的焦点,充分调动目标群体的力量;又可以针对话题展开讨论,让更多的人参与进来,达到人群融合的效果。在平台中,用户可以根据自身的需求有针对性地提出问题,同时,这些答案又将作为搜索结果,满足有相同或类似问题的用户的需求。企业不仅可以通过回答问题来分享经验与知识,还可以在其专属问题页面中传播企业的具体业务范畴,通过专属的广告位增加企业曝光量,更加精确地定位消费群体,并形成转化。图1-10所示即为自媒体人在问答平台的回答。

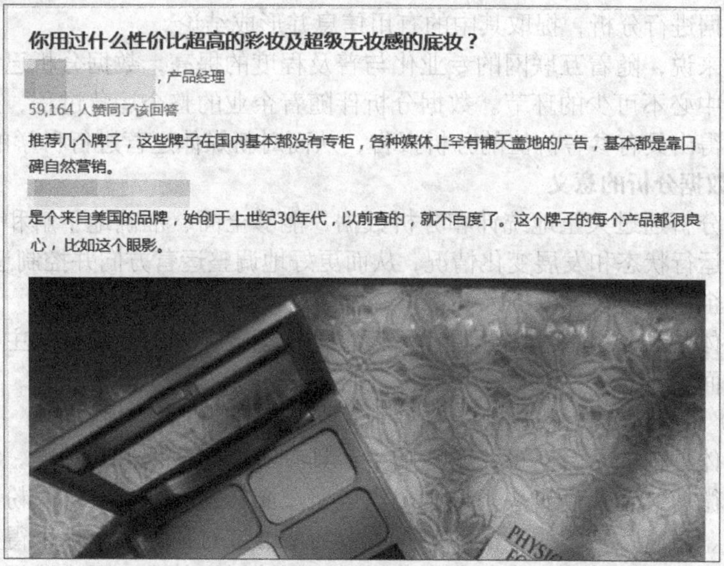

图1-10 问答平台营销

企业在开展新媒体营销时,都不会只选择一个平台,而是会同时在多个平台中进行营销。这主要是因为单一平台的营销效果可能有限,加之目标用户可能并不集中,通过多渠道、多平台联合营销,可以更全面地覆盖用户,实现营销效果的最大化。例如,2017年夏天,可口可乐发起了通过网络热门词汇定制新产品包装的活动,如"小清新""你的甜心""氧气美女""天然呆"等极具个性又符合特定人群定位的热门词汇,并将这些词汇印在可口可乐瓶身,打造专属昵称定制瓶可乐。该活动推出后，可口可乐首先与新浪微博微钱包合作推广昵称定制瓶可乐，让用户定制属于自己的可口可乐昵称瓶。活动上线的第一天，300瓶昵称定制瓶可乐1小时内被抢光；第二天的500瓶昵称定制瓶可乐则在30分钟内被抢光；第三天的500瓶昵称定制瓶可乐甚至只用了5分钟就被抢光。在之后的活动期间，每天限量的定制瓶可乐基本都是在1分钟内被抢光。除此以外，可口可乐还通过微博、微信预告线下活动行程，通过邀请明星参与来提升活动热度，实现了多种营销方法与营销平台的联合营销，全面覆盖了线上、线下用户，达到了较好的营销效果。

1.3.5 新媒体营销数据分析

随着生活水平的提高与科学技术的发展，用户的需求从最初的"基本需求"逐渐转变为"个性化消费需求"。对于新媒体营销来说，要想产品受到用户欢迎，增加忠实用户数量与收益，就必须以相关数据作为依据，在数据分析的基础上进行营销策划的制定与改善。

1. 数据分析的概念

数据分析是指有针对性地收集、加工、整理数据，并采用适当的统计分析方法对数据进行分析，提取其中的有用信息并形成结论。

总的来说，随着互联网的专业化与普及程度的提高，数据分析已经成为新媒体营销中必不可少的环节。数据分析伴随着企业的整个运营过程，通过分析各项数据得出具有参考价值的分析报告，从而对新媒体运营进行科学的指导。

2. 数据分析的意义

数据分析通过大量地统计和分析数据，能够全面、准确地了解和掌握产品与企业的运行状态和发展变化情况，从而更好地调整运营方向并控制运营成本，为产品和企业的运营提供决策性意见。

新媒体数据分析的意义体现在运营过程和运营计划的调整中，主要包括以下4个方面。

（1）了解运营质量。

新媒体营销的平台众多，不同的平台具有不同的数据评判标准。微信公众号推广、微博文章、今日头条推送、微信朋友圈转发、视频推广、粉丝维护、社群运营、微店运营、线下活动组织等都需要通过对数据的分析来得知其运营结果，通过对结果的分析来判断运营质量是否达标。其中，网站流量数据、粉丝数量、阅读数量、转发数量和评论数量等数据是各大平台都比较关注的数据，这些数据可以直观地反映新媒体的营销效果。图1-11所示为某微信公众号的粉丝数据分析，从中可以看出该公众号的粉丝增长速度较慢，粉丝流失严重，运营质量不佳。

（2）调整运营方向。

新媒体时代是大数据的时代，大部分新媒体营销平台都提供了数据分析工具，如百度指数、新浪微指数、微信指数和头条指数等。对各种数据进行分析与研究，可以帮助运营人员获得更加准确的用户需求数据，有助于运营人员及时调整运营的方向。图 1-12 所示为百度指数对实时热词"高考"的分析，从中可以看出网民对高考的关注呈现上升趋势，越临近高考的时间，其关注度越高。

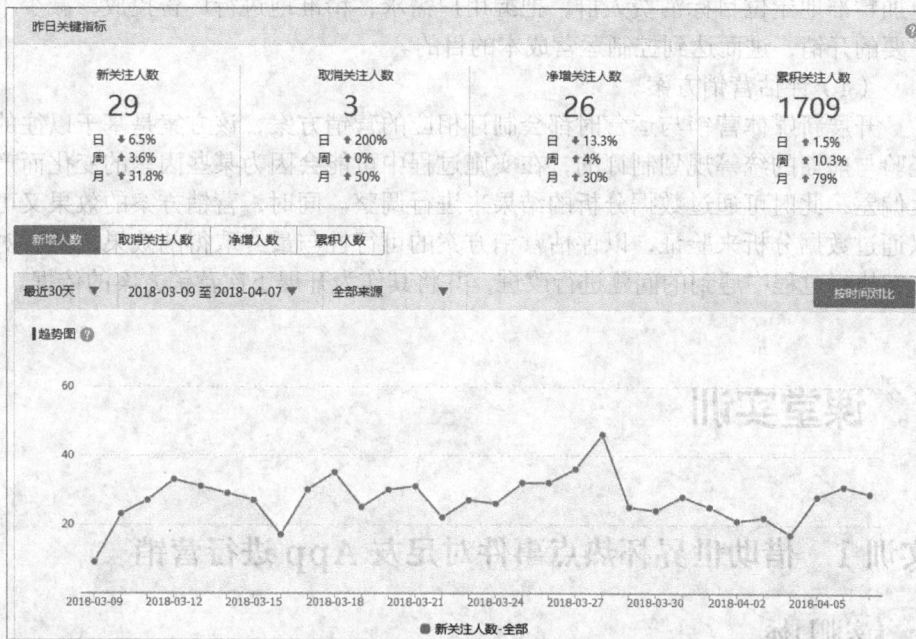

图 1-11　某微信公众号的粉丝数据分析

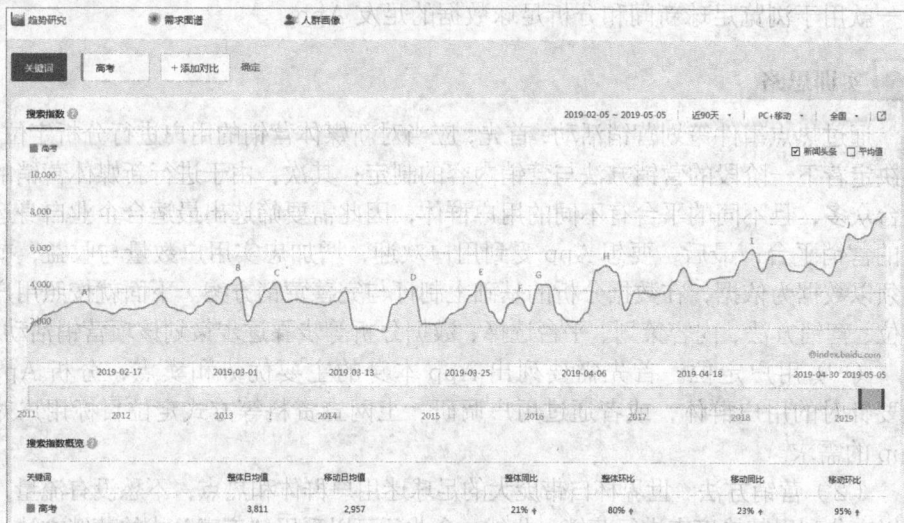

图 1-12　百度指数对实时热词"高考"的分析

（3）控制运营成本。

新媒体营销与运营虽然比传统的媒体广告运营容易，但要想获得良好的营销效果，提升企业产品的销售额并累积品牌口碑，仍然需要花费较大的运营成本。特别是在如今获取自然流量越来越困难的环境下，企业要想通过流量获得较高的转化就必须投入一定的资金成本。通过对数据进行分析，可以帮助企业更加精准地定位目标消费人群，把握用户需求，精准地进行广告投放，减少不必要的开销，进而达到控制运营成本的目的。

（4）评估营销方案。

开展新媒体营销与运营时都会制订相应的营销方案，该方案是基于以往的经验与前期的统筹规划制订的，在实施过程中可能会因为某些因素的变化而产生偏差，此时可通过数据分析的结果来进行调整。同时，营销方案的效果又可以通过数据分析来验证，以评估营销方案的可行性与最终取得的效果，然后对方案执行过程中遇到的问题进行改进，并将其作为开展下次营销方案的依据。

📈 课堂实训

实训 1　借助世界杯热点事件对足友 App 进行营销

🎯 实训目标

假如世界杯正在如火如荼地进行，现在需要借助世界杯这个热点事件，营销一款用于浏览足球新闻和分析足球数据的足友 App。

📺 实训思路

通过热点事件策划营销活动，首先，应当对新媒体营销的用户进行分析定位，它决定着下一阶段的营销方法与营销内容的制定；其次，由于进行新媒体营销的平台众多，且不同的平台有不同的用户群体，因此需要筛选出最适合企业自身运营的营销平台；最后，要想 App 受到用户欢迎，增加忠实用户数量与收益，就必须以数据为依据，在数据分析的基础上制订与完善营销方案。下面就按照用户定位、营销方法、内容策划、平台选择、数据分析等步骤逐步策划该项营销活动。

（1）用户定位。首先需要列出 App 本身的主要优势和卖点，分析 App 主要针对的用户群体，或者通过用户调研、上网查资料等方式定位目标用户对 App 的需求。

（2）营销方法。世界杯自带庞大的足球迷用户群体和热点，不愁没有流量，可以充分利用其热度来进行营销。此外，企业还可以采用"病毒"式的营销方法，如发布大量反复的"洗脑"式广告，或者通过发红包等方式来刺激用户分享 App。

（3）内容策划。内容策划要站在用户需求的角度来进行考虑，从用户的需求中挖掘痛点，再选择合适的营销方式将App展示出来，以吸引用户。例如，企业可以每天推送精选足球新闻，聚焦于世界杯期间引起用户激烈讨论的足球明星，写作世界杯期间这些足球明星的热点新闻，结合热点新闻发表自己的独到见解，吸引人气，并欢迎用户进行讨论。在客户端新闻页面插入足友App的图文广告和下载链接，推广足友App。热点新闻内容的写作可参考部分热点新闻，如图1-13所示。

图1-13　热点新闻

（4）平台选择。每一个平台都有自身的特点和优势，可以根据具体的营销方法选择适合企业的平台或者通过多个平台同时进行营销。例如，可以在微博、微信平台上引导用户下载足友App参与抢红包活动，也可以策划比赛中进球后发送红包的活动，预测比赛胜负抢红包等活动。

（5）数据分析。数据分析的结果是企业经营现状及营销效果的体现，越精准的数据越能反映当前的营销情况。营销人员可以通过微信、微博等新媒体平台中的数据对App营销情况进行分析，从而有针对性地进行营销。

实训2　分析999感冒灵在父亲节的营销事件

🎯 实训目标

以下为999感冒灵在父亲节当天发布的一则广告，请在阅读后从新媒体营销方法、新媒体内容的表现形式、新媒体营销平台3个方面对其进行分析。

2018年的父亲节，999感冒灵在微博上发布了一则父亲节广告《爱应有回声》，这个广告讲述了一个工作压力较大的女儿思佳和不善表达的父亲老秋的故事。广告中，女儿思佳是一名电台主播，某一天晚上，思佳在和妈妈打电话时，就谈起了自己的近况。打电话的过程中，在妈妈身旁听着电话的老秋频频向妻子使眼色让她询问思佳的新工作情况。和大多数年轻人一样，思佳说一切都好。在挂掉电话后，老秋向妻子询问起了思佳节目的名字。

第二天一大早，老秋便找出了很久不用的收音机，调频到了思佳的电台，开始一点一点地听起来，并细心地记下了思佳节目中存在的问题，想要帮助女儿改进节目。但没想到在思佳回家时，他刚刚将笔记翻开，建议的话还未说出口，便被女儿的一句"你又不懂"堵了回去。虽然提建议这个方法失败了，但老秋却没有放弃，他又想了别的方法来帮助思佳。随着工作渐渐忙了起来，思佳便想着将家里自己的东西搬走，就在她整理好东西、拿着父亲为她准备的保温杯和 999 感冒灵准备出发时，却意外在书房里发现了父亲放在桌上的笔记本。当打开笔记本，看到里面的计划和条幅时，思佳才知道，父亲一直在背后默默付出、帮助着自己，但长久以来，自己却总是在忽略父亲。在思佳发现父亲为她做的一切之后，感动不已，便借着电台向父亲真情告白，父女间的关系也自此更进了一步。

最后，999 感冒灵的广告语"真情虽无言，爱应有回声"出现，广告也至此结束。该视频上线后全网播放量突破千万，微博"大 V"纷纷转发，获得了不错的营销效果。

🔔 实训思路

在阅读以上材料后，下面就从新媒体营销方法、新媒体内容的表现形式、新媒体营销平台 3 个方面对其进行分析。

（1）营销方法。999 感冒灵的广告借父亲节这一热点，讲述了"中国式父爱"。此次情感营销，从中国家庭中父亲与子女的相处模式出发，展现了中国式父亲的默默付出、无声关怀。而作为家庭常用药，999 感冒灵也一直默默呵护着家庭成员的健康。因此，这充分展现了其与 999 感冒灵契合的品牌理念。如此贴合现实生活的情节安排，足以引发大部分国人的情感共鸣，建立起品牌与用户的情感联系。

（2）营销平台。此次营销，999 感冒灵之所以选择将微博作为主要营销平台，是因为微博的用户数量非常大，发布信息和传播信息的速度非常快，可以在短时间内传达给更多用户，甚至产生裂变式的"病毒"推广效果。

（3）新媒体内容的表现形式。999 感冒灵之所以选择以视频的方式展现其营销的内容，原因在于视频能够更加生动形象地展现内容，具有很强的即视感和吸引力，能增强用户对营销内容的信任。

🀫 课后练习

练习 1　分析海底捞负面口碑营销事件

某日，法制晚报发布了一条暗访海底捞的新闻，该新闻在社交媒体上一经发布，就引起了大量用户的关注，并引发热议。新闻指出海底捞后厨存在大量卫生问题，看了新闻的网友纷纷表示"恶心""再也不吃海底捞了"。

作为一个以服务质量闻名全国的连锁企业，严重的卫生问题让海底捞瞬间陷入危机，然而在短短6个小时内，海底捞的两次公关竟然转变了网友对此次事件的态度，成功化解了负面口碑的影响，赢得了大量网友的好感。海底捞是如何做到口碑逆转的呢？新闻曝光仅过去4个小时，海底捞便于微博首次发表回应，虽然第一次公关态度诚恳、发布迅速，达到了一定效果，但很多网友依然表示"可怕、恶心、不会光顾"。第二次公关速度依然很快，海底捞明确表示事故门店已停业整改，所有门店全面排查，配合政府部门、顾客和媒体的监督，同时提出虫害整改措施，主要责任人担责，并且妥善安排了停业门店的所有员工，甚至在海底捞网站上也可以看到大量对于食品安全自查自纠的通告。

试着分析海底捞能在出现负面口碑时实现口碑逆转的原因。

练习2 分析小米新款手机不再出现断货新闻的原因

早期，小米手机经常被人认为是在实施饥饿营销，最典型的就是小米手机1、小米手机2及红米手机，小米手机通过网上限时抢购快速打响了品牌知名度并引发了抢购热潮。但是，现在小米新款手机基本上不会出现断货新闻，这是为什么呢？试着查阅资料从新媒体营销方法的角度分析原因。

💡 拓展知识

1．分析成为优质新媒体平台的方法

新媒体营销的竞争十分激烈，要在众多的竞争对手中提升竞争优势，就要保证具备成为优质新媒体平台的基本条件，知道自身能够覆盖的人群有哪些，通过哪些媒体途径可以更好地进行营销，哪种媒体与产品的相容性更高。具体来说，就是要对新媒体所覆盖的人群、规模等进行了解。

● **了解覆盖人群**：不同的媒体有不同的目标用户群体，在进行新媒体营销前首先需要知道每种媒体的覆盖人群特点，找准定位才能更好地进行针对性营销，提升营销效果。如报纸、政务网站比较受政府官员或专业人士的青睐，电视对中老年人群的吸引力更大，微博、微信等社交网站更受年轻人的欢迎。

● **了解覆盖场景**：在覆盖人群相同的情况下使用不同新媒体平台进行营销，可能产生不同的效果。这是因为不同的营销产生转化的场景不同，即新媒体传递给目标人群的场景是否会被接受，目标人群会选择以什么样的方式来获得媒体信息。

● **了解媒体风格**：对不同媒体定位、评价及用户人群进行充分了解后，

分析这些内容是否与自身的价值观和内涵气质相符合，是否能够很好地传递自身形象、提升说服力，使用户信任你的广告内容。

2."病毒"式营销和口碑营销的区别

"病毒"式营销和口碑营销都旨在提高品牌知名度与销售额，并且都是以人为渠道，从不同角度发挥人的主动性，提供有价值的产品、服务、信息，通过有效的方式进行传播，实现品牌知名度的提升与销售的成功。两种营销方式有很多相同和不同之处。

简单来说，口碑是一直存在的，而口碑营销主要解决的问题是如何提升品牌或产品的声誉，比如日本车一般比较省油、美国车一般比较耐撞、苹果系统比安卓系统更加稳定、京东商城的服务态度一流等，这些品牌在用户心中累积了好的口碑。这些品牌在进行口碑营销活动时，用户通常不会担心产品或品牌有相应的质量问题。但是，"病毒"式营销更注重的是内容的传播与热度的打造，主要是进行造势，从而形成品牌口碑与知名度。如网易云音乐"看见音乐的力量"营销活动就通过网易用户打造了一场近2亿名乐迷的狂欢，产生了约4亿条评论，迅速通过用户之间的"病毒"式传播引爆了社交网络。

3.引发口碑营销效应的要点

一个好的口碑可以通过网络迅速在人与人之间传播，口碑营销的关键是通过吸引用户的眼球和生成可谈论的话题来引发口碑效应。口碑营销能够充分利用人的分享心理，所以从用户的心理需求入手才是最佳选择。引发口碑营销效应要抓住以下7个要点。

- **给人新奇感**：人们通常会关注和分享遇到的新奇而有趣的事情，所以在进行口碑营销时，可以从新奇感这个点切入。
- **制造快乐**：快乐是一种很容易传播的情绪，营销活动如果能给用户带来快乐，想让用户不传播都难。
- **创造故事性**：人们不仅爱听好的故事，还会在听完之后很自然地进行传播。特别是在进行口碑营销时，好的故事可以作为持久的话题引导口碑传播。所以，创造有趣且易于传播的故事，是一个非常好的引发口碑营销效应的策略。
- **给用户关怀**：关怀的本质就是服务，服务就是企业把自己该做的都做好、做足，用户满意后会用口碑进行回报。这一点很多日资企业就做得很好，真正遵循用户至上的原则，用服务感动用户，这样很容易引发口碑营销效应。
- **感恩互惠**：人通常是懂得感恩的，俗话说："滴水之恩，当涌泉相报。"企业如果能够有效地帮助用户解决他们的问题，用户自然会用口碑传播来回报企业。
- **利益诱惑**：无论是关怀、互惠、快乐还是新奇，对于用户来说，他们最关心的还是自己的利益。进行口碑传播，最重要的一点还是用户是否能从传播中得到实惠。所以，如果企业能够直接让用户受益，帮助用户省钱，自然会受到用户的欢迎，口碑传播也在情理之中。

● **产生共鸣**：口碑营销需要用自己的思想来影响别人，而最好的拉近和陌生人之间的距离从而影响别人的方法就是与其产生"情绪共鸣"。在实施口碑营销的过程中，如果企业能引起用户内心的共鸣，自然会形成口碑效应。

4. 借助名人效应做事件营销时的注意事项

在借助名人效应做事件营销时，应当注意以下3点。

● **名人粉丝与产品用户属性相同**：当名人粉丝与产品用户的属性相同时，不仅可以提高用户对产品的信任度，提升产品口碑，而且更容易促成用户购买产品。

● **名人精神与企业或产品文化一致**：借助名人效应来宣传产品，也从侧面说明该名人与产品或企业拥有相同的精神、信念和价值观，如果名人所传递的精神与产品或企业的精神不符，就很容易模糊产品的形象和定位，使宣传效果大打折扣。

● **借名人营销开展活动**：通过新媒体进行营销活动是为了扩大影响力，借助名人的影响力可以引导用户进行转发分享，向更多用户传递产品价值。在开展活动时，比较常见的引发用户分享的手段是抽奖，通过为用户提供直接奖励可以有效提高转发量。

第2章

新媒体营销内容的设计

案例导入

2016年3月7日是宝马成立100周年纪念日，但是令所有人都没有想到的是，在这天反而是奔驰出尽了风头，引发了广大网友的讨论热潮。之所以产生这种结果，主要在于奔驰发布的营销广告内容的设计非常巧妙。在这则营销广告中，奔驰巧妙地借用了宝马的汽车图片，并配上了中文大意为"感谢100年来的竞争，没有你的那30年其实感觉很无聊"的标题。众所周知，奔驰比宝马早成立30年，在这则广告中奔驰用一种尊敬、公正的态度肯定了宝马的能力，既体现了自己与宝马旗鼓相当的地位，又表现出一种互敬精神。因此，这则广告得到了广大网友的肯定，引发了大量的转载与评论。

奔驰这次营销成功的主要因素在于内容的设计，其通过图文展现了绝妙的创意，引起用户的兴趣，引发用户的自主传播，从而得到了不同凡响的营销效果。本章将对新媒体营销内容的设计做详细的介绍，包括标题的写作、正文的编辑以及内容的排版设计等，从而帮助新媒体营销人员制作出高点击率、高转发率的营销内容，提升营销效果。

学习目标

- 熟悉新媒体营销内容标题的写作模式、写作技巧
- 熟悉新媒体营销内容的正文写作形式
- 掌握新媒体营销内容的排版设计方法

技能目标

- 能够写作不同模式的文章标题
- 能够根据需要营销的产品或品牌写出高点击率的营销文章
- 能够对文章进行排版美化

2.1 新媒体营销内容的标题写作

标题是用户最先看到的营销内容，标题是否具有吸引力是决定用户是否会点击查看营销内容的关键。因此，营销内容的标题写作就显得非常重要，也成了每个营销人员必须掌握的技能。下面就对新媒体营销内容的标题写作的相关内容进行介绍，包括标题写作前的准备、标题写作的模式和技巧等。

2.1.1 标题写作前的准备

营销人员在写作标题前，还需要进行多项准备工作，如明确标题的作用、掌握标题的写作原则等，下面分别进行介绍。

1．明确标题的作用

要想给文章或者文案确定一个合适的标题，首先需要明确标题的作用。标题的作用主要包括以下两点。

- **被用户搜索**：标题承担着被用户搜索的重任，当用户迫切地需要某款产品时，就会自主进行搜索，然后根据需要选择文章进行阅读。图 2-1 所示即为搜索"防晒霜"后出现的相关文章标题。

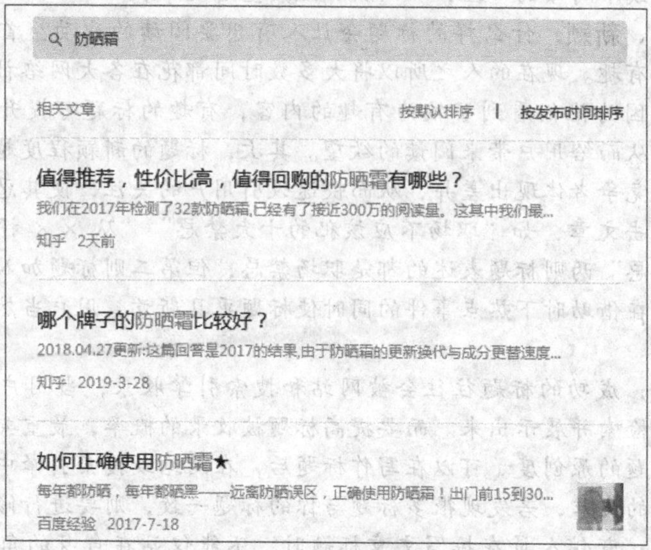

图 2-1 被用户搜索

- **激发用户的点击欲望**：当用户搜索信息后，呈现在他们面前的是一系列符合他们搜索需求的结果，这时标题就起着激发用户点击欲望的作用。

2．掌握标题的写作原则

一个好的文章标题能够提炼文章的内容，激发浏览者的阅读欲望，获得点击量和流量，从而达到不错的营销效果。只有在遵循一定原则的基础上撰写出的标题，才称得上是比较优质的标题。下面将对标题的写作原则进行详细的介绍。

- **真实**：真实是写标题的基本原则，准确地让用户明白你要表达什么样的信息是与用户建立关系的前提。为了吸引用户，靠说谎来获取流量是不可取的行为。例如，某品牌发布了一篇名为"年终大促销，点击就有奖品"的文章，用户打开一看却是一张购买玛莎拉蒂减15元的优惠券，用户瞬间就会觉得受到了欺骗，从而取消关注。所以标题一定要真实，不要让用户产生被欺骗的感觉，消耗用户的信任。

- **通俗易懂**：在尊重事实的基础上，一定要追求更加通俗易懂的表达方式，尽可能地降低用户的阅读门槛。不同的新媒体营销有不同的定位，有的追求高雅经典，有的追求品质格调，有的追求商业利益。但对于用户来说，既有品质又平易近人，才是他们能接受的。因为新媒体时代用户的阅读方式是以手机、电子书、网络等电子终端为主要载体的"碎片化阅读"，所以撰写标题时一定要注意节约用户的时间，降低用户阅读的难度，不要用太多长句和艰涩难懂的专业语言，不然用户会产生文章不好理解或不耐烦的心理，从而放弃继续查看文章。

- **有趣、新颖**：什么样的标题会让人有想要阅读的冲动？首先，标题一定要有趣。现在的人之所以将大多数时间都花在各大网络社交平台上，就是因为他们看到了较为有趣的内容，有趣的标题可提升用户的新鲜感，从而给用户带来阅读的欲望。其次，标题的新颖程度越高，越能与其他竞争者体现出差异，从而快速吸引用户的关注，使其忍不住好奇心而点击文章，如"职场不应该犯的十大禁忌""从××抨击事件看职场大忌"两则标题表述的都是职场禁忌，但第二则标题加入了明星的名字，在借助时下热点事件的同时使标题更具新意，用户当然更容易点击阅读。

- **原创**：成功的标题往往会被网站和搜索引擎收录，当用户搜索时能被网站检索并展示出来。而要提高标题被收录的概率，最重要的就是要提高标题的原创度。可以在写作标题后，在网站或搜索引擎中搜索类似关键字的文章，若发现很多标题与你的标题一致，则要进行修改。

- **换位**：营销人员在撰写文章标题时，不能仅站在自身的角度思考，还应当站在用户的角度思考，思考假如自己是用户，想知道什么问题，会用什么样的搜索词去查看答案。因此，营销人员在写作文章标题时，可以先将有关的关键词输入浏览器中进行搜索，然后从排名靠前、热度较高的文章中找出他们写作标题的规律，再将这些规律运用于自己需要营销的文章标题之中。

2.1.2 标题的写作模式

优秀的文章标题都有一些共同的特性和写作模式，掌握这些特性和写作模式可以帮助营销人员快速写作出具有吸引力的标题，以提高点击率。这些标题的写作模式在各种新媒体营销平台中都是通用的，如微博、微信、今日头条等。

1．提问式标题

提问式标题是指用提问的方式来引起用户的注意，引导其思考问题并产生阅读兴趣。在使用提问的方式来写作标题时，要从用户关心的利益点出发，这样才能引起他们的兴趣，否则根本不能达到引起用户注意的目的。提问式标题的"提问"有多种方法，如反问、设问、疑问或明知故问等都是常用的提问方法。如"如何有效挖掘用户的心理需求？""这个神秘公式，支配了整个硅谷？""维瓦尔第的《四季》到底有什么奥秘？"都是典型的提问式标题。图2-2所示的文章就以提问式标题提出疑问，让用户对"品牌特卖节"的特别之处产生好奇，从而引导用户阅读文章。

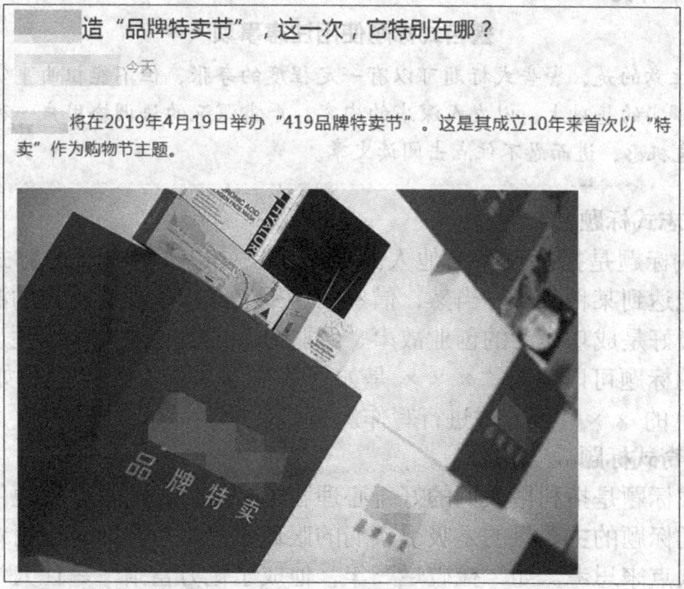

造"品牌特卖节"，这一次，它特别在哪？

将在2019年4月19日举办"419品牌特卖节"。这是其成立10年来首次以"特卖"作为购物节主题。

图2-2 提问式标题

2．直言式标题

与提问式标题相反，直言式标题是指直接点明文章宣传意图的标题。这种标题常以开门见山的形式，直接告诉用户会获得哪些利益或服务，让用户一看标题就知道文章的主题是什么。如"双十一促销，呢子大衣买二送一！""职场PPT必备的7种思维武器""每天7分钟教你更好地投资自己"等都是比较典型的直言式标题。

3．警告式标题

警告式标题是通过一种严肃、警示、震慑的语气来说明内容，以起到提醒、警告的作用的标题，常用于进行事物的特征、功能、作用等内容的写作。警告式标题对具有相同症状或心里有某种担忧的用户来说，可以给予他们强烈的心理暗示，引起他们内心的共鸣。警告式标题有几种常用的表达形式，包括"惊叹词＋主语＋意外词＋结论""千万不要＋事情""你不可能＋事情"等。图2-3所示即为比较典型的警告式标题。

这些化妆品千万不要买！再贵都可能是三无！	**千万不要翻看男生手机！**
在微商买到好货便宜的事于中彩票，可苦要争自己脸去惜呢？对，你没着惜…	那一刻我内心是崩溃的 @一只想摸脸肌的 每天起床第一句 千万不要生他气…
2018-3-17	2019-3-24
含这6种成分的化妆品孕妇千万别用，会致畸！	**千万不要给孩子买长颈鹿啊**
很多孕妈因为担心化妆品里面含有一些不好的成分，会对胎宝宝不好，所以怀孕后…	孩子对蓝色汽车有一种特别的偏爱之前已经给他买了很多，竟然还想要，我都替他…
2019-4-7	5天前

图2-3　警告式标题

4．励志式标题

励志式标题是指从自身或他人的角度出发，以现身说法的方式来告诉用户怎样才能达到某种效果。当然，借鉴的这个人或事需要有一定的激励性与可复制性，最好是成功人士的创业故事、经验分享或其他具有激励性质的故事。这种类型的标题可以使用"×××是如何使我×××的""我是如何×××的""××的××"等方式进行写作。

5．猎奇式标题

猎奇式标题是指利用人们的好奇心理和追根究底的心理，使他们点击阅读文章。这类标题的主要目的是吸引人们的眼球，所以写作时可以用背离平常人思维的切入点来思考。如"捡破烂三年，他成了亿万富翁"等让人觉得匪夷所思的标题就是猎奇式标题。

6．对比式标题

对比式标题是指了解当前事物的某个特性，将其与与之相反或性质截然不同的事物加以对比，通过这种强烈的对比引起用户的注意。另外，也可以进行同品牌不同产品相同功能的比较，或者是与行业内不同品牌同质产品进行比较，借助两者之间的差异来突出自己的高性价比，如"小米MIX 2S对比小米MIX 2"。图2-4所示的标题就通过与同类产品的对比来突出所推广产品的性能和特点。

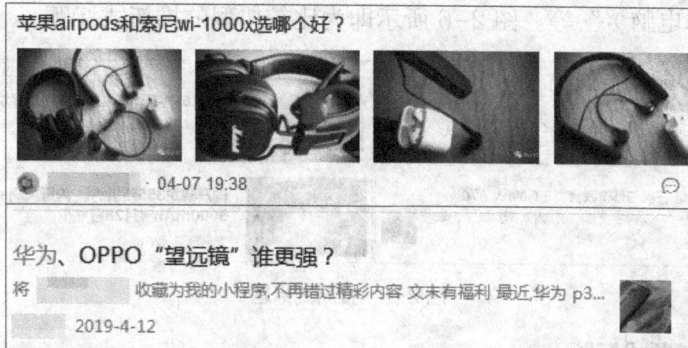

图2-4 对比式标题

7．证明式标题

证明式标题是指以见证人的身份阐释商品或品牌的好处，增强用户的信任，既可是自证，又可是他证。该类型的标题常使用口述的形式来传递信息，语言自然通俗。如"亲测！这可能是我用过的最好用的洗面奶！""据说用了就可以4天不洗头的洗发水！"等。图2-5所示即为典型的证明式标题。

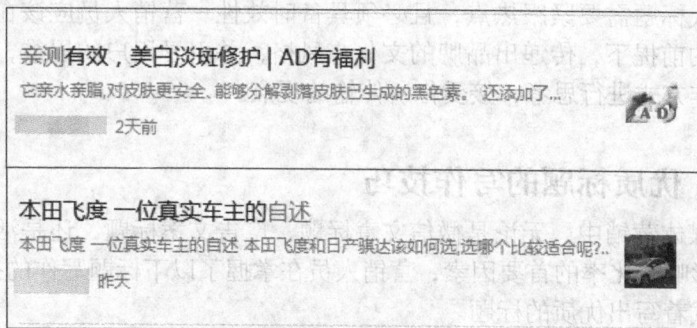

图2-5 证明式标题

8．号召式标题

号召式标题就是用鼓动性的话语号召人们做出某种决定或行为的标题。其语言要求具有暗示性和指向性，能让用户受到语言的鼓动，做出标题号召的某种行为。号召式标题一般具有祈使的意味，以动词开头，但在写作时要注意用语委婉，避开用户不愿意受人支配或被命令要求的心理特点。常见的号召式标题有"关注这个彩妆品牌，让你的夏天美出新高度""收藏并转发到朋友圈，领取 ××× 一个月的使用权"等。

9．推新式标题

推新式标题重在体现新消息，能较为直白地给用户传递新的产品信息，可以用于新商品的发布、旧商品的改良、旧商品的新应用等。如"倒计时，距离掌阅全新 iReader 阅读器发布还有5天！""资生堂推出全新品牌 WASO，与千禧一代共迎 5 000 万美元品牌的诞生""苹果 AIR 创、新、薄（世界上最薄的笔记本电脑）"等。图 2-6 所示即为比较典型的推新式标题。

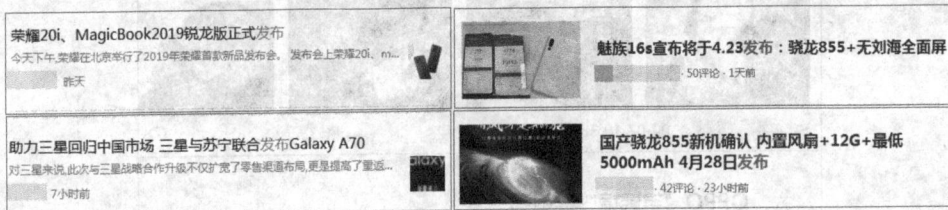

图 2-6　推新式标题

10. 话题式标题

话题是用户讨论得最多，也是最容易引起传播的方式。话题式标题离不开网络热词或热门影视，如王健林在访谈节目中所说的"最好先定一个能达到的小目标，比方说我先挣它一个亿"中的"小目标"这个话题出现后，曾一度引起全国人民的热烈讨论，并频繁地出现在餐饮美食、娱乐场所和房地产等各大领域，一篇篇与此相关的文章标题也充斥在微博、微信朋友圈，引起用户的大量转发，频频出现在微博热门排行榜。

话题式标题需要紧跟热点，且必须具备时效性。营销人员应该在顺应用户阅读需求的前提下，传递出品牌的文化与风格，并引导用户的思维，让他们顺着你的写作方式进行思考，接受你所传输的观点。

2.1.3　优质标题的写作技巧

在新媒体营销中，无论是微信文章标题、广告文案标题，还是活动文案标题，都是影响转化率的首要因素，营销人员在掌握了以下标题写作的技巧之后，就可以尝试着写出优质的标题。

1. 使用标点符号

灵活使用标点符号可以使文章标题更加生动。比如问号主要表达疑问、设问或反问，能给人留下悬念；感叹号能够表达强烈的感情，抒发兴奋、喜悦、愤怒、震惊等情绪；省略号表示意犹未尽或未完待续，可以引起读者的兴趣；破折号表示语气的转变或延续，常用于解释说明。比如，"不寒而栗！读完一身冷汗的悬疑大作！""锻炼防癌很重要—美国癌症协会的新建议"等。

2. 使用数字

一方面，相比于烦琐的文字，数字更有表现力，在标题中使用数字可以增加事件的可信度，激起用户强烈的阅读欲望。如"20 条养生建议，看到第 5 条毫不犹豫地转了""3 天时间，赚足 5 000 元"等就是典型的数字式标题。

另一方面，数字的辨识度很高，用户要在繁杂的信息中找到自己需要的内容，往往会通过一些亮眼的数字来进行快速判断。如"月薪 3 000 与月薪

30 000 文案的区别" "差文案与好文案的区别" 两则标题，前者就能快速吸引用户的视线。

除此之外，对于总结性的数量、销量、折扣、时间、排名等数据，使用数字能比文字更容易表达出震撼的效果，也更容易让人记住。如 "9 260 亿！细说中国人过年都把钱花在哪了？" "10 个 iPhone 隐藏技能，不信你全知道" 等。

3. 使用流行词语

流行词语是指在网上广泛传播的词汇，比较有热度，营销人员可以在标题中适当添加网络流行语来吸引受众的注意力，同时还能增加标题的生动性和活泼性。比如 "真香" "厉害了我的××" 等，这些词汇在年轻用户中的使用频率很高，传播范围很广。图 2-7 所示即为使用流行词语设计的标题。

图 2-7 使用流行词语设计的标题

4. 使用亮点词汇

亮点词汇与数字有异曲同工之处，可以第一时间让用户知道该文章传递的价值，快速吸引用户的关注。较常用的亮点词汇有 "推荐" "震惊" "妙" "当心" "警惕" "神奇" "天啊" 等，这类词语可以使用户产生心灵共鸣或震撼等感受，是一种较常用的标题设计技巧。如 "警示：过夜的鸡蛋千万不能吃" 等。

5. 借力借势

借力是指利用别人的资源或平台（如政府、专家、社会潮流或新闻媒体），对自身产品或服务进行推广营销，达到快速销售的目的。该方法对于那些没有太多精力投入微信营销的初创企业或中小企业比较实用，能够快速提高他们的知名度。

借势主要是借助最新的热门事件、新闻，以此作为标题创作源头，通过大众对社会热点的关注，来引导用户对文章的关注，提高文章的点击率和转载率。如 "维密秀上最应该成为热点的不是摔跤，而是这套青花瓷" "啤酒、可乐免费送，久久丫与您一同激情世界杯" 等。

6. 使用谐音

谐音式标题就是利用谐音来表达消息隐含的意思的标题。谐音是一种口语化的语言表述，富有很强的生活气息，是人们比较接受和喜欢的一种语言表达方式。如某酱菜的标题 "'酱'出名门，传统好滋味"，四方胃片的标题 "胃病患者'治'在'四方'"等。

👤 **知识补充**

谐音使用注意事项

一般来讲，好的谐音标题能起到画龙点睛、引导读者和提示文章内容的作用，但如果滥用则会适得其反，让人不知所云。

7．名人效应

大多数用户都有一点名人情结，看到一些影视明星的消息都会点击文章进行查看。例如"E姐种草机｜×××同款大眼，你值得拥有""×××年轻20岁的秘密""×××、××等半个娱乐圈都在安利！告别黑眼圈，你需要这款眼膜！"等。

8．设置悬念

在标题中设置悬念可以诱发用户追根究底的心理，引发用户的兴趣。设置悬念时要注意以下3点。

- **悬念的设置**：要将事实与悬念的线索融会贯通，即标题要明确，但又不能展现事件的主体。
- **标题内容要新**：标题内容一定要是近期发生的事情。
- **标题要简明**：悬念的设置要含蓄、简明而单一，不要使用太过暴露的话来提示用户，也不能隐藏得太深，故弄玄虚。

设置悬念可以引发用户进行思考，让用户带着疑问去阅读文章，使用户在阅读的过程中逐渐得到问题的答案，吸引用户一步一步地阅读下去，是一种很好的引导用户继续阅读文章正文的写作技巧。

9．使用修辞手法

比喻、引用、对偶、对比、拟人和夸张等修辞手法不仅可以增加标题的吸引力和趣味性，还能使标题显得更有创意。如"我用20块买到了一瓶巨好用的洗面奶，CPB都要靠边站！"（对比）就是运用修辞的标题。

2.2 新媒体营销内容的正文写作

用户点击文章标题后即可打开文章查看具体的内容，若文章内容不具有吸引力，就不能将营销信息推广给用户。也就是说，标题的作用体现在首次曝光，至于营销效果的好坏，主要取决于文章内容——正文。下面就对正文的写作进行介绍，主要包括正文写作前的准备及正文开头、主体、结尾的写作方法和技巧。

2.2.1　正文写作前的准备

要想在竞争激烈的新媒体时代获得更多的阅读量，营销人员在进行新媒体内容的正文写作前还需要做好以下准备工作。

- **选择合适的语言风格**：写作者要根据营销的内容、订阅平台的定位等来选择合适的语言风格，以进行自身风格的定位，给用户留下良好的阅读体验，从而持续吸引粉丝。图2-8所示即为微信公众号"丁香医生"的部分推文和粉丝留言，从中可以看出其语言风格比较专业谨慎；吸引来的粉丝也大都是比较关注身体健康的用户群体，与公众号的定位相符。

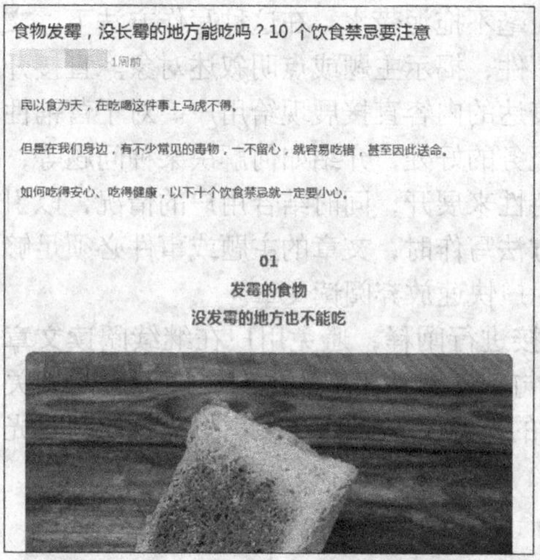

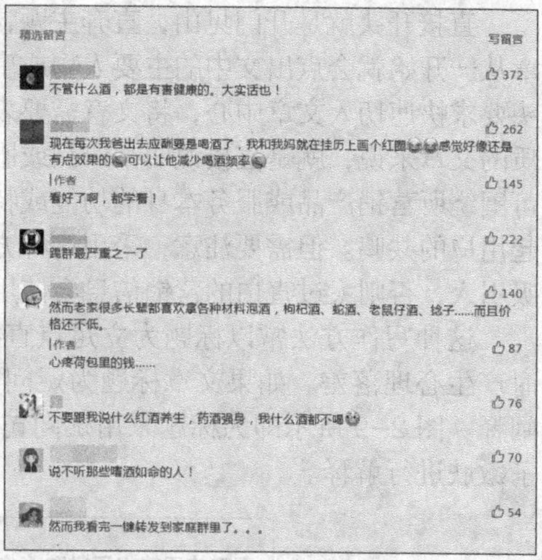

图2-8　语言风格的选择

- **要点与用户需求相关**：正文的内容一般较多，为了方便用户阅读信息并将营销信息传递给用户，需要具有吸引力的要点内容。这个要点一定是与用户的切身利益相关的营销信息，这样才能既抓住用户的需求，又达到营销的目的。

- **合理植入广告**：写作文章的目的是给企业的产品或服务打广告，提高企业的知名度。但如果在文章中写入太多的企业产品或服务信息，会让用户产生抵触情绪，反而不利于信息的营销推广。那么怎样保证广告信息的合理植入呢？推广人员可先确定正文的写作方向，然后按照正常的文章来写，写完后再回过头来读一读文章，看看如何才能不着痕迹地将广告信息植入进去，怎样才能让用户潜移默化地接受你所推广的商品或服务。故事引导、舆论热点、段子等都是常用的植入广告的方法，可以提高用户对广告的接受度，起到更好的宣传推广作用。

- **原创**：原创是内容创作非常重要的一项要求，原创度高的文章不仅能体现运营人员高水平的写作能力，还能使文章与其他同类型的文章产生差异，提高自身竞争力。另外，也可以防止其他人盗用或模仿自己的文章内容，在保护自己权益的同时，带来更多的忠实用户。

2.2.2 正文开头的设计

正文的开头部分尤为重要，如果与标题不搭或内容索然无味，会使用户直接关闭页面，那么精心设计的标题就起不到作用。因此在写作时，还要注意准备一个好的开头。

正文开头的写法多样，如直接开头、名言开头、故事开头、热点开头、悬念开头、提问开头、内心独白开头、修辞手法开头等。无论采取哪种写法，都应当从用户的需求出发，以能够吸引用户继续阅读文章为目的。

1. 直接开头

直接开头就是开门见山，直奔主题，毫不拖泥带水。在这种写作方法下，文章从一开始就会点出文中的主要人物或事件，揭示主题或点明叙述对象。直接开头要求快速切入文章中心，将文章需要表达的内容直接展现给用户。对于营销性质的文章来说，就是直接说明某产品或服务的好处，介绍如何解决某种问题等，可围绕所营销产品或服务本身的功能或特性来展开，同时结合用户的情况，以引起用户的共鸣。但需要注意，采用这种方法写作时，文章的主题或事件必须足够吸引人，否则太过直白的营销信息会使用户快速放弃阅读文章。

这种写作方法常以标题为立足点直接进行阐释，避免用户在继续阅读文章时产生心理落差。如果文章标题为疑问句，文章开头则表现对标题问题的相关阐释。图 2-9 所示即为标题采用疑问句的一篇文章，其开头就围绕着标题对光子嫩肤进行解释。

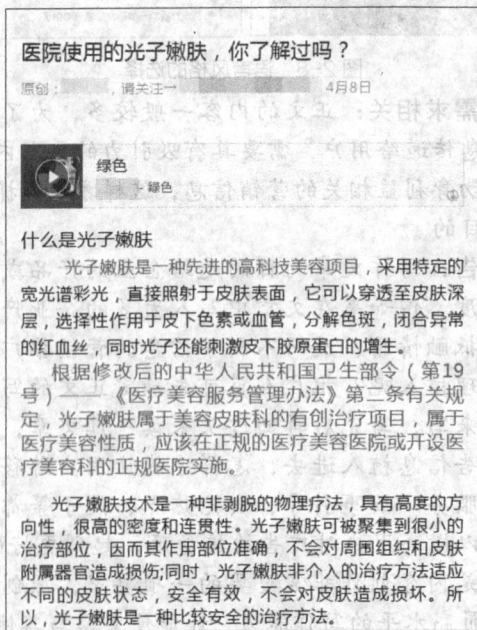

图 2-9 直接开头

2．引言开头

在文章开头精心引用短小、精练、扣题的句子，或使用名人名言、谚语或诗词等句子，来引领文章的内容，凸显文章的主旨及情感。这是一种既能吸引用户，又能提高文章可读性的方法。名言警句本身是对文章内容的演绎、归纳、解释和论证，具有言简意赅、画龙点睛的作用，也能使用户更深刻地懂得人生哲理。

图 2-10 所示的文章就以电影《当幸福来敲门》中的一段经典桥段开头，通过哲理性的话语"如果你有梦想的话，就要去捍卫它。"来展开"方太"的营销广告。

图 2-10 引言开头

3．故事开头

故事开头也就是情境导入，即在文章的开头创造一个故事情景，可以使用富有哲理的小故事，或者与要表达的中心思想或段落相关的小故事作为开头，一句话揭示道理；还可以直接写故事，然后在其中进行商业植入等。图 2-11 所示的文章就以在东京创立多元事务所的故事为开头，既符合文章标题的定位，又符合文章正文所要描述的内容。

4．热点开头

人们总是对新发生或受到广泛讨论的事情有较高的关注度，所以除了将热点用于标题外，在正文开头使用热点也不失为一个吸引用户注意力的好办法，如在推荐衣服时，从最近的红毯活动、电影节入手，分析明星穿搭，再将热点引入自己推荐的产品中提升产品热度。在推广品牌时，借助节日、新闻热点等撰写宣传文章等。利用热点引入正文的文章阅读量较高，在用户中也很受欢迎，所以营销人员在写作过程中可以适当地借助热点。一般来说，从微博热搜获取热点信息是比较快的渠道。另外，还可以从今日头条、百度风云榜、天涯社区、搜狗热搜榜、360热榜、豆瓣、知乎等及时获取热点信息。

图2-12所示的文章即通过热点"5G"引出智能科技化妆品、对抗污染的化妆品、少添加剂的化妆品、防辐射的化妆品等美妆产品，然后在文章中植入广告对"欧珀莱""泊美"等化妆品进行营销。

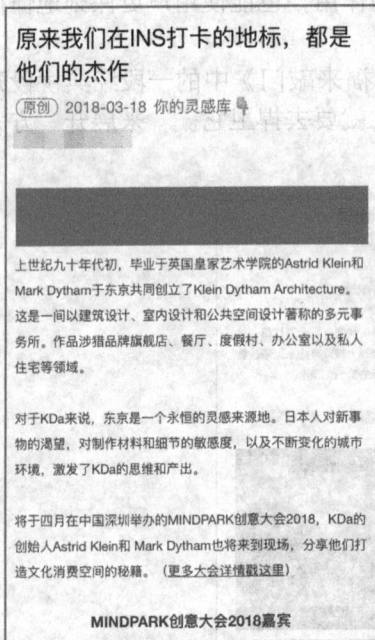

图2-11　故事开头

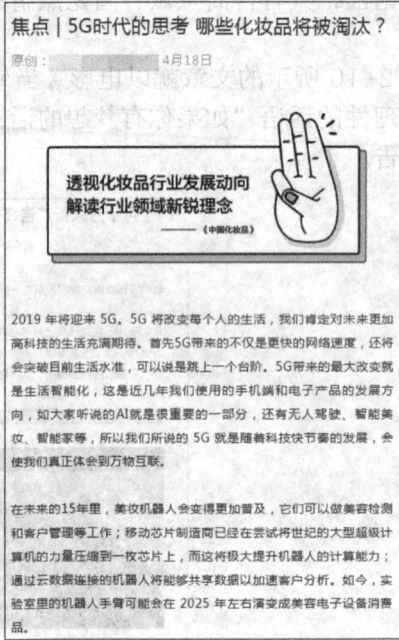

图2-12　热点开头

5．悬念开头

这是使用较多的一种开头方式。这种设置悬念的方法与利用故事创造的效果类似，都较重视故事的作用。但悬念常与刺激、恐惧联系在一起，这种开头表达的意思较抽象和晦涩，以悬念故事开头的文章通常都是把吸引受众放在了第一位。例如，"我还不知道她放弃年薪百万的工作，陪她老公到山上种树的原因，直到听到昨晚她跟我说的一席话。"阅读文章开头，读者脑海里会产生疑问：她为什么会放弃高薪？她为什么愿意去山里种树？她说了什么让作者突然明白了呢？进而吸引读者继续往下阅读文章。图2-13所示的旅游营销文章，其开头便通过设置"万万没想到，你们的周边游小能手番茄，这盘也在彩林红叶上翻了车。"的悬念，引发用户的关注和阅读欲望。

6．提问开头

疑问句总是能够引起人们的好奇心，以提问开头的好处就是可以通过提问题的方式自然而然地导入文章的主题，不仅能引起用户的思考，还能使文章主旨鲜明、中心突出。图2-14所示即为某微信公众号的一篇营销文章，文章开头就对"爱"这种朋友、亲人之间存在的感情进行提问，引发人们对"爱"这种情感的思考及对这系列书单的兴趣。

网传不可信！川内彩林一手实况地图，最佳观赏期就在这2周！

原创： 昨天

只做靠谱的成都消费指南。

万万没想到，你们的周边游小能手番茄，这盘也在彩林红叶上翻了车。

翻车了鸭

事情是这样的——

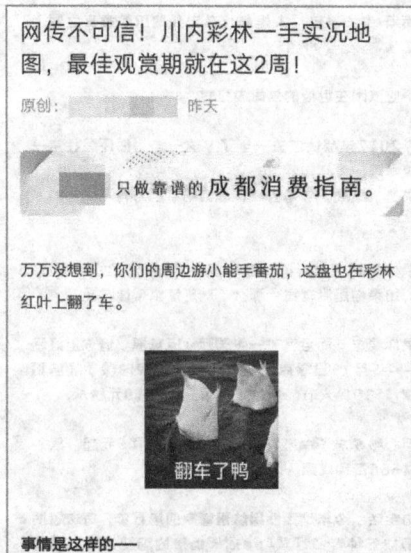

图2-13 悬念开头

文 |

爱究竟是什么呢？

书单君曾读到过一种关于爱情的科学解释：所谓爱，就是大脑分泌了多种**神经递质**（多巴胺、肾上腺素等），它们被统称为"**恋爱兴奋剂**"，会给予人一种幸福而满足的感觉。

一般，多巴胺等带来的激情最长只能持续**三年**，之后我们的大脑就会回归平静，这也就是"感情变淡"的原因。

但书单君觉得，真正的爱可不只是开始时的激情，更是激情过后的细水长流。

它无关智力或相貌，需要的是双方的耐心、理解和真诚——**能抵抗过岁月的，才叫真情**。

今天，书单君特意为你推荐七本与"爱"有关的好书。

其中，有演绎爱情的文学作品，也有教我们提升亲密关系的心理学经典，不仅适合赠送给爱人，也适合与你的TA一起阅读，一起让爱成长。

图2-14 提问开头

7．内心独白开头

内心独白开头是指在文章开头就将内心的真实想法表露出来的一种写作手法。在移动互联网时代，人与人之间的交流是隔着网络的有距离交流，但有时候对着屏幕上那些独白的文字反而能拉近距离、打动人心。要在文章中写出内心独白，就需要将文章写成类似于戏剧性对白或作者陈述的形式，向用户道出内心情感。一般来说，人物独白的语言，用户读起来会比较亲切，而且这种情感独白被认为是内心活动的真实反映，不掺杂虚伪和矫情，所以极易让用户感到情真意切，从而产生共鸣与信任。

对于内心独白型的正文开头的写作，需要注意以下3点。

● 人物方面，可一人独白，也可两人相互补充情节。

● 情节方面，可叙述出相对完整的内心历程。

● 氛围方面，语调要娓娓动人、舒缓亲切。

图2-15所示即为一篇订票类App营销文章的开头，它旨在通过自己的内心独白来引起用户的情感共鸣，让用户对作者即将描述的生活状态感到好奇，进而引起浏览下文的兴趣。

8．修辞手法开头

比喻、拟人、借代、夸张、反问等常用的修辞手法也可以在开头使用，以增加文章的趣味性和可读性。

图2-16所示即为一篇葡萄酒的营销文章，其开头"三毫米，瓶壁外面到里面的距离，一颗葡萄到一瓶好酒之间的距离，不是每颗葡萄都有资格踏上这三毫米的旅程。"就采用拟人的修辞手法来引导用户阅读，增加了用户的阅读兴趣。

我这么努力，为什么还焦虑？

原创：S ▢▢▢▢   2017-05-17

的二次学习日记

这是 ▢▢▢ 的第197篇原创文章

▼

很多人都很羡慕我目前的生活状态，说现在就像空中飞人一样，隔几天就飞不同的城市，体验不同的生活，太惬意了。

我苦笑，其实都是围城。

1／

你只是看似自由

有时候，觉得自己是穿梭城市间的鸟人。看似自由，其实被困在更大的笼子里。

马克斯·韦伯说过"人是悬挂在自我编织的意义之网上的动物"。

我不应该困在世俗的焦虑内打转。

如今2017年都快过去一半了，这一年，你还跟往常一样焦虑吗。

如果是，就放下焦虑去一次远方吧，远方有不一样的人生。

如果你觉得没有时间，就一直一直做一个忙碌的可怜人；如果你是没有钱，那么，航班管家帮你实现。

如果你要走，而且就差一张国际往返机票，请você上好闹钟——5月19日零点起，全天12个整点时段，【航班管家"519鸟人节"】开启国际多条航线9元秒杀。

别担心秒杀总不中签，当天还有机票拍卖9元起、双人立减666各种优惠。

说句实话，今年是我使用航班管家的第五年。每次看朋友们被各种著名订票App捆绑销售的鸡肋优惠券困扰时，我总是很心疼地推荐他们；用航班管家吧，这是国内最良心的第三方机票订购平台，页面简洁高效，从不强制消费优惠券抬高总价。

这是我最喜欢的App之一。

希望你飞走时是鸟，飞回时是人。

图 2-15　内心独白开头

三毫米的旅程，一颗好葡萄要走十年

▢▢▢   3月15日

| 葡萄牙传奇美酒

三毫米，瓶壁外面到里面的距离，
一颗葡萄到一瓶好酒之间的距离，
不是每颗葡萄都有资格踏上这三毫米的旅程。

它必是葡园中的贵族；
占据区区几平方公里的沙砾土地，
坡地的方位像为它精心计量过，
刚好能迎上远道而来的季风。
它小时候，没遇到一场霜冻和冷雨；
旺盛的青春期，碰上十几年最好的太阳，
临近成熟，没有雨水冲淡它酝酿已久的糖份，
甚至山雀也从未打它的主意。

摘了三十五年葡萄的老工人，
耐心地等到糖分和酸度完全平衡的一刻才把它摘下，

图 2-16　修辞手法开头

2.2.3 正文主体的结构

好的正文不是极力说服他人接受，而是有明确的目标诉求，多角度围绕主题出发，通过图文并茂的描述，一点点让用户接受与信赖，提升自身的人气，产生更多的转化。下面介绍8种常见的正文写作结构，帮助新媒体运营人员更好地进行营销内容的写作。

1. 总分式

总分式是正文写作中比较常见的一种布局方式。其中，"总"是指文章的总起或总结，起着点明主题的作用；"分"是指分层叙述，即将中心论点分成几个分论点，再一一进行论证，逐层深入，最后呈现出一个发散的结构。

知识链接

总分式

例如，"成都景区直通车"微信公众号发布的三星堆最全游园指南的文章就是这样的结构。第一段总结全文要讲述的内容；接下来展开论述，介绍三星堆的基础知识和具体的游园指南，包括交通、票务、餐饮等。脉络清晰，将游园的方方面面介绍得十分清楚。

2. 片段组合式

片段组合式主要是将要体现共同主题的几个生动、典型的片段有机地组合起来，用于叙述事件、衬托品牌。这种方法主要是以叙事的手法来写作，但注意每个片段的内容不要太多，并且不能分散主题，一定要多角度地围绕主题进行展开与推广。

3. 并列式

并列式一般是从推广对象的特征入手，各部分并列平行地叙述事件、说明事物，或是以几个并列层次论证中心论点的结构来书写。它的各组成部分是相互独立的、完整的，能够从不同角度、不同侧面来阐述推广的对象。

并列式文章的组成形式有以下两种。

● 围绕中心论点，平行地列出若干个分论点。
● 围绕一个论点，运用几个并列关系的论据。

不管采用哪种方法进行写作，新媒体运营人员都要注意，并列部分的内容不但要各自独立，还要紧紧围绕中心论点，并且要防止各部分间产生从属或交叉的关系。很多产品营销型、分享推广型的文章用的就是并列式结构。

图2-17所示的文章就采用的是并列式结构。文章依次列举了各大品牌水乳套装，并介绍了其产品功效和适用人群，这种不同系列的产品推荐就是并列式结构。

4. 欲扬先抑式

欲扬先抑式也称"抑扬式"，即为了肯定某人、事、景、物，先用曲解或嘲讽的态度去贬低或否定它，然后去肯定它的一种写作方法。欲扬先抑式的写作手法可以解除用户的心理防线，让用户产生反差感，而这种反差感是用户记住一个产品或品牌的最好方法。这是因为用户在阅读这篇文章时产生了思考，因此对其中的某个事物产生了深刻记忆。

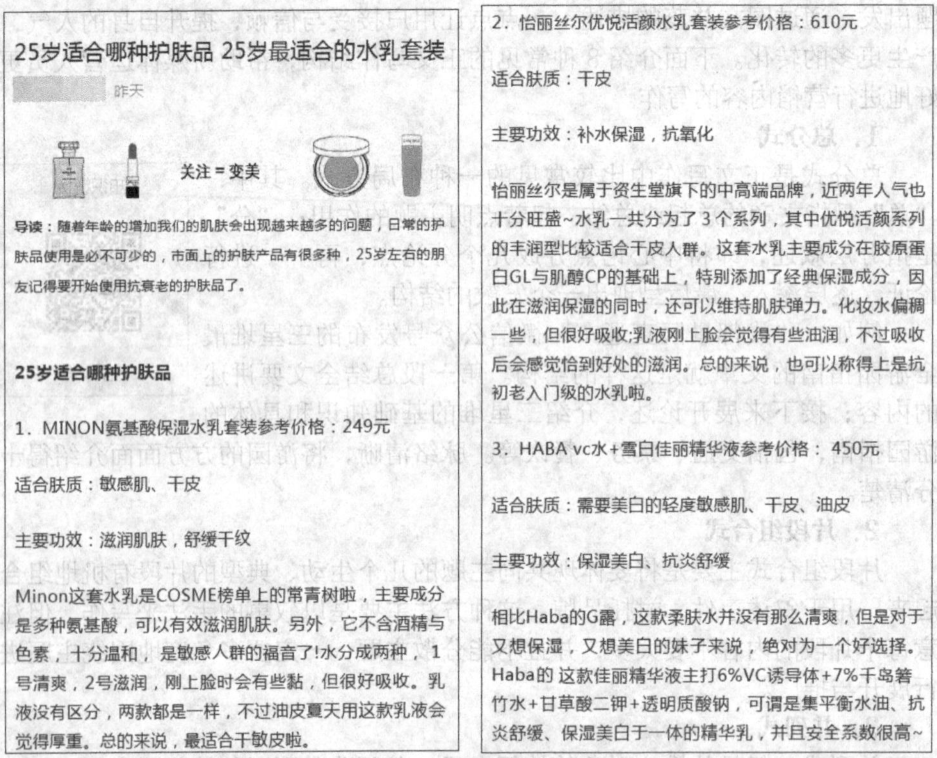

25岁适合哪种护肤品 25岁最适合的水乳套装

　　　　昨天

关注＝变美

导读： 随着年龄的增加我们的肌肤会出现越来越多的问题，日常的护肤品使用是必不可少的，市面上的护肤产品有很多种，25岁左右的朋友记得要开始使用抗衰老的护肤品了。

25岁适合哪种护肤品

1．MINON氨基酸保湿水乳套装参考价格：249元

适合肤质：敏感肌、干皮

主要功效：滋润肌肤，舒缓干纹

Minon这套水乳是COSME榜单上的常青树啦，主要成分是多种氨基酸，可以有效滋润肌肤。另外，它不含酒精与色素，十分温和，是敏感人群的福音了!水分成两种，1号清爽，2号滋润，刚上脸时会有些黏，但很好吸收。乳液没有区分，两款都是一样，不过油皮夏天用这款乳液会觉得厚重。总的来说，最适合干敏皮啦。

2．怡丽丝尔优悦活颜水乳套装参考价格：610元

适合肤质：干皮

主要功效：补水保湿，抗氧化

怡丽丝尔是属于资生堂旗下的中高端品牌，近两年人气也十分旺盛~水乳一共分为了3个系列，其中优悦活颜系列的丰润型比较适合干皮人群。这套水乳主要成分在胶原蛋白GL与肌醇CP的基础上，特别添加了经典保湿成分，因此在滋润保湿的同时，还可以维持肌肤弹力。化妆水偏稠一些，但很好吸收；乳液刚上脸会觉得有些油润，不过吸收后会感觉恰到好处的滋润。总的来说，也可以称得上是抗初老入门级的水乳啦。

3．HABA vc水＋雪白佳丽精华液参考价格：450元

适合肤质：需要美白的轻度敏感肌、干皮、油皮

主要功效：保湿美白、抗炎舒缓

相比Haba的G露，这款柔肤水并没有那么清爽，但是对于又想保湿，又想美白的妹子来说，绝对为一个好选择。Haba的这款佳丽精华液主打6%VC诱导体＋7%千岛箬竹水＋甘草酸二钾＋透明质酸钠，可谓是集平衡水油、抗炎舒缓、保湿美白于一体的精华乳，并且安全系数很高~

图 2-17　并列式结构

　　例如，加多宝败诉后推出的"对不起"系列文案，在其中就通过道歉的方式展现产品的优秀品质，是典型的欲扬先抑式写法。

5．递进式

　　递进式就是把受众的问题一层层剥离开来，在论证的过程中做到层层深入、步步推进，一环扣一环。

　　这类结构的文章具有逻辑严密的特点，其内容之间的前后逻辑关系、顺序不可随意颠倒。递进式结构的布局主要是针对一些比较复杂或用户不太熟悉的产品，表现在观点或事件的论证和讲述上，常以议论体和故事体的形式出现，其重点内容常出现在文章的后半段。其论述时的层递表示方式有以下3种。

- 由现象递进到本质、由事实递进到规律。
- 直接讲道理层层深入。
- 提出"是什么"后，展开对"为什么"的分析，最后讲"怎么样"。

6．三段式

　　"三段"并不是指文章由"三个自然段"组成，而是将全文分为三个阶段。

下面分别进行介绍。

- **第一阶段**：以简练的语言对事件的主体、客体、时间、地点等进行概括性的描述，再以一句话简单概括出这一事件的意义。
- **第二阶段**：对第一段中的事件展开描述，交代事件发生的背景、过程和相关的细节，重点在于描述事件的"由头"。
- **第三阶段**：主要是提出针对事件的观点，拔高事件的意义。

例如，一篇推广小米手机的文章就是运用三段式结构进行写作的，开头第一段就直接点出小米手机拥有"屏幕指纹识别"功能，第二段开始详细介绍小米手机的技术信息，并对坚果3和HTC U12的配置做了相关介绍，第三段对文章进行总结概述，还是更偏好小米。

知识链接

三段式

7．清单式

清单式是指采用列表等方式列出用户可能需要的信息或内容，其往往采用平行结构，信息之间并没有非常强的关联性。比如推荐国内外适合冬季旅游的10个景点，手机上最适合打发时间的8个游戏，刚刚从事新媒体工作的职场新人适合阅读的10本书等。

图2-18所示的名为"日本造型师推荐2018必买吹风机Best10！"的文章就是典型的清单式结构文章。文章正文围绕标题列出推荐的吹风机，简单直接。在采用清单式结构写作正文时，小标题往往起着非常重要的作用。

2日立 IONCARE 大风量负离子吹风机 HD-N400

不需要复杂的功能，轻轻松松就能吹干头发，并且搭载负离子功能，减少头发毛躁现象，1.4㎡/分超大出风量，重量只有472g，很适合长时间吹发使用！

6TESCOM 负离子吹风机 TID135

高风速加上双重负离子功能，有效滋润秀发作用，一边导入外在气流，一边柔和地吹干头发，防止头发温度过度上升及过度干燥，伤到发质。双重负离子设计，可以彻底有效滋润每一根秀发，后方有一个支立架，这个吹风机架可以直接让吹风机直立在桌面上，方便你随时空出双手！Nobby为TESCOM旗下的沙龙级专业品牌，在日本美发沙龙业中市占率蝉第一！

| 商品资讯

- ■ 商品型号：HD-N400
- ■ 商品厂牌：日立
- ■ 商品价格：￥4,230
- ■ 出风量：1.4㎡/分
- ■ 重量：470g
- ■ 效能：负离子

| 商品资讯

- ■ 商品型号：TID135

图2-18　清单式

8．穿插回放式

穿插回放式是指利用思维可以超越时空的特点，以某种现象或某种思想情感为线索，将描写的内容通过插入、回忆、倒放等方式连接成一个整体的写作方法。

图 2-19 所示的文章就是采用穿插回放式进行写作的，通过与闺蜜购物聊到消费观，再穿插闺蜜刚入职时的事情来证实"去年的衣服再贵，今年也不喜欢"的观点，并借机营销购物小程序。

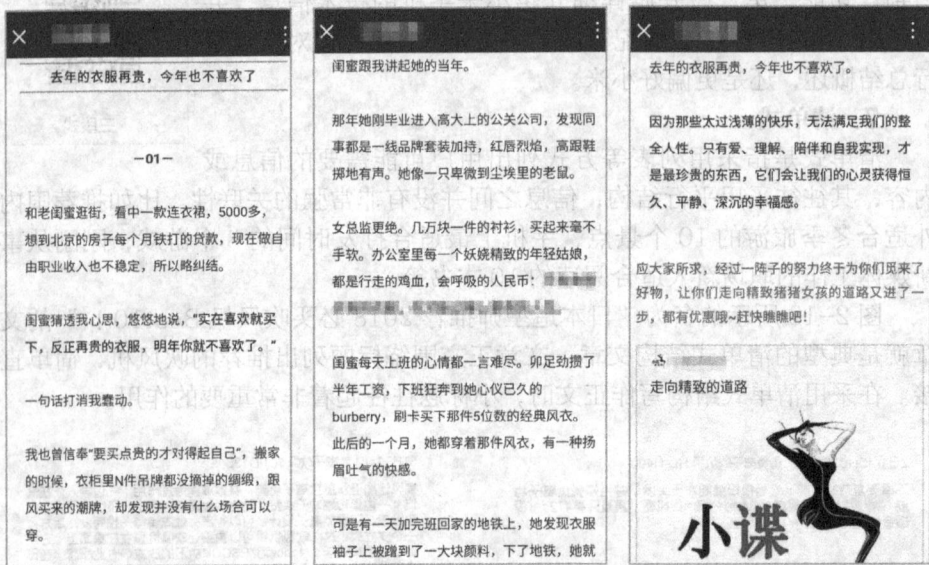

知识链接

穿插回放式

图 2-19　穿插回放式

9．故事引导式

在文章的开头能采用故事引导，正文当然也可以继续使用故事进行内容的营销与推广。但这种方法适合讲述一个感人的、悲伤的或者喜悦的完整故事，让用户充分融入故事情节中，并继续跟着故事的发展阅读下去，最后在文章结尾提出需要营销推广的对象（即广告植入）。采用这种写作方法一定要保证故事有趣并且情节安排合理，这样才能使故事有看点，方便进行推广对象的植入。

图 2-20 所示的名为"得到和失去，哪个更多"的文章就是采用故事引导式来进行写作的。文章通过讲述女主人公自身从读书期间到工作期间深受雀斑困扰的故事，让用户充分融入女主人公的故事情节当中，最后在文章结尾提出需要营销推广的对象——某品牌的祛斑胶囊，从而激发和女主人公受到同样困扰的用户的购买欲望。

知识链接

故事引导式

在外人看来，我有着重点大学的头衔，身材高挑，衣着光鲜，拎着品牌包包，更有着外企高薪的职位，踩着女人味尽显的高跟鞋，出入高档商务写字楼，每天穿梭于精英遍布的繁华商业区，很优雅地过着自己的品味生活。而这，正是一个典型的外企白领格式化生活。

每天都过着毫无变化的生活，像一个没有感情的工具，穿过车水马龙的街道，踏着沉重的身躯，只知道不分日夜的工作不然就是加班加班，可能是过了那个年纪吧，充满活力与朝气的年纪，它有一个很俗的名字，叫青春！

也许这种生活让很多女性朋友羡慕，说过着这样的生活，但实质上我是一个很自卑的人，在我内心深处埋藏着一个自卑的情节，而主要就是因为我脸上有着大片特别明显的雀斑，那是从初中时就有了，而且越长越多，越来越明显。因为这些雀斑，我不敢和同班男孩子说话，我总觉得他们在嘲笑我，议论我。班上的女孩子我也很少和她们聊天，我怕她们讽刺我。那时的我犹如一个丑小鸭，是来村

为了彻底祛除雀斑，为了我的幸福人生，我再次开始折腾自己，涂抹祛斑霜、吃祛斑药、打祛斑针，凡是传闻有效的方法，我都去尝试，但结果都让我大失所望。一个偶然的机会，几经辗转，我同事的朋友的朋友给我推荐了　　　　祛斑胶囊，我开始不抱任何信心，纯粹看同事的面子，试吃了七天，果然开始淡斑，但我并不惊喜，因为之前也有过这样的经历，后来又坚持服用了20多天，这时出现的效果让我有点心动，果然和同事的朋友说的一样。但我在高兴之余还有些担心，我怕反弹，不过后来时间证明我是错的，因为停用一段时间后我发现，脸上的雀斑确实淡了。这时，我才敢素颜以对我的男友。接下来的故事就是很幸福地过每一天了。

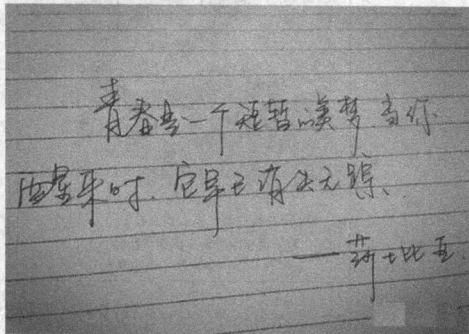

青春是一个延智心溪梦 青行
由善平时 在学习有生之際
——蒋坤元

现在的生活平静了，闲暇之余，我会不由地问自己，我究

图 2-20　故事引导式

2.2.4　正文结尾的写作

文字的作用在于刺激用户，让其做出阅读后预期的反应，如二次传播、下单购买、关注公众号等。之所以会产生这一系列不同结果，在很大程度上是受到了结尾导向的影响。因此，正文结尾是相当重要的。可参考以下6种方法进行写作，使结尾产生积极的导向作用。

1．利益诱导式

利益诱导式是指直接通过利益和好处对用户进行诱导，使用这种诱之以利的结尾方式可将利益最大化，引导用户行动。图2-21所示即为利益诱导式的结尾，通过抽取"锦鲤大礼包"的方式，引导用户关注公众号、加入粉丝群参与抽奖。

2．互动式

互动式是指在结尾设置话题，吸引用户参与，一般是以提问的方式，引发用户思考以及吸引用户参与互动。在微博、微信、微淘等注重参与评论的社交平台文章中通常就可以设置一些用户感兴趣的话题，以引发互动。图2-22所示即为比较典型的互动式结尾的方式。

图 2-21　利益诱导式结尾

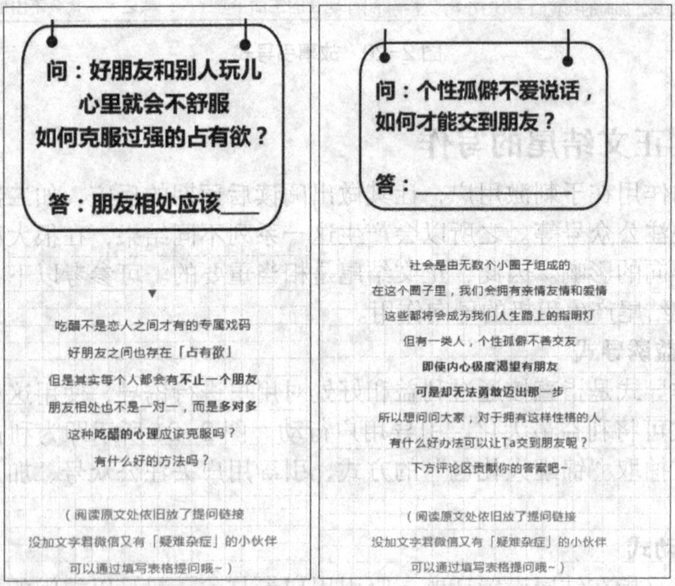

图 2-22　互动式结尾

3. 点题式

点题式结尾就是在文末总结全文、点明中心，有的文章在开头和中间写作时只对有关问题进行阐述和分析，到结尾时才将意图摆到明面上来。图 2-23

所示为腾讯视频软文文案"姑娘，你需要的不是一个男朋友"，它就是以故事形式将"百度语言搜索"植入其中，刚开始并不明确其是为了推广还是为了销售，在结尾才点明主题"百度语音搜索这么好，那为什么不马上拥有他，就现在？"

4．请求号召式

请求号召式是指通过前文的讲解，在文章结尾处向用户提出某些请求或发起某种号召，以引起用户的共鸣，加深用户对此事的印象，并让用户将其记在心里。这是一种隐形的、可以引导用户自发响应号召的文章，多用于公益类的软文。

图2-24所示为推广京东白条的文章结尾，该结尾向用户发起去使用京东白条的号召，以求引起用户的共鸣。

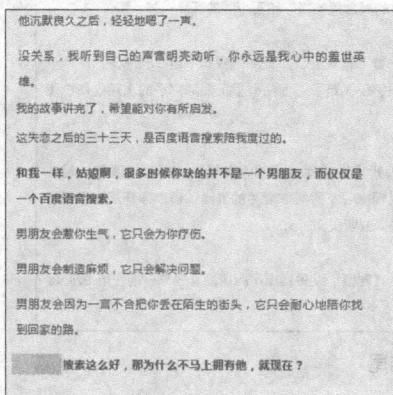

图 2-23　点题式结尾

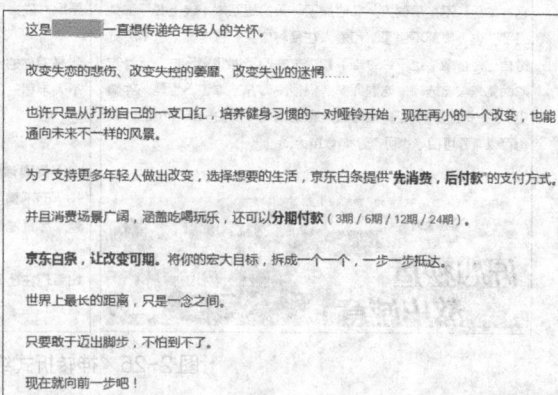

图 2-24　请求号召式结尾

5．议论抒情式

在文章中用议论抒情的方式结尾能够表达作者心中的情绪，激起用户心中的波澜，引起用户的共鸣。这种写法主要是从情感上打动用户，让营销的内容有温度和情绪。如"对不起，我只过1%的生活"就是比较典型的议论抒情式结尾的文章。

6．神转折式

神转折式结尾就是用出其不意的逻辑思维方式，使展示的内容跟结局形成一个特别的逻辑关系，从而得到出人意料的效果的写作方式。神转折式结尾能将正文塑造的气氛转变得令人哭笑不得。这种写作方式常有出其不意的效果，借助这种氛围落差会对用户心理产生震撼作用，让用户惊叹于文章的构思独特，引起用户的讨论，从而在用户心中留下深刻的记忆。

图2-25所示的名为"异地恋时，值得为了爱情放弃我的工作/学业吗？"的文章，其结尾就是神转折式。文章本来是在围绕异地恋讨论解决的办法，但是看到结尾却突然发现文章是一个泡面的广告，简直让人猝不及防。

认真工作并不比认真谈恋爱容易，通常我们选择工作，放弃和男朋友双宿双飞的就会被大家认为：冷酷无情，怪不得没人要，根本不是真爱。拜托！其实我们能做出这种选择也是很艰难的好吧，难度不亚于杨洋和胡歌中间苦苦徘徊。其实我们能下定决心，也是左思右想，夜半掐着手指苦苦推算了前后五十年，能有这种勇气的人，才是真正对自己人生负责的人，会不断追求更有质感的衣食住行。

爱情中的偏见从来就不少见，比如在异地恋里面坚持不下去，首先提出分手的那个人，大家都觉得渣。觉得不能坚持就是不负责任，喜新厌旧，见异思迁。其实换个角度想想，其实ta不是更可贵吗？这样食之无味弃之可惜的鸡肋般爱情，早点结束不是对大家都好吗？

做一个认真工作认真恋爱的人吧，不断坚持更高品质的生活，也坚守本心，不在乎偏见。哪怕加了一天的班回家，晚上餐厅都关门了，连外卖都不送了，和爱人在便利店买一杯泡面，也不会觉得自己好惨啊，也不会对当下和未来充满了抱怨和不甘。认为吃泡面就是被迫选择，吃泡面就是很惨没营养，难道不也是一种偏见？这一次 ▓▓▓ 要勇敢打破大家的偏见，哪怕一碗小小的泡面也可以营养可口，也可以让你食指大动。

一杯泡面里，可以吃到拥有特殊工艺熬制的高汤，再搭配大肉片/虾仁/鱼 板，并加入筋斗爽滑的面条，还搭配了最经典熟悉的好味道(红烧/鲜虾/酸辣)，无处不在体现匠人精神。生活的幸福感也会蹭蹭提升。

是的，敢于在爱情和工作里做出都不放弃的选择，就像为泡面正名一样，需要勇气。很多人说，老师我觉得你好冷血哦。你的心里没有爱。我的概念里的爱，和王小波的观点一样：

我是爱你的，看见就爱上了。我爱你爱到不自私的地步。就像一个人手里一只鸽子飞走了，他从心里祝福那鸽子的飞翔，你也飞吧。

我不需要你为我牺牲，我也不想为谁牺牲，好的爱情是一起成长，而不是互相摧毁，需要你牺牲的爱情，请你睁开双眼看看清楚，那是爱情抑或毁灭。

如果现在还没有爱情，没关系点击阅读原文先来一碗匠汤 暖心暖胃

匠汤系列
匠心独运
熬出诚意

图 2-25　神转折式结尾

2.3　新媒体营销内容的排版设计

排版对于新媒体营销来说非常重要，不管营销内容的质量有多么优质，如果排版效果差、版面杂乱，就会影响用户的阅读体验，甚至会使用户选择放弃阅读。下面就对新媒体内容的排版设计进行详细介绍。

2.3.1　整体界面的版式设置

在新媒体营销中，各类文章的版式设计都非常重要，优秀的版式设计会给用户带来良好的阅读体验，使内容更好地得以传达。

1．版面风格

每个新媒体运营人员都有自己的写作风格，不同的风格所传递的内容不同，这个不同还体现在文章的版面风格上。一般来说，企业在同一个新媒体平台上发布的内容版面风格应该具有统一性，使用相同的版面风格可以使营销内容更加规范，同时可以提高文章排版的速度，还可以提高新媒体运营人

员的工作效率。当形成自己独特的版面风格后，还能与其他内容产生差异，突出自身竞争力。

需要注意的是，在同一篇文章中不要使用多种排版方式（一般包括左对齐、右对齐和居中对齐3种）。为了避免内容杂乱，版面应遵循简洁、清晰、对齐、对比、统一的原则，但又要有自身特色。图2-26所示为微信公众号"TED正能量"不同文章的版面，其界面简洁、图文搭配，有自身独特的风格。

图2-26 微信公众号"TED正能量"不同文章的版面风格

2．避免过度排版

排版设计的目的在于优化用户的阅读体验，经过排版设计的内容会让用户读起来更加舒服，理解起来也更加容易。但是过度排版会让用户将注意力全部集中在排版上，繁杂的版面甚至还会引起用户的反感。常见的过度排版主要包括以下3种情况。

- **过多特殊效果：**包括加粗、倾斜、下画线、删除线和阴影等，过度使用特殊效果，会让文章显得杂乱不堪。
- **动态背景：**使用动态背景，如不断燃放的焰火、漫天飘落的雪花等，用户在阅读时视线会随着背景移动，从而忽略文章内容。
- **颜色五花八门：**排版时使用不同颜色的目的是强调文章的部分内容，但是，在文章中使用过多的颜色会影响用户的阅读。因此，在对文章进行排版设计时，全篇的颜色最好是同一色系，其整体颜色不超过3种。

2.3.2 字体、字号的设置

在排版过程中，为文章选择合适的字体和字号是从事新媒体工作的人员需要考虑的问题。

1. 文字字体

合适的字体能够让文章版面更加和谐，有利于用户阅读。一般情况下，文字字体的设置要点主要包括以下3个方面。

- 不同类型的文章风格需要使用不同的字体，比如古诗词类的文章，可以使用手写体或者楷体进行搭配。
- 在同一篇文章中，其字体种类不宜过多，一般不超过3种。
- 同一种字体特殊效果不可过多，可适当运用加粗、倾斜、下画线等，提升字体辨识度。另外，需要注意的是，中文应当尽量少用倾斜的特殊效果，因为斜体常用于英文，中文多用方块字，采用斜体后会使文字变形。

图2-27所示即为故宫淘宝店铺的微博头条文章，不同类型的文章风格就采用了不同的字体进行表达，左图的文章风格比较文雅，因此采用了楷体，而右图的文章风格比较朴实，因此采用了微软雅黑。

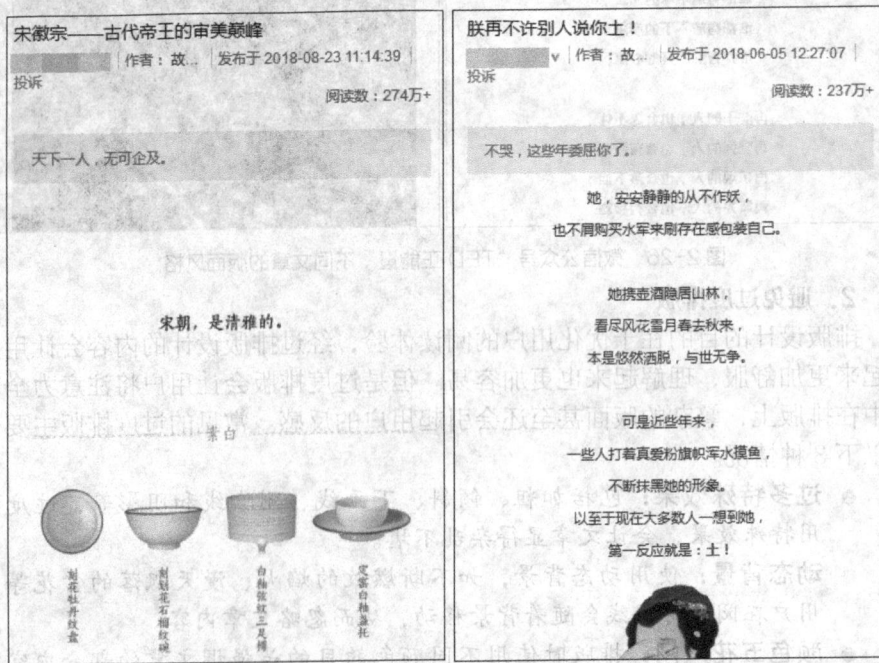

图2-27 不同文字字体的效果

2．文字字号

在新媒体时代，手机、平板电脑等由于方便携带、可随时上网等特点而深受广大用户的喜爱。如此一来，文章的字号设置变得越来越重要。特别是对于屏幕比较小的手机来说，就更要注重文字字号的大小。

如果文字太小，容易让用户在习惯的阅读距离内看不清文字。如果文字太大，有限的空间就无法表现更多的内容，从而造成资源的浪费。因此，建议文字字号设置保持在14px～20px。图2-28所示为微信公众号后台编辑器中的文字字号设置功能，其字号范围在12px～24px，一般建议正文字体的字号为14px～16px，正文标题文字的字号可以比正文内容文字的字号稍大一些。图2-29所示即为正文内容文字的字号为16px与14px的对比。

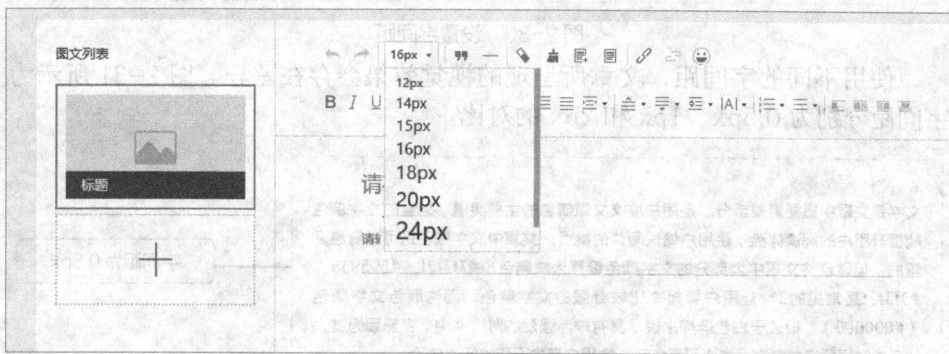

图 2-28 设置文字字号

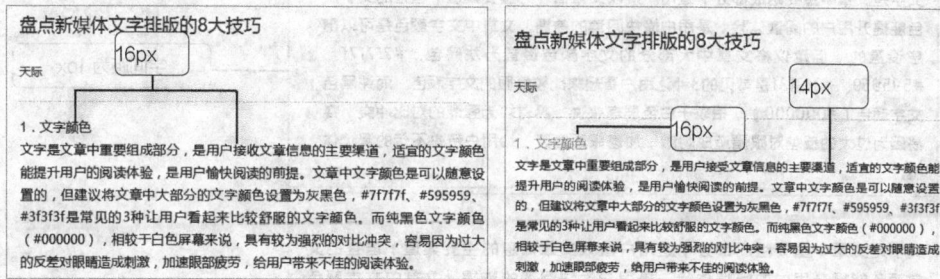

图 2-29 文字字号对比

2.3.3 字间距、行间距和段间距的设置

新媒体文字间距与Office办公软件中的文字间距设置基本相同，既包括字间距，又包括行间距、段间距。下面以微信公众号后台编辑器为例，分别对字间距、行间距和段间距的设置进行详细介绍。

1．字间距

顾名思义，字间距即字与字之间的距离，一般设置为1px或2px能够给用户带来较为舒适的阅读体验。在微信公众号后台编辑器中，单击"字间距" ᴵᴬᴵ·按钮，在打开的下拉列表框中选择需要的字间距选项即可，包括"默认""0.5""1""2"4个选项，如图2-30所示。

图 2-30　设置字间距

使用不同的字间距，文章所呈现的视觉效果会存在差异。图2-31所示为字间距分别为 0.5px、1px 和 2px 的对比。

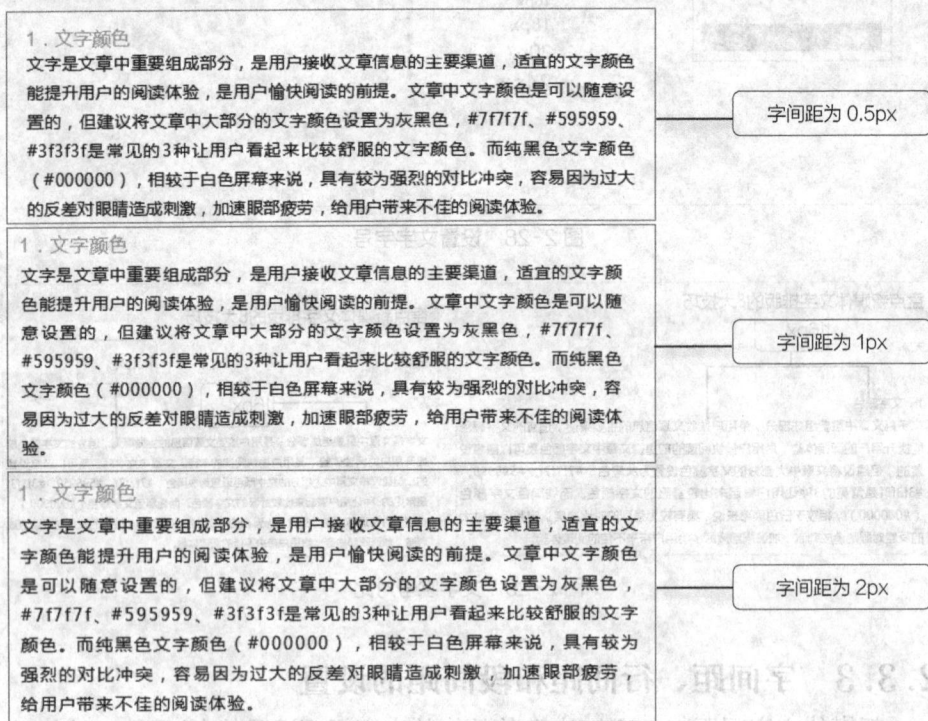

图 2-31　不同字间距的对比

2．行间距

文本上一行与下一行之间的距离叫作行间距，设置行间距可以直接影响文章的篇幅长短。文章一般默认在手机上显示都较为拥挤，因此为了提高用户的阅读体验需要手动设置。在微信公众号后台编辑器中设置行间距时，可先选中所有文本后再单击"行间距"按钮，在打开的下拉列表框中选择需要的行间距选项，如图2-32所示。通常建议设置为1.5～2倍行间距，这样的阅读效果最佳。

图2-32 设置行间距

3．段间距

段间距是指段落与段落之间的距离，可根据段落方向分为段前距和段后距。在微信公众号后台编辑器中，单击"段前距"按钮可设置段前距，单击"段后距"按钮可设置段后距，如图2-33所示。

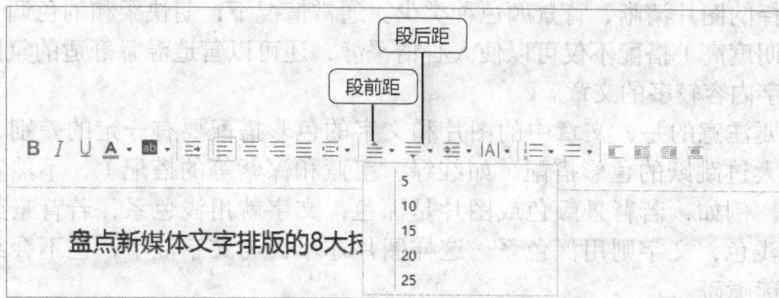

图2-33 设置段间距

2.3.4 色彩的搭配

新媒体运营人员在对文章内容进行排版时，还应当注意色彩的搭配，不同的颜色能够给用户带来不同的阅读感受。排版涉及文字的色彩搭配和图片的色彩搭配，下面分别进行介绍。

1．文字的色彩搭配

文字是文章的重要组成部分，是用户接收文章信息的主要渠道，合适的文字颜色能提升用户的阅读体验，是用户愉快阅读的前提。文章中文字的颜色是可以随意设置的，但建议将文章中大部分文字的颜色设置为灰黑色。#7f7f7f、#595959、#3f3f3f 是常见的 3 种让用户看起来比较舒服的文字颜色，如图 2-34 所示。如图 2-35 所示，纯黑色文字颜色（#000000）相较于白色屏幕来说，具有较为强烈的对比，容易因为过大的反差对眼睛造成刺激，加速眼部疲劳，给用户带来不佳的阅读体验。

#7f7f7f　　　　　　#595959　　　　　　#3f3f3f

#000000

图 2-34　常用的灰色文字颜色　　　　　　图 2-35　纯黑色文字颜色

对于一些比较重要或关键性的文字，可以使用其他暖色系的颜色（如橙色、红色等）进行突出显示，但切忌设置为亮黄色、荧光绿等对眼睛刺激较强的颜色。同时，也要注意一篇文章中不要出现多种文字颜色，尽量保持简单、清新的文字风格。

2．图片的色彩搭配

图片同样是文章比较重要的组成部分，精美的图片不仅可以对文章内容进行补充，同时也能缓解用户对较长文字的烦躁感。在文章中运用图片时，应该保证选择的图片清晰、背景颜色种类少。通常情况下，明快柔和的色调（饱和度高或明度高）搭配不仅可以使人心情平静，还可以营造温馨舒适的氛围，更适合文字内容较多的文章。

需要注意的是，文章中的图片和文字的色彩搭配要有一定的差别，但不要使用太过跳跃的色彩搭配（如红绿、宝蓝和深紫等的搭配），不然容易显得突兀。例如，若背景颜色或图片是深色，文字就用浅色系；若背景颜色或图片是浅色，文字则用深色系。这样图片才不会与文字混淆，也不会给用户造成阅读障碍。

2.3.5　图文的结合

文字与图片并不是单独存在于新媒体营销过程中的，它们是相辅相成的。图片中可以添加文字，文章中也可以搭配图片，以达到突出需要重点表现内容的目的。下面对图片的表现形式、在图片中添加文字的方法做进一步介绍。

1．图片的表现形式

新媒体营销中的图片表现形式多种多样，除了常见的说明性或观赏性图片外，还有封面图、信息长图、九宫图等形式，以快速吸引用户注意。下面分别对这些表现形式进行介绍。

- **封面图**：多用于在新媒体渠道中发布文章，旨在占据视觉空间，将用户的视线快速聚集到图片上，吸引用户查看图片或下方的文章标题，提高文章点击率。图2-36所示即为微信封面图，包括首篇图文封面图和次篇图文封面图；图2-37所示即为今日头条封面图，该封面图可以选择从正文中抓取，也可以自行上传多张图片。

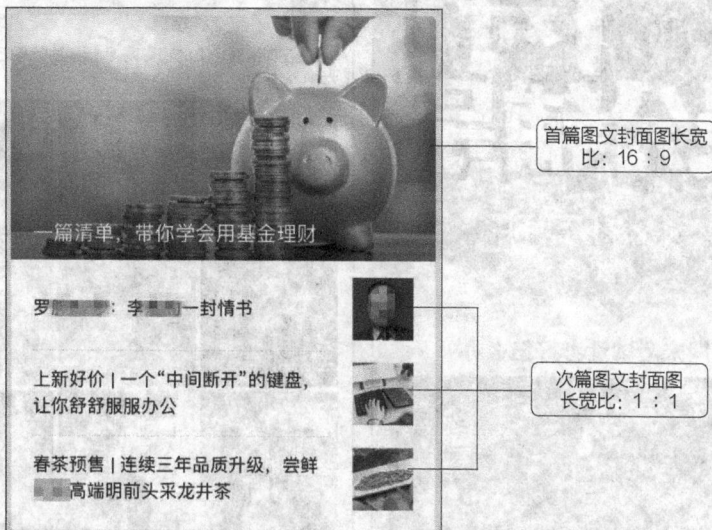

图2-36　微信封面图

图2-37　今日头条封面图

- **信息长图**：用于对某件事情的来龙去脉进行详细解说，帮助用户更加直观地查看内容。信息长图就是指篇幅更长的信息图，如图2-38所示。
- **九宫图**：由9个方形图片组成的一个完整图组，更便于在新媒体营销过程中进行传播。特别是对于移动端来说，九宫图几乎占据了整个版面，可以吸引用户的全部视线，是一种快速吸引用户注意力的配图方式。图 2-39 所示即为微博九宫图。

图 2-38　信息长图

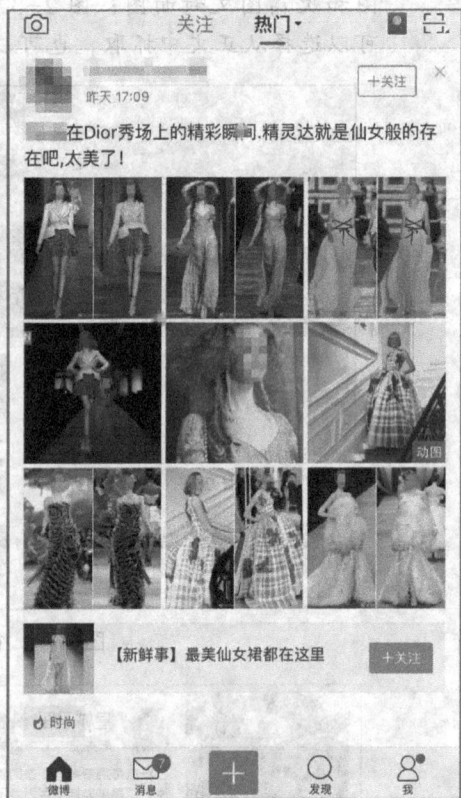

图 2-39　微博九宫图

2. 在图片中添加文字

在图片中添加文字可以更好地提升营销效果，如在封面图中添加必要的文字可以说明主题。当然，在文章的正文部分也可以根据写作内容搭配说明图、细节图等内容。对图片进行制作和修改的工具较多，如美图秀秀、Photoshop 和创客贴等。下面就以创客贴为例，讲解图片编辑工具的使用方法。利用创客贴编辑图片主要包括以下 4 个步骤，下面分别进行介绍。

- **选择场景**：在创客贴网站中利用个人账户登录，选择需要制作的图片所应用的场景，如图 2-40 所示。
- **选择模板**：打开场景模板界面，在其中选择一种图片模板，将其插入编辑区。
- **编辑图片**：对图片模板进行编辑，设计文章中需要的图片。
- **输出图片**：完成图片编辑后，单击"下载"按钮，打开"下载设计"输出界面，可以设置将图片保存至计算机或手机中。

图2-40 选择图片的场景

在创客贴中编辑图片的方法比较简单，只需选择相应的场景和对应的模板，并对模板中的内容进行修改即可，包括对背景图、文字、线条等多种元素的修改。需要注意的是，不管是制作封面图还是信息长图，采用模板快速制作的前提都是所选择的模板与需要营销的内容主题相符。在保证模板与文章标题、主旨和关键词有一定关联性的前提下选择模板，可以提高制作图片的质量与速度，否则将影响最终的展现效果。

3．在文章中添加图片

在文章中搭配适量的图片可以缓解用户阅读文字时的疲劳，但注意图片要清晰，同时要符合文章主题。将图片放在正文中时，还要遵循以下两个原则。

● **图片的统一性**：图片的统一性即图片的样式要保持一致（所有图片都为矩形、圆形或不规则图形），不与文章内容版面的风格相悖。

● **图文间距要合适**：图文间距要合适是指既要保证文字与图片之间的距离保持在一个适宜用户观看的范围内，又要保证当多张图片连续展示时，图片与图片之间的距离合适，不能使用户产生多张变一张的错觉。

在新媒体营销中，文字与图片是单独存在却又互相融合的，结合使用它们可以大大提升营销效果，带来更多的忠实用户。

📈 课堂实训

实训1 分析营销文章的开头和结尾

🎯 **实训目标**

图2-41所示为微信公众号"vivo零售社区"中的一篇文章，请分析其开

头和结尾分别采用了什么样的写作方法。

图2-41 "刷牙不规范，亲人两行泪"文章的开头和结尾

实训思路

（1）一般情况下，人们总是会对新发生或者具有较高关注度的事件感兴趣，上述文章的开头就是改编自热门电影《流浪地球》的经典台词"北京市第三区交通委提醒您，道路千万条，安全第一条。行车不规范，亲人两行泪"，是比较典型的利用热点事件写作开头的方式。

（2）文章的结尾在于刺激用户，让用户阅读后做出营销人员预期的反应，如下单购买、关注公众号等。本篇文章的结尾采用了请求号召式的写法，在文章结尾处向用户发起养成科学刷牙习惯的号召，从而激起用户购买其推广的智能声波电动牙刷的欲望。

实训2 结合热点事件写一篇微信公众号营销文章

实训目标

热点事件一直都是新媒体营销人员的写作来源，请试着以近期发生的热点事件为切入点写一篇微信公众号营销文章，营销的产品或品牌自选。图 2-42 所示即为借助电影《复仇者联盟 4》这个热点进行营销的微信公众号文章，可分析其文章的结构，借鉴其写作思路撰写营销内容。

图 2-42　结合热点事件写作营销文章

💡 实训思路

在结合热点事件为产品或品牌写营销文章时，可借鉴以上文章的写作思路，将自身产品或品牌的特点融入其中，具体如下。

（1）标题。标题一定要突出，可带有故事性、情感性，或直接以产品卖点和热点事件为主。例如，示例文章的标题就是直接以电影的名字和电影中的台词命名，吸引用户点击文章。

（2）文章开头。开头应当具有吸引力，让读者产生继续阅读下去的欲望。例如，示例文章就是比较典型的内心独白式开头，容易给用户留下情真意切、感人肺腑的印象，引起用户的共鸣与信任。

（3）正文内容。正文的写法众多，可以采用故事引导式、三段式等，但是正文内容应当能够提升用户的购买欲望。例如，示例文章中的正文就采用递进结构的写法，首先表达了其对电影的热爱，然后由电影引出需要营销的品牌"××国医"。另外，正文中还可以搭配一些与热点事件有关的图片。例如，示例文章中就加入了电影的宣传图，丰富了文章的表达形式。

（4）正文结尾。正文结尾应当能够产生积极的导向作用，本例中文章的结尾就采用抒情议论的方式结束文章，能够表达作者心中的情感，从而打动用户，让营销的内容有温度、有情绪。

课后练习

练习1　分析不同类型标题的写作模式和写作技巧

请试着分析以下罗列的几个文章标题都采用了什么写作模式，使用了哪些写作技巧。

- 彩妆护肤界的新花样，你就不想进来瞧瞧？
- 一夜市值破百亿！"开会"也能成为亿万富翁？！
- OPPO Reno 和华为 P30 Pro 的差距竟然在这！
- 一个"傻瓜绝技"是如何使我成为销售冠军的？
- 梦泪亲测！王者快跑最快的英雄！

练习2　分析文章"闺蜜问你借钱怎么办"

以下是某微信公众号的一篇名为"闺蜜问你借钱怎么办"的文章的片段，扫描右边的二维码即可阅读完整内容。阅读完毕后请试着分析这篇文章的标题、开头、正文和结尾各采用了哪种写作方式，达到了什么样的营销效果。

文章链接

闺蜜问你借钱怎么办

"闺蜜之间突然提出借钱是很尴尬的，比方你刚刚还在夸耀老公股票赚了钱，男朋友给你发了红包，自己涨了工资。闺蜜突然接一句，借我一万块钱吧，完全堵死了你说自己没钱的后路，你只能借。

……

点击阅读原文下载网易考拉 App 吧，还可以再领新人礼！领完上面的 168 红包后记得下载哦！"

练习3　以故事引导式写法写一篇微信公众号营销文章并排版

请试着以故事引导式写法写一篇微信公众号营销文章，营销的产品自选，要求广告植入贴切、不生硬。写作完成后，对文章进行排版，包括设置合适的字间距、行间距、段间距等。

拓展知识

1. 新媒体内容的正文开头和结尾小技巧

在文章开头与结尾做一些小文章可以带来更好的营销效果。下面介绍在文章开头增加关注和在文章结尾增加点击量的技巧。

- **在文章开头增加关注的技巧**：在文章开头加入新媒体平台账号、企业或品牌的介绍，引导用户关注，能够激发对文章有兴趣的用户产生关注行为，进而增加粉丝，如图2-43所示。
- **在文章结尾增加点击量的技巧**：在文章结尾可适当地添加一些推送信息，如通过推荐阅读、阅读原文等方式引导用户点击其他内容，增加其他文章的点击量。另外，还可以在文章结尾添加二维码，将需要营销的内容以二维码的形式展示给用户，引导用户扫描二维码产生实际行动，如图2-44所示。

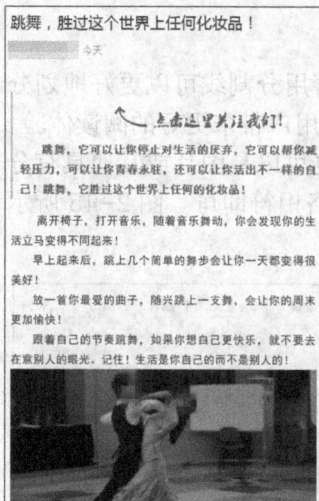

图2-43　文章开头

图2-44　文章结尾

2. 新媒体文字创意

千篇一律的文字不仅单调，还容易使用户产生倦怠感，影响用户的阅读体验，此时就需要进行文字创意。这里的文字创意主要包括两个方面的内容：一是文字思维创意，二是文字字形创意。

- **文字思维创意**：文字思维创意是指一种创意性的思考方法，旨在通过创意性思维提升文字的表达效果，从而将推广内容更好地呈现出来，吸引更多的用户。常用的思维创意方法有发散思维、聚合思维、横向思维和逆向思维等，这些思维方法可以帮助营销人员获得更多有创意的点子，然后将这些点子以更有吸引力的方式写作出来，提高文章的转化率。思维是不可控制的，想法也是多种多样的，只要内容能够让用户觉得有趣、不俗套、有种眼前一亮的感觉，就可以将其看作具有思维创意。例如，豆瓣为了推广其品牌而制作的H5营销文案《我们的精神角落》，以章节式解谜系列游戏为主，通过将豆瓣的读书、音乐、社交等平台与人类的眼（感知）、耳（共鸣）、鼻（寻获）、口（分享）、脑（精神）

巧妙地结合起来，为用户提供直观的互动体验，这就是创意性思维的具体应用。

● **文字字形创意**：文字字形创意是指通过改变文字呈现形式，更加新颖地表达主题思想，快速吸引用户的视线，从而提高文章阅读量的一种方法。文字云就是一种比较流行的新媒体文字创意表现形式，它是以图形化排版来表达文字主题、某个概念或形象的一种文字呈现方式，具有文字和图形两个组成元素，其中文字是围绕表现主题展开的相关关键词，图形则是展示主题形象的相关图片。创意文字云的制作方法也很简单，可通过网络搜索文字云在线制作工具（如TAGUL），下载并注册成为其会员后根据网站提示进行制作。

3. 文章中的分割线

分割线是文章中用于分割上下文内容的线条。善用分割线可以更好地划分内容结构层次，同时增加文章内容排版的舒适感，给用户带来更好的阅读体验。分割线并不局限于"线条"这种单一的表现形式，也可以是图片或其他具有分割意义的符号或图形，只要能保证与内容版面的风格相符即可。图2-45所示即为文章中不同类型的分割线。

图2-45 文章中的分割线

第3章 微信公众号营销

提及微信营销，就不得不提及星巴克的"自然醒"营销活动。"自然醒"营销活动是为了推广星巴克的一款新品"冰摇沁爽系列创新饮品"而推出的营销活动。这个活动通过微信公众号将星巴克线下的上千家门店关联起来，只要关注"星巴克中国"微信公众号并向它发送一个表情符号（兴奋、沮丧或忧伤皆可），立刻就能获得星巴克按其心情特别选择的音乐曲目。通过"自然醒"营销活动，星巴克微信公众号吸引了大量粉丝，进而利用各种活动使粉丝主动将星巴克微信公众号推荐给朋友。

微信公众号营销是企业微信营销的主要途径，下面就对微信公众号营销进行详细介绍，主要包括微信公众号的类型、盈利模式，微信公众号的定位、设置，以及微信公众号的内容营销和粉丝营销策略等。

学习目标

- 熟悉微信公众号的类型
- 熟悉微信公众号的营销价值及盈利模式
- 掌握微信公众号的基本信息设置方法
- 掌握微信公众号的后台功能区设置方法
- 掌握微信公众号的内容营销方法
- 掌握微信公众号的粉丝营销方法

技能目标

- 能够对微信公众号的基本信息进行设置
- 能够对微信公众号的后台功能区进行设置
- 能够运用不同的营销策略吸粉引流

3.1 微信公众号的基础知识

　　微信为营销提供了新方式，但是只有在某一行业中有热度、有影响力的微信公众号才具有真正的营销价值。下面将对微信公众号的基础知识进行介绍，包括微信公众号的概述、类型、营销价值及盈利模式等。

3.1.1 微信公众号概述

　　微信公众号是在微信平台上申请的应用账号。微信公众号是腾讯公司在微信基础上开发的功能模块，是现在新媒体营销宣传的常用平台。通过微信公众号平台，个人和企业都可以打造特色微信公众号，并在微信公众号上通过文字、图片、语音、视频等形式，与特定群体进行全方位的沟通和互动。

　　根据微信账号类型的不同，微信营销主要分为微信个人号营销与微信公众号营销。对于个人而言，其开通的微信叫作微信个人号，可以和手机通讯录绑定，邀请朋友们用微信进行交流、联系和互动。当然，个人也可以开通微信公众号撰写文章。从连接关系来看，个人微信号是点对点的关系，而微信公众号是一对多的关系。下面就微信个人号和微信公众号的区别进行介绍，如表3-1所示。

表3-1　微信个人号和微信公众号的区别

对比项	微信个人号	微信公众号
使用方式	手机端为主	PC端为主
功能	加好友、发消息、发布朋友圈动态、与个人相关的城市服务	自动回复、赞赏，管理用户、掌握用户信息并与之互动
社交圈	个人的人际社交关系	比个人关系圈更广的社交圈
使用定位	朋友或自己的近况、娱乐信息分享	商业用途，如品牌推广、企业宣传、产品销售等
推广方式	通过介绍即口碑来达成推广	需要利用多种资源进行推广（包括线上、线下）

3.1.2 微信公众号的类型

　　微信公众号有服务号、订阅号、小程序和企业微信4种类型，每种类型的使用方式、功能、特点均不相同。用于营销的微信公众号一定要选择最适合自己的类型，这样才能为达到预期的营销效果做好铺垫。微信公众号的类型如图3-1所示，下面分别进行介绍。

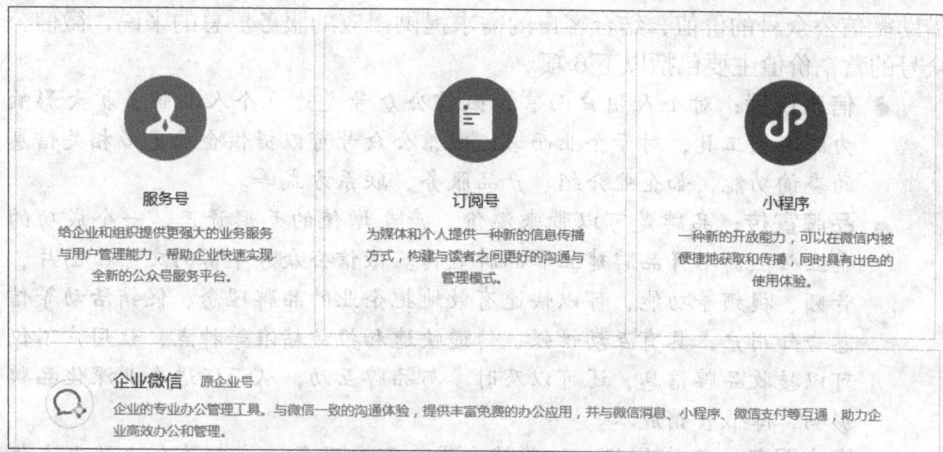

图 3-1　微信公众号的类型

- **服务号**：服务号具有管理用户和提供业务服务的功能，服务效率比较高，主要偏向于服务交互，如提供银行、114 等服务查询功能的服务号。企业若对用户服务需求高，也可开通服务号。服务号认证后，每个月可群发 4 条消息，还可开通微信支付功能。

微课视频

订阅号和服务号的选择

- **订阅号**：订阅号具有发布和传播信息的功能，可以展示个人或企业的个性、特色和理念，树立个人形象或品牌文化。订阅号主要偏向于为用户传达资讯（类似报纸杂志），认证后每天可以群发 1 条消息，具有较大的传播空间。如果想通过简单地发送消息达到宣传效果，可选择订阅号。

- **小程序**：小程序是一种开放功能，具有出色的使用体验，可以被便捷地获取与传播，适合有服务内容的企业和组织使用。

- **企业微信**：企业微信主要用于公司内部通信，具有实现企业内部沟通与内部协同管理的功能。

👤 **知识补充**

微信公众号补充事项

目前，对用于营销的微信公众号来说，服务号和订阅号的使用率更高。订阅号通过微信认证资质审核后有一次升级为服务号的机会，升级成功后类型不可再更改。服务号则不可变更为订阅号。

3.1.3　微信公众号的营销价值

微信公众号是企业进行微信营销的主要方式之一。企业通过微信公众号，可以非常便利地展开品牌推广和产品服务。需要进行微信营销的企业，也可以借助微信公众号的价值，结合客户的需求提供相应的服务。总的来说，微信公众号的营销价值主要包括以下6项。

- **信息传播**：对个人用户而言，微信公众号是建立个人品牌、扩大影响力的有利工具；对于企业而言，微信公众号可以提供企业更多相关信息的查询功能，如企业介绍、产品服务、联系方式等。

- **品牌宣传**：品牌是可以带来溢价、产生增值的无形资产，一个成功的企业必然离不开品牌建立和品牌宣传。微信公众号丰富的文字、图片、音频、视频等功能，可以快速有效地把企业的品牌理念、促销活动等信息告知用户，具有互动性强、传递快速和投放精准等特点，让用户不仅可以接收品牌信息，还可以及时参与品牌互动，从而促进企业深化品牌影响，降低营销成本。

- **客户服务**：不管是哪一种营销方式，客户服务一直都是企业的重点优化目标。微信公众号能吸引新客户、维护老客户，提高客户忠诚度，在当前服务质量会直接影响口碑的环境下，能极大地方便企业与用户之间的交流。将微信与企业原有的客户关系管理（Customer Relationship Management，CRM）相结合，可以实现多人人工接入。通过设置回复关键词，还可以自动回复客户，节约客服成本。

- **开展调研**：调研是企业制定经营策略的重要环节，调研数据将影响策略的制定，进而影响营销效果。微信公众号可以直接接触目标用户群体，不仅使调研数据更真实，而且节省大笔调研成本。

- **电子商务**：不管是电商平台还是电商企业，现在大都致力于简化消费者的购物流程，让其随时随地都可以便利购物。微信公众号具有销售引导功能，可以将产品或服务信息快速传递给消费者，引导其购买，缩短营销周期。比如消费者在微信图文中看到某件商品产生购买想法时，可以直接通过微信下单、支付、查询物流和寻求售后服务等。

- **O2O营销模式**：O2O 即 Online To Offline，是指将线下的商务机会与互联网结合，让互联网成为线下交易的平台。O2O 营销模式是立体化营销的必然趋势，微信公众号则为线上线下立体营销的实现提供了便利的渠道。

3.1.4　微信公众号的盈利模式

越来越多的个人或企业利用微信公众号做营销推广，但是到底如何通过微信公众号盈利呢？下面介绍微信公众号的主要盈利模式。

1. 广告模式

广告模式是微信公众号比较常用并且有效的盈利模式。在广告模式下，其盈利的途径主要包括平台广告、商业广告等。

- **平台广告**：在微信公众平台中植入广告，如流量主等。流量主就是一个微信公众号的运营者自愿把公众号中指定的位置（官方规定，当前包括底部广告位和文中广告位）分享给广告主来做广告展示，并按月获得收入。一般来说，微信公众号需要有 5 000 以上的粉丝数才能成为流量主。广告展现形式包括图文信息、图片、关注卡片、下载卡片等，如图 3-2 所示。

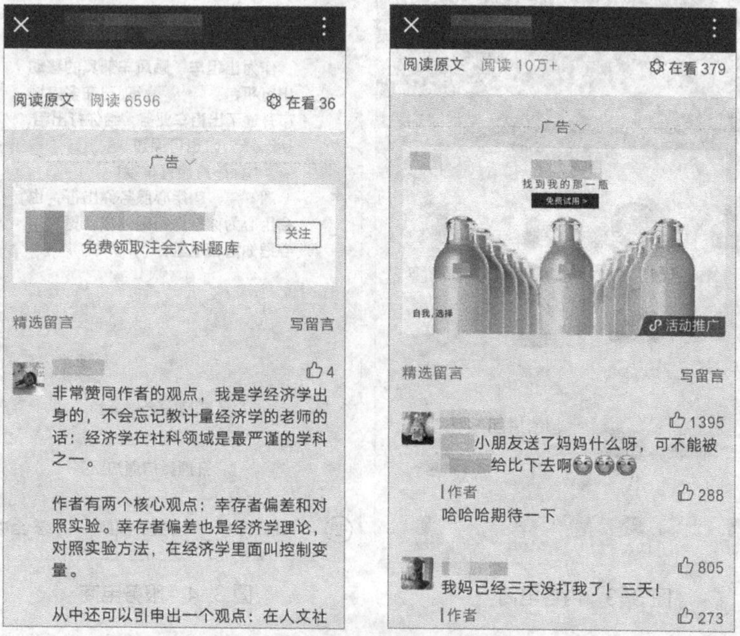

图 3-2 平台广告

- **商业广告**：微信公众号的运营者和商家对接的广告，一般情况下和平台没有任何关系，包括硬广和软广。硬广比较直接，一般都是在文章末尾直接放广告内容。硬广投入成本较高，并且商业味道浓厚、渗透力较弱，因此大多数情况下企业都会采用软广，如将广告巧妙地植入文章当中，使文章内容看上去"不像广告"，做到广告即内容，内容即广告。

2．电商模式

电商模式是指通过微信公众号销售货品的模式。按照货品的不同，目前微信公众号中的电商模式主要分为两种类型：一种是内容电商，另一种是服务电商。

- **内容电商**：内容电商主要通过内容来实现转换，是目前主流的公众号电商模式。图 3-3 所示的"百匠大集"公众号就是通过优质的公众号内容把读者引流到电商平台，实现内容的引导和转换。
- **服务电商**：服务电商与内容电商不同，服务电商销售的主要是某种服务，其公众号更多承载的是一个 App 的功能，如"嘀嗒出行""小猪短租"等微信公众号，如图 3-4 所示。

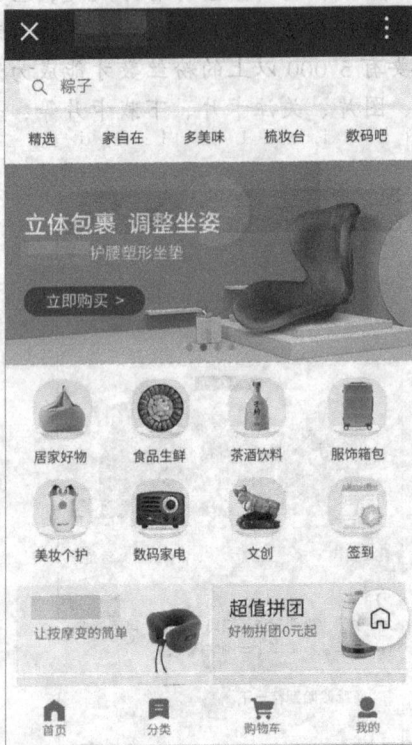

图 3-3　内容电商　　　　　　　　图 3-4　服务电商

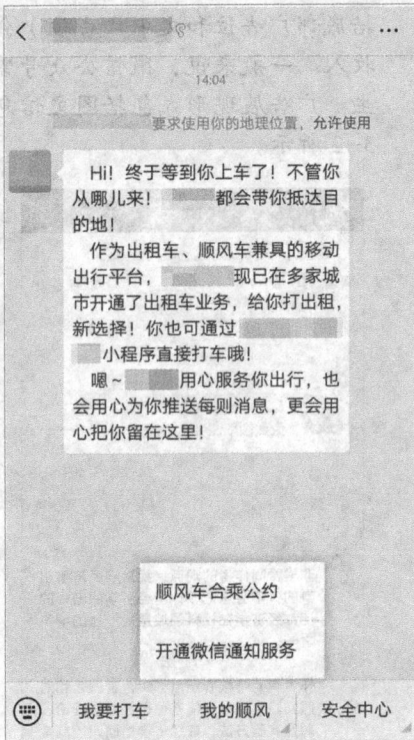

　　商家除了可以通过微信公众号的粉丝进行产品或服务销售外，还可以搭载第三方微商城（微店、有赞、京东）直接开展电商销售。

3．内容付费模式

　　内容付费即单纯地依靠知识价值盈利的模式，适合文化水平高、知识丰富、技能过硬的微信公众号运营者。内容付费模式主要包括赞赏、付费课程两种功能。

- **赞赏**：赞赏是指用户阅读完文章之后，自愿向原创作者赠予赏金。在微信公众号中以同一作者名发表 3 篇或 3 篇以上的原创文章，即可邀请创建一个赞赏账户（每个微信公众号最多可以创建 3 个赞赏账户）。在微信公众号后台"赞赏功能"中填写微信号发送创建邀请，作者通过微信公众号的邀请，进入赞赏账户小程序填写信息，即可完成创建。图 3-5 所示即为微信公众号的赞赏功能。
- **付费课程**：一般情况下，付费能够获取更高质量的内容。在知识经济时代，优质内容理应获得与价值相符的回报，这不仅是对内容提供者的激励，也是对网络知识产权保护的有效助力。图 3-6 所示即为微信公众号"丁香妈妈"的一些付费课程。

图 3-5 微信公众号的赞赏

图 3-6 微信公众号的付费课程

3.1.5 微信公众号的定位

不管是个人还是企业，要想获得更好的推广效果，都必须做好微信公众号的定位。定位不仅包括微信公众号账号本身形象的定位，还包括营销内容的定位，这样才能设计出用户喜欢的风格、特色和服务。以此建立的微信公众号，更利于发展精准用户，形成品牌效应，找准盈利点，达到营销目的。

1. 微信公众号账号形象的定位

定位微信公众号账号形象，主要从行业、产品及功能3个方面入手，但无论是哪种定位方式，实现盈利的思路都包括直接售卖产品、提供服务、通过分享知识和经验引导购买等方式。

（1）行业定位。

行业定位就是确定微信公众号未来营销的产品或服务属于哪个行业。利用行业定位，营销者可以省去分析与自己的产品或服务精确对应的适用人群的步骤，只需对自己的产品或服务进行行业归类，就可以简单地为微信公众号做出定位。

针对行业细分的微信公众号需要推送与本行业相关的消息，其专业性会更强。所谓"行行出状元"，行业定位准确，也可快速吸引粉丝，让微信公众号更有知名度。图3-7所示即为图像设计类的"昵图网"微信公众号和教育培训类的"中华会计网校"微信公众号。除此之外，还有很多以行业定位的微信公众号类型，如音响设备类、服饰类、化妆品类等。

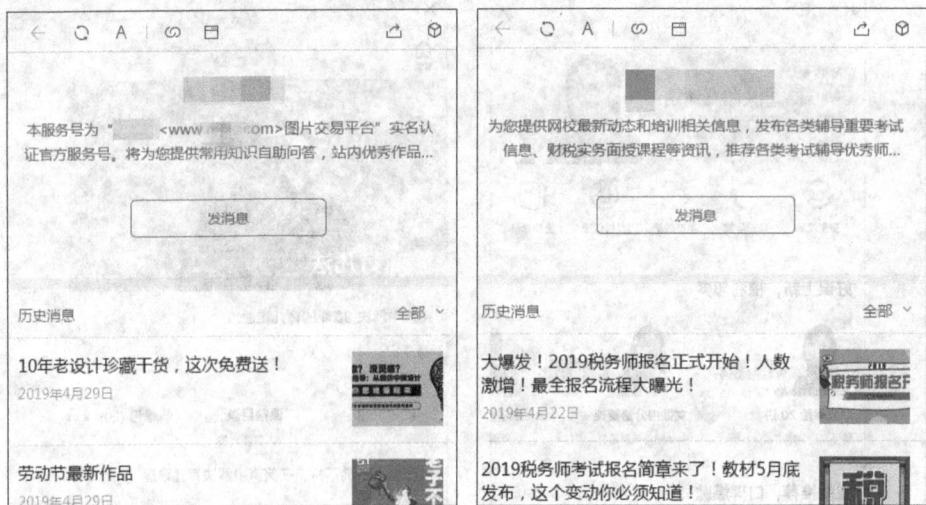

图3-7 以行业定位的微信公众号

（2）产品定位。

产品定位是指以已有的产品或品牌作为微信公众号的定位基础，将微信公众号定位在产品或品牌上，有利于以后的流量变现或转变为电商模式。图3-8所示的"华为""戴尔"微信公众号就是典型的以名牌名称来定位的微信公众号。

以产品定位的微信公众号需要原产品或服务具备一定的品牌知名度，这有利于微信公众号的前期推广。若产品或品牌知名度不足，以产品定位的微信公众号粉丝数量将受到限制。

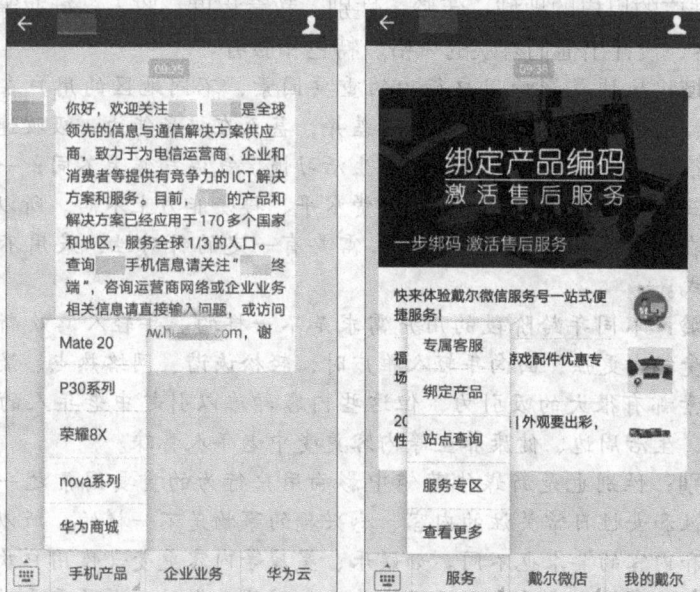

图 3-8 以产品定位的微信公众号

（3）功能定位。

不管是行业定位，还是产品定位，都要求分类界限分明。但部分微信公众号的分类界限并不明显，此时就可以按照产品的功能定位。以功能定位的微信公众号用于提供功能性服务，如提供保洁、保姆、搬家等一系列上门服务的"58到家"微信公众号，如图 3-9 所示；又如提供食品销售或提供商城系统涉及产品销售的微信公众号"三只松鼠"。

图 3-9 以功能定位的微信公众号

2. 微信公众号营销内容定位

定位微信公众号营销内容，首先需要定位目标用户群体，而要定位目标用户群体，就应该了解目标用户的喜好，明确其行为动机。可以根据微信公众号要服务或推广的用户的地域、年龄、性别、教育程度、收入、行业等特点来策划营销内容，设计出他们喜欢的风格、特色和服务。

- **地域**：地域是影响用户行为的重要因素，不同地区的用户在文化、习俗、方言、喜好上都会有一定差异，甚至在接受能力、吸收速度上也会有很大不同。如南方和北方在生活习惯、气温气候上不同；一二线城市和三四线城市在生活观念、消费水平、接受能力上不同。所以微信公众号在面对不同地域的用户时，需要有一定的针对性，采用不同的营销方式。

- **年龄**：不同年龄阶段的用户需求是不一样的。年轻人喜欢新鲜事物，接受能力更强，面向年轻人推广时，轻松诙谐、网络热点、流行时尚等元素都有很大的吸引力，但这些内容却难以引起中老年人的注意和喜欢，生活周边、健康养生等内容更受中老年人青睐。

- **性别**：性别也是新媒体营销中影响用户行为的重要因素之一。大部分男性和女性日常关注的内容、感兴趣的事物是不一样的，所以他们对文章和内容的要求也不同。如娱乐、星座等内容更受女性用户欢迎，而科技、军事等内容更受男性用户欢迎。因此，微信公众号需要根据用户性别对自身风格做相应调整。

- **教育程度**：用户受教育程度不同，其所能接受的微信公众号文化、风格、内容就会不一样，受教育程度越高的人，对内容的要求也会越高。

- **收入**：只有将产品推广给能够承受其价格的用户才能带来成交，也只有收入匹配的用户才能成为产品的核心用户。

- **行业**：用户的行业不同，其关注点就可能不同，所以营销需要与行业相匹配，并为目标用户人群设计他们关注的内容。

除了需要分析用户的各种特征外，在进行微信公众号定位策划时，还可以从用户的使用场景出发进行策划，如目标用户一般何时查看公众号信息、是否愿意分享、有无付费行为等，然后结合用户的特征策划微信公众号内容和活动。

3.2 微信公众号的设置

申请并开通微信公众号后，就可以对微信公众号进行设置。申请微信公众号的方法比较简单，只需进入微信公众平台页面后单击"立即注册"按钮，按照"填写基本信息→邮箱激活→选择运营主体类型→信息登记→填写微信公众号信息"的步骤进行申请即可。下面对微信公众号的设置方法进行介绍。

3.2.1 微信公众号基本信息的设置

微信公众号基本信息的设置，主要包括名称设置、头像设置、二维码设置以及功能介绍设置等，下面分别进行介绍。

1．名称设置

微信公众号的名称是用户识别公众号的重要标志之一，也是直接与公众号搜索相关联的关键部分。从某种角度来说，微信公众号的名称就是品牌标签，因此名称的设置与营销效果息息相关。微信公众号的名称设置应当遵循统一、简洁、便于搜索、注明功能等基本原则。下面分别进行介绍。

- **统一：** 统一是指保证微信公众号的名称与其他媒体平台的名称一致，特别是已经积累了一定影响力和知名度，或者有个人品牌的微信公众号。一般来说，企业、媒体、名人、平台等都会采用完全统一的命名方式。图3-10所示即为一个知名自媒体博主在微博和微信公众号上的名称。

图 3-10　不同平台的相同名称

- **简洁：** 简洁是指微信公众号名称要便于用户记忆和识别，在简洁的基础上，也可以进行一些个性化的优化，从而给用户留下深刻印象。
- **便于搜索：** 很多用户在添加微信公众号时，都会使用搜索公众号名称的方法找到公众号，如果公众号名称过于拗口、有生僻字或有不方便记忆的外国文字，就很容易影响搜索结果，从而损失一部分粉丝。图3-11所示的微信公众号名称就很容易造成拼写错误，不利于搜索和传播。

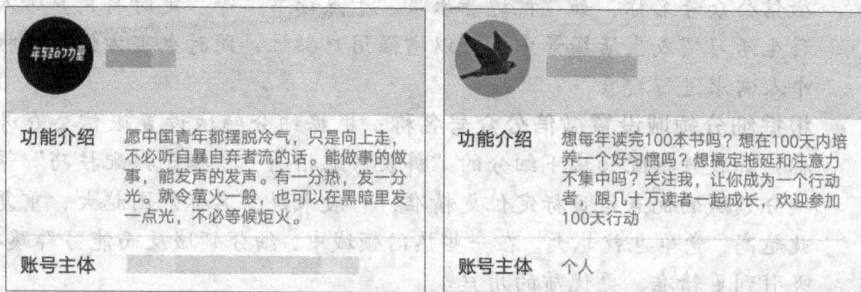

图 3-11　不利于搜索和传播的微信公众号名称

- **注明功能：** 注明功能是指微信公众号名称要与产品相联系，比如一个服装搭配的微信公众号，可以叫"××穿搭""教你日常穿搭""××

穿搭札记"等，让用户通过名字快速了解微信公众号的性质。图 3-12 所示为介绍美食的微信公众号名称。

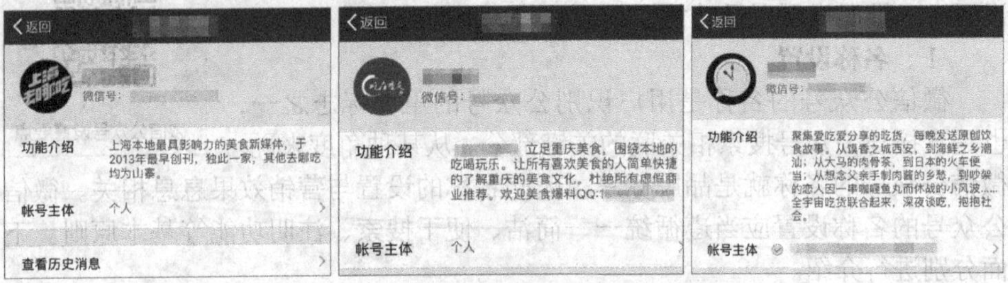

图 3-12　介绍美食的微信公众号名称

需要注意的是，在为微信公众号设置名称时，要非常谨慎，因为名称的修改机会有限，个人用户的微信公众号一个自然年内可主动修改两次名称（如 2019 年 1 月 1 日至 2019 年 12 月 31 日内可修改两次名称），虽然企业、媒体、政府等微信公众号可以通过微信认证确认主体身份后进行改名，但是频繁更改名称极不利于品牌的长期积淀。作为新申请的微信公众号，在设置名称时可以从 4 个方面入手，下面分别进行介绍。

- **根据目标用户的需求设置微信公众号名称**：根据目标用户的需求设置微信公众号名称即微信公众号所定位的目标用户是哪一种类型，名称就设置为哪一种类型。比如一个面向爱猫人士的公众号，名称可以设置为"猫来了""猫宠物"等；一个为用户群体提供趣味段子的微信公众号，名称可以设置为"内涵段子""搞笑段子"等。
- **根据地域设置微信公众号名称**：根据地域设置微信公众号名称即介绍本地内容的公众号，如"成都生活""上海美食攻略"等。除了直接使用地域名称之外，引用著名景点、著名食物、特色方言等也是地域名称的设置方式之一，根据地域特点设置名称的微信公众号主要吸引本地用户。
- **根据某个事件或场景设置微信公众号名称**：根据某个事件或场景设置微信公众号名称，如"枕边音乐""十点读书"等。定时将用户带入一种生活习惯或生活场景中，可以增强用户黏性，同时也可方便用户根据个人需求进行搜索。
- **根据细分领域设置微信公众号名称**：根据细分领域设置微信公众号名称，如服装搭配领域下细分的"裤装搭配指南""裙子搭配技巧"等。细分领域的优点是目标定位更精准，一般来说，名称范围越大，重复性就越高，竞争也就越大。在一些热门领域中，细分领域反而能另辟蹊径，吸引到更精准、更优质的用户。

以上是设置微信公众号名称的常用方法，可以单独使用，也可以结合使用，只要在遵循微信公众号设置基本原则的基础上，尽量做到个性化、易辨识，就能设置出一个合适的公众号名称。

2. 头像设置

头像也是微信公众号的重要标志之一，它代表了公众号的个性和风格，展现了微信公众号的品牌形象，可方便用户对公众号进行识别。微信公众号头像主要有 Logo、个人照片、文字、卡通形象、知名角色等类型。

- **Logo**：Logo 一般是指品牌 Logo，拥有品牌的个人或企业可将 Logo 作为微信公众号头像。图 3-13 所示即为"星巴克中国""肯德基"使用品牌 Logo 作为微信公众号头像。

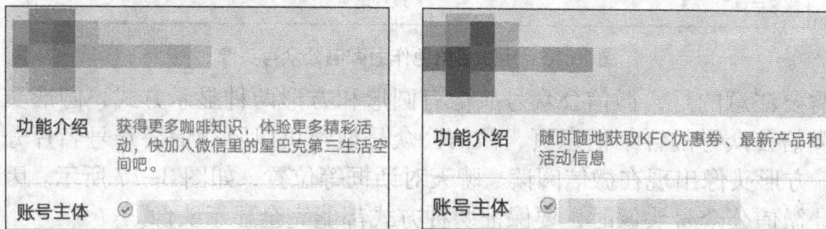

图 3-13　用 Logo 作为微信公众号头像

- **个人照片**：很多自媒体、明星、名人等都会将自己的照片作为微信公众号头像。
- **文字**：设计精美的中文、中英文组合或文字与 Logo 组合都是比较常见的头像样式。图 3-14 所示即为使用文字作为微信公众号头像。

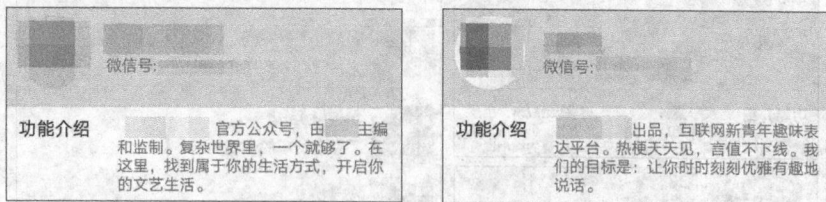

图 3-14　用文字作为微信公众号头像

- **卡通形象**：很多自媒体、创意公司、行业名人，甚至政府、学校等官方组织，会为自己设计一个专属的卡通头像，这类头像通常具有极高的辨识度。图 3-15 所示即为使用个性卡通形象作为微信公众号头像。

图 3-15　用卡通形象作为微信公众号头像

- **知名角色**：知名角色是指著名电影、电视剧、动画、历史中的形象角色，这种角色具有比较高的知名度和辨识度，容易引起用户注意，也能更好地传达微信公众号的定位。图 3-16 所示即为使用知名角色作为微信公众号头像。

图 3-16　用知名角色作为微信公众号头像

需要注意的是，微信公众号头像有圆形和方形两种显示方式，圆形头像出现在微信公众号的详细信息页、微信公众号搜索页以及微信公众号名片分享等位置。方形头像出现在微信阅读、聊天对话框等位置，如图 3-17 所示。因此，在设计微信公众号头像时，要保证两种方式都能完全显示头像。

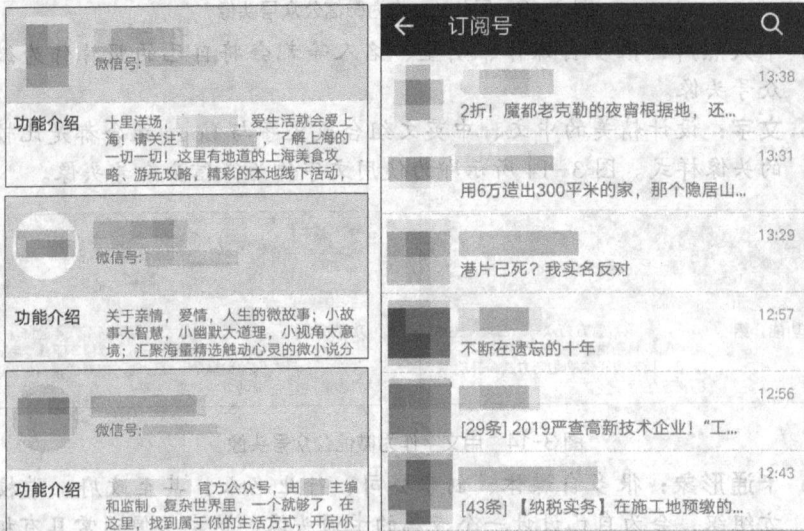

图 3-17　不同显示方式的微信公众号头像

3．二维码设置

每个微信公众号都有一个专属的二维码，通过对二维码进行分享和推广，可以让更多用户关注自己的微信公众号。微信公众号后台提供了二维码尺寸设置和下载功能，根据推广需要，可以设置不同尺寸的二维码，或对二维码图片的效果进行美化。

设计二维码时可以结合自己的产品特色，添加一些能展示产品特性的元素，使其更具个性化。比如地产类型微信公众号的二维码可以设计为建筑形象；娱乐类型微信公众号的二维码可以设计为卡通形象等。图 3-18 所示即为一些个性化的二维码设计。

图 3-18　个性化二维码

4．功能介绍设置

微信公众号的功能介绍主要用于描述公众号的作用，会在用户搜索微信公众号时显示，因此需要重点设置。一般来说，功能介绍必须突出重点、便于理解，让用户可以通过该介绍快速了解微信公众号提供的服务和微信公众号的价值等，比如直白地展示卖点，快速打动目标消费人群。图 3-19 所示即为一个Office 学习微信公众号的功能介绍。除了说明功能和作用外，功能介绍也可以用来表达情感、展现特色，通过个性化吸引用户。图 3-20 所示即为表达态度和情感的功能介绍。另外，还有大部分品牌的微信公众号会在功能介绍中进行品牌介绍，或者放置一些文章标语，进一步进行品牌推广，如"劳斯莱斯汽车"微信公众号等。

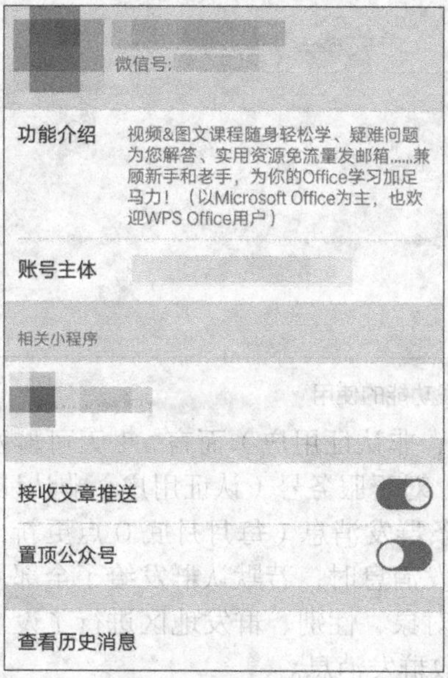

图 3-19　介绍功能

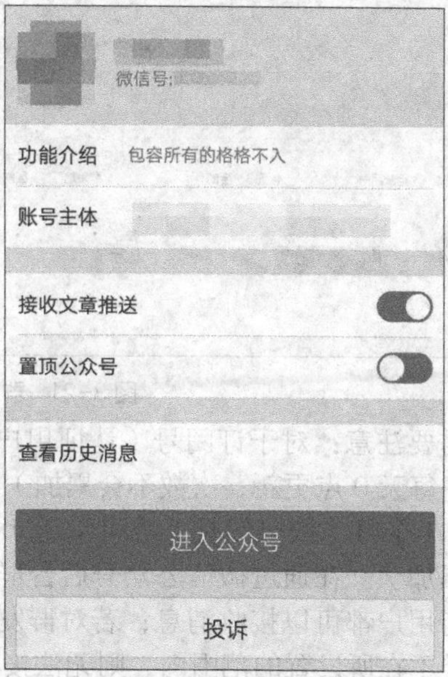

图 3-20　表达情感

3.2.2　微信公众号后台功能区的设置

微信公众号的后台为营销者提供了多种推广功能，下面以一个新注册的订阅号为例，主要对群发、自动回复、自定义菜单、投票管理 4 个常用功能进行介绍。

1．群发

群发是微信公众号最基本和最常用的功能，支持文字、图片、语音、视频、录音等多种形式，多用于推送文章。群发功能是向用户推送自己内容的重要窗口，有很多优秀的微信公众号仅仅依靠群发功能就做得风生水起。

群发功能的使用非常简单，只需登录微信公众号后台首页，单击"新建群发"按钮，根据需要完成文字、语音、图片、视频、录音等内容的设置，然后选择群发对象、性别、群发地区，再单击"群发"即可，如图3-21所示。

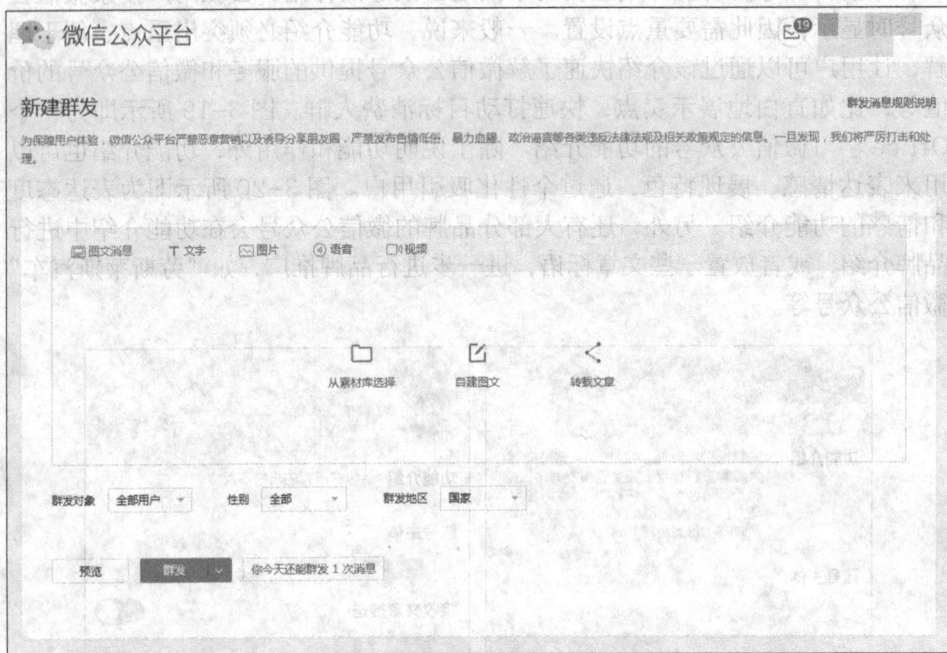

图 3-21　群发功能的使用

需要注意：对于订阅号（认证用户、非认证用户）而言，1天可群发1条消息（每天0点更新，次数不会累加）；对于服务号（认证用户、非认证用户）而言，1个月（按自然月）内可发送4条群发消息（每月月底0点更新，次数不会累加）。在通过微信公众号后台群发消息时，若默认群发给了全部用户，则所有用户都可以接收消息；若对群发对象、性别、群发地区进行了设置，而该粉丝不在所设置的范围内，则无法接收群发消息。

2．自动回复

自动回复是指微信公众号运营者制定自动回复规则，使微信公众号自动将设定的文字、图片、语音等内容回复给用户。自动回复包括收到消息回复、被关注回复和关键词回复3种类型，如图3-22～图3-24所示。

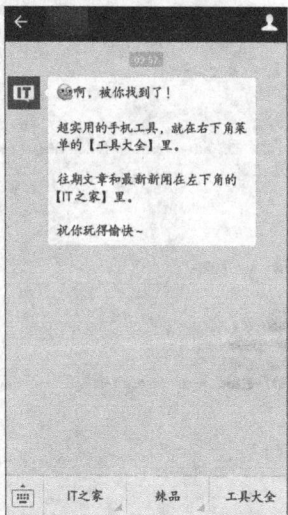

图 3-22 收到消息回复　　图 3-23 被关注回复　　图 3-24 关键词回复

（1）收到消息回复。

收到消息回复是指用户向微信公众号发送消息时，微信公众号会自动回复相应内容。在自动回复页面中切换到"收到消息回复"选项卡，在打开的页面中设置回复的内容即可，如图 3-25 所示。

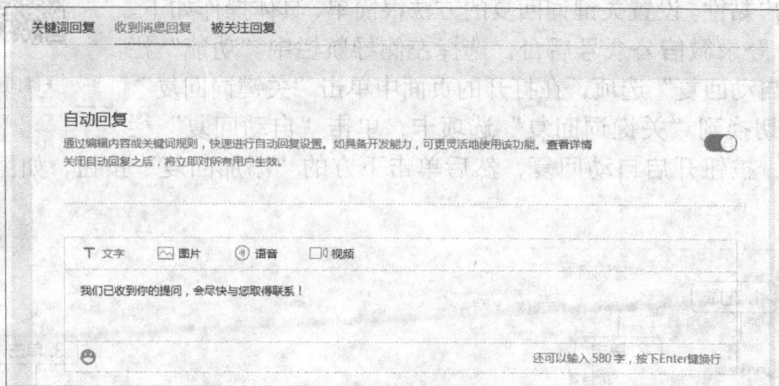

图 3-25 收到消息回复

（2）被关注回复。

被关注回复是指当用户关注微信公众号成为其粉丝后，微信公众号会自动回复相应内容。该内容是微信公众号与粉丝的第一次互动，要在保证个性化的前提下体现企业、产品或服务的理念。

被关注回复的设置方法很简单，只需在微信公众号首页左侧导航栏中的"功能"栏下选择"自动回复"选项，在打开的页面中切换到"被关注回复"选项卡，即可在打开的页面中进行设置，如图 3-26 所示。被关注回复的内容可以通过文字、图片、语音或视频来呈现，输入文字时应限制在 600 字以内。

图 3-26　被关注回复

（3）关键词回复。

关键词回复是指在推送的文章中提醒用户输入关键词进行回复，通过引导用户回复关键词主动了解内容，提高微信公众号的使用率。同时还可以在自动回复中加入一些惊喜，提高用户黏性。设置关键词回复的方法很简单，具体操作如下。

① 登录微信公众号后台，选择左侧导航栏中"功能"栏下的"自动回复"选项，在打开的页面中单击"关键词回复"标签，切换到"关键词回复"选项卡，单击"自动回复"栏中的　　按钮开启自动回复，然后单击下方的"添加回复"按钮，如图 3-27 所示。

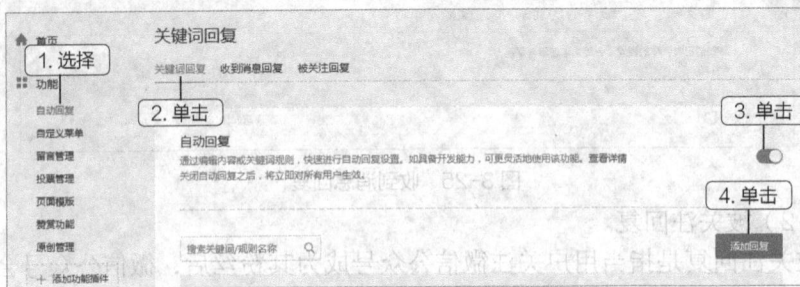

图 3-27　添加回复

② 在展开列表的"规则名称"文本框中输入添加回复的规则名称，在"关键词"下拉列表框中选择"全匹配"选项，在其后的文本框中输入与之相关的关键词。若需要多个关键词，可单击其后的 + 按钮，在下方的文本框中继续添加关键词，如图 3-28 所示。

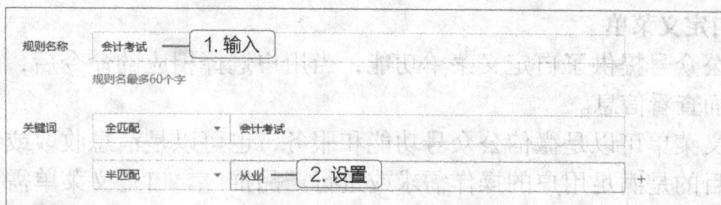

图 3-28　添加关键词

👤 知识补充

关键词回复补充事项

全匹配需要粉丝输入的内容与设置的关键词完全相同才会回复消息；半匹配则只要有部分内容相同即可回复消息。

---

③ 将鼠标指针移动到"回复内容"栏中的⊕按钮上，在打开的列表中可选择回复内容的方式，包括图文消息、文字、图片、语音和视频。这里选择"文字"选项，打开"添加回复文字"对话框，在其中输入回复的内容后单击"确定"按钮，如图 3-29 所示。

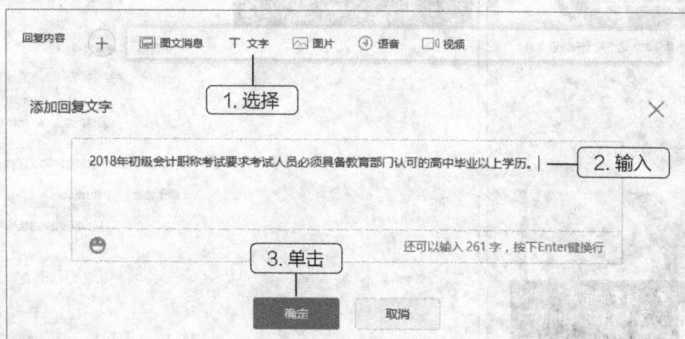

图 3-29　添加回复内容

④ 返回关键词回复页面，使用相同的方法单击⊕按钮添加回复内容，然后在"回复方式"栏中设置回复方式为"回复全部"或"随机回复一条"，单击"保存"按钮即可完成设置，如图 3-30 所示。

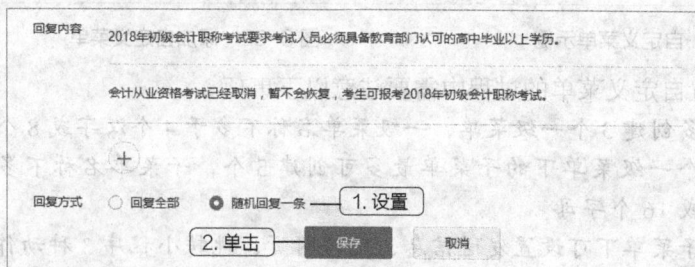

图 3-30　设置回复方式

3．自定义菜单

微信公众号提供了自定义菜单功能，当用户选择相应的命令后，即可跳转到对应页面查看信息。

自定义菜单可以是微信公众号功能和服务，也可以是消息收取或链接跳转等，主要目的是满足用户的操作需求或进行产品推广。自定义菜单需要通过对用户的需求调查进行分类整理，以用户咨询频率最高的需求、困惑或痛点为出发点，结合微信公众号的功能来满足用户的具体需求或为其提供某些服务。比如某课程学习公众号的自定义菜单就以"资源下载""学习提升""新人必读"为主，并通过子菜单的设置来丰富菜单内容，为用户提供快速学习的途径，如图 3-31 所示。

自定义菜单的设置方法很简单：在微信公众平台首页左侧导航栏的"功能"栏下选择"自定义菜单"选项，在打开的页面中依次单击"添加菜单"按钮，在其中设置一级菜单的名称，再单击⊕按钮添加子菜单，设置子菜单名称和子菜单内容即可，如图 3-32 所示。

图 3-31　自定义菜单示例　　　　　图 3-32　添加自定义菜单

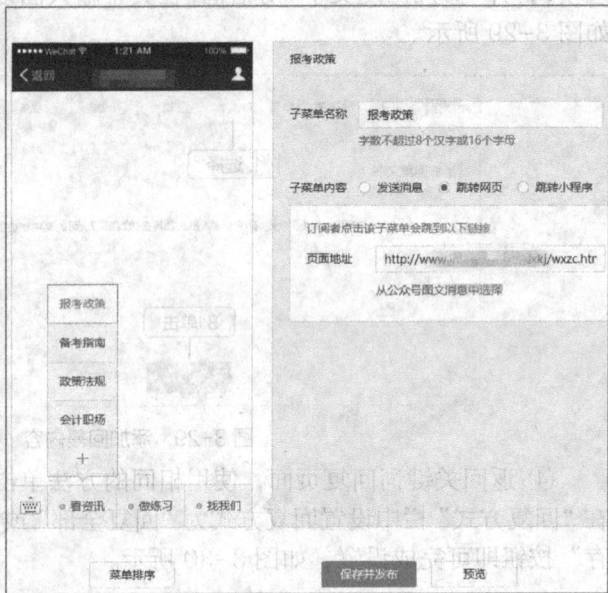

在设置自定义菜单的过程中需要注意以下事项。

- 最多创建 3 个一级菜单，一级菜单名称不多于 4 个汉字或 8 个字母。
- 每个一级菜单下的子菜单最多可创建 5 个，子菜单名称不多于 8 个汉字或 16 个字母。
- 在子菜单下可设置发送信息、跳转网页、跳转小程序 3 种动作。

3 种动作的具体介绍

发送信息：可发送的信息类型包括文字、图片、语音、视频和图文消息，未认证订阅号暂时不支持文字类型。

跳转网页：所有微信公众号均可在自定义菜单中直接选择素材库中的图文消息作为跳转到网页的对象，认证订阅号和服务号还可直接输入网址。

跳转小程序：微信公众号可将已关联的小程序页面放置到一级菜单或子菜单中，用户选择自定义菜单中相应的命令即可跳转到小程序页面。

4．投票管理

投票管理主要用于微信公众号的相关活动，如比赛、选举、问卷调查等，用于收集用户意见。对于微信公众号而言，如果仅靠每天推送文章来供用户阅读，缺少与用户的互动，其运营就会比较困难。有了投票管理这个功能，微信公众号就可以和用户进行互动，当用户觉得投票内容对其有利时，还可能会分享给好友让好友一起参与到投票当中，从而增加公众号的粉丝数量。另外，还可以通过对用户投票结果的分析，帮助微信公众号进行营销策略的调整，保证营销方向的正确性。

发起投票的方法很简单，只需在微信公众号后台新建投票模板，输入相应内容并推送给粉丝即可，如图 3-33 所示。

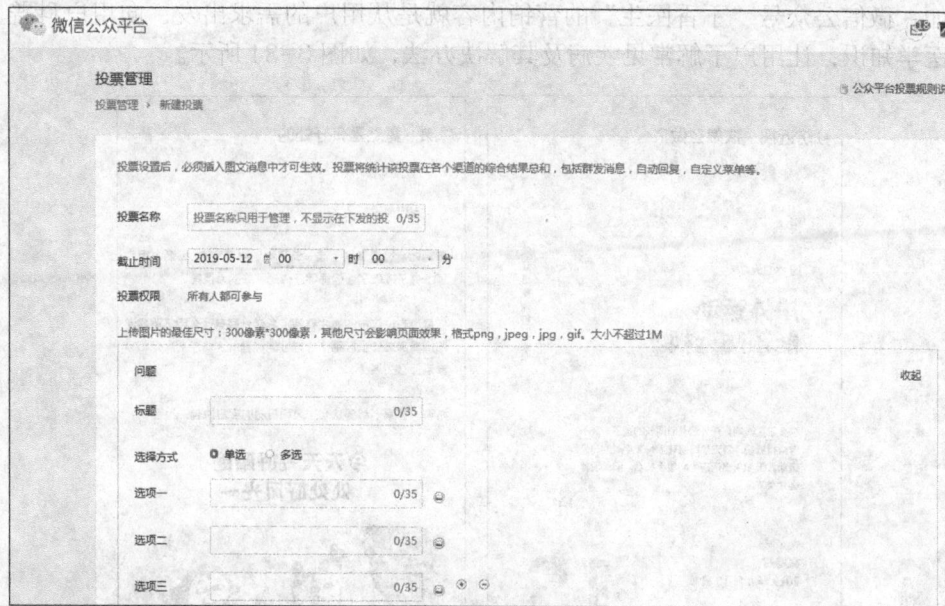

图 3-33　发起投票

3.3 微信公众号的营销策略

微信公众号营销的所有策略都是围绕用户展开的，通过用户达到营销目的。在微信公众号的营销中，内容和用户是非常重要的两个方面，营销内容的优质与否直接影响着用户数量，从而最终影响营销效果。下面就从这两个方面出发，介绍微信公众号的营销策略。

3.3.1 微信公众号的内容营销

大多数微信公众号都以内容进行受众定位，即先分享微信公众号文章给目标用户，吸引同质用户，再通过对后台数据表现的持续分析，不断调整和优化微信公众号的内容。那么如何做好微信公众号的内容营销呢？下面就微信公众号优质内容的打造策略进行介绍。

1．满足用户需求

要想依靠微信公众号的内容吸引用户阅读甚至产生转化效果，就应当从用户需求入手进行内容的策划与定位，从不同角度挑选出最适合的选题。比如行业热门消息、有深度的"干货"、名人视角、群众视角、有内涵的企业文化、生活实用技巧、生活感悟、产品福利活动等，以此吸引同质用户，使用户自动在圈子内分享和传播内容，为微信公众号吸引更多属性相同的高质量用户。例如，微信公众号"丁香医生"的营销内容就是从用户的需求出发，向用户科普医学知识，让用户了解常见疾病及其解决办法，如图 3-34 所示。

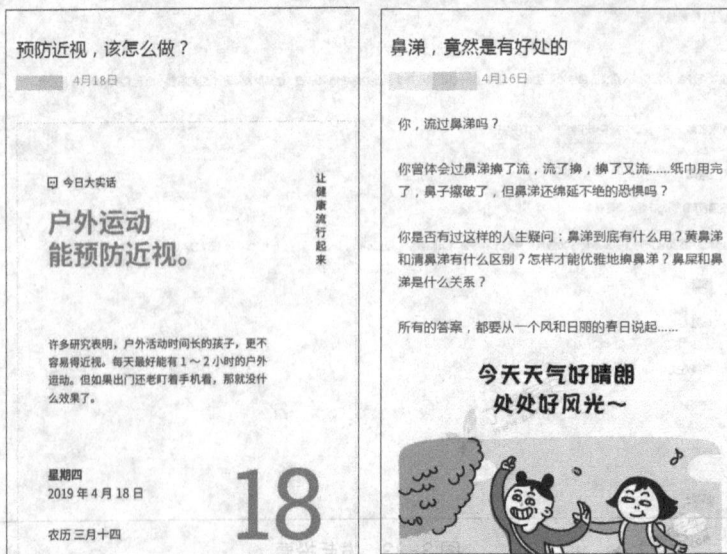

图 3-34　满足用户需求的内容

一般情况下，用户都喜欢阅读具有趣味性的内容。在写作微信公众号文章时，可以适当将内容娱乐化，从而提升内容的趣味性，引起用户的阅读兴趣。

2．原创

如果将微信公众号比作一本书，那么用户就是这本书的阅读者。用户之所以想看这本书，完全是因为这本书会带给他们一种不一样的阅读感受，这就是内容的重要性。一般来说，微信公众号文章主要有原创和转载两种模式。其中原创难度大，但用户的忠诚度则相对更高。例如，微信公众号"同道大叔""丁香医生"等都是原创内容的典型代表。

原创文章的选题方式非常多样化，如九宫格思考、话题借势、节日策划等都是比较常用的选题方式。下面分别进行介绍。

- **九宫格思考**：九宫格思考类似思维导图，即从一个主题出发进行联想和延伸，发展出各种与主题相关的内容后，再对内容进行解析和组合。如一个成都美食公众号有两个主要关键词——成都和美食，通过"成都"联想到天府、宽窄巷子、辣、地铁等词汇，通过"美食"联想到火锅、小吃、低卡、川菜馆子等词汇，对这些词汇进行组合后，可得出"宽窄巷子的小吃""地铁线上的川菜馆子"等选题。为了提高文章的吸引力，可适当对标题进行润色，如"地铁1号线上那些让人停不下来的川菜馆子""带你吃遍成都地铁1号线"，即可获得一个新选题。对主题词汇的联想越丰富，可以获得的选题就越多。

- **话题借势**：话题借势是一种十分常见且使用频率很高的选题方式，即借助近期热点事件确定选题，热点的话题度越高，营销效果就越好。比如曾经很火的"世界那么大，我想去看看"事件，引发了各大品牌的"世界那么大"体，掀起了一波营销热潮。在新媒体营销时代，任何能够引起公众关注的热门事件都会引发各个品牌的借势营销。话题借势要求营销者具备一定的新闻敏感度，能够迅速及时地捕捉到热点话题，并快速执行。因此，营销者要积极关注各种新闻网站、资讯网站和媒体平台等，以便及时高效地进行话题营销。

- **节日策划**：现在几乎每一个节日都是一次营销机会，法定节假日、民俗节假日、各种纪念日、网络流行节日等都可以成为营销选题。作为营销者，应该提前对各个节假日话题进行策划。

微信公众号原创内容策划方式比较多，除了上述所介绍的方法外，申请名人文章授权，通过搜索引擎发掘话题，通过贴吧、论坛、微博等媒体平台发掘话题等方式都可以为微信公众号原创内容策划提供思路，只要策划内容满足目标用户的需求，就能够吸引和留住用户。

3．情感丰富

一篇优秀的微信公众号文章往往能够通过情感的抒发与表达引起用户共鸣，唤起用户心理与情感上的需求，提高用户对产品或品牌的认同感、依赖感和归属感。

以情动人即使用情感来包装内容，使内容富有感染力。常见的情感有3种，即爱情、亲情、友情，它们是用户最有切身感受的情感。除此之外，还要善于挖掘用户的情感需求，通过内容引起用户的认同，启发用户产生思考。图3-35所示的微信公众号"十点读书"的一篇名为"再爱孩子，也要让他承受这3种苦"的文章就是从亲情的角度出发，讲述了在孩子成长的道路上，父母应当如何教育孩子，因此获得了用户的认同。

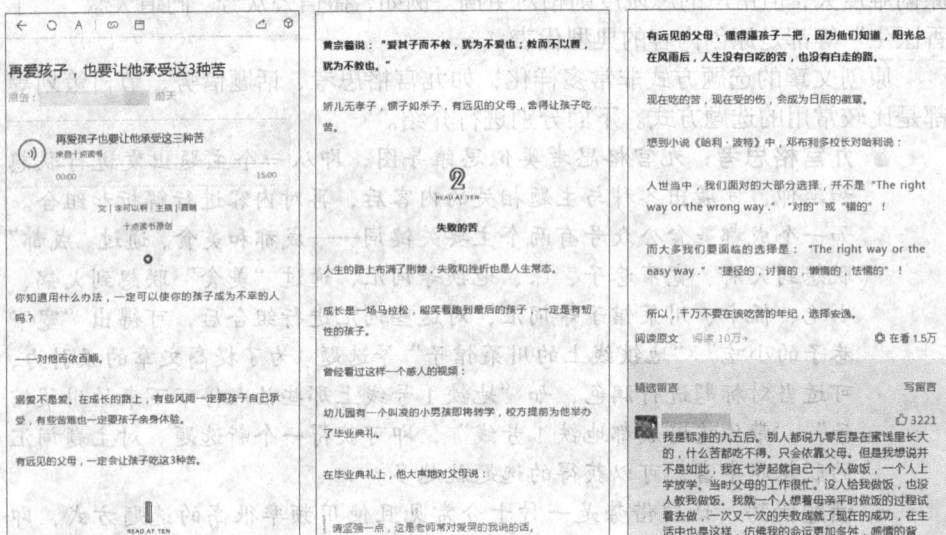

图 3-35　具备丰富情感的内容

4. 标题具备吸引力

在微信公众号文章中，标题非常重要，能够直接影响内容的点击量。正常情况下，用户都会先看标题，后看内容。如果标题无法激发用户点击的欲望，那么即使是非常优质的内容，也不会有太多的人阅读；反之，即使内容很差，但是标题吸引人，阅读的人数也可能会非常多。文章标题的写法在第2章中已经进行了详细介绍，此处不再赘述。要想文章标题具备吸引力，需要注意以下4点。

- 将用户最关心的"痛点信息"放在标题中。
- 注重细节，文字要简洁，不能烦琐。
- 设置悬念，带动用户去思考、猜测。
- 结合热点，利用名人、新闻激发用户兴趣。

微信公众号在设计文章标题时，可以打造系列样式的文章，表达公众号的个性特色，让用户在看到文章标题时能快速分辨出文章属于哪一个微信公众号及其分享的内容是什么，进一步加强用户对公众号的印象。图3-36所示的微信公众号，标题采用"好物'|'具体内容"的形式即为公众号的标题特色，同时也是对不同内容的分类。

另外，还可以在标题中加入个人、企业的品牌名称或具有极高品牌辨识度的词语，以强化品牌，如微信公众号"罗辑思维"推送文章标题中的"罗胖60秒"即为极具辨识度的个人品牌名，如图3-37所示。

图3-36 系列标题

图3-37 在标题中强化品牌

5. 配图

在微信公众号文章里，一般以文字为主、图片为辅，二者相辅相成，缺一不可。在文章中配图的作用主要包括以下3点。

● **有图有真相**：如果微信公众号文章在引用一些数据，或者描述个别真实事件时缺少图片的佐证，其内容的真实性就会下降。如图3-38所示，通过截取国家税务总局和财政部发布的文件作为配图就能提高内容的真实性。

图3-38 配图能提高内容的真实性

- **辅助文字表达**：在文章中配图，可以增强内容的表达效果，使传达的信息更加直观、丰富，如图3-39所示。

图3-39　配图能辅助文字表达

- **提升阅读体验**：单纯的文字内容字数过多，会使用户失去继续阅读的兴趣，适当配图可以缓解用户的阅读压力，提升阅读体验。

　　微信公众号文章中的图片包括封面图和正文配图，一般与推送内容、产品相关。在为文章配图时，需要注意以下4点。

- **图片要清晰**：应当尽量使用分辨率高的图片，不清晰的图片阅读起来会让用户产生不适感。
- **图片要相关**：配图应当结合文章内容，起到锦上添花的作用，不可以随意插入不相关的图片，让用户不知所云。
- **图片不能打乱内容的连贯性**：一般情况下，一段内容配一张图片，不要在两个段落中间添加过多配图，否则容易影响阅读的连贯性。
- **图片尺寸要合适**：尺寸过大的图片会使用户打开文章的速度变慢，也容易占用空间，影响阅读；尺寸过小的图片会使文章内容展现得参差不齐，影响美观。

6. 美观

　　一篇优质的微信公众号文章不仅要有吸引人的标题，还要有一定的美观度。美观的文章不仅可以增加其可读性，还能形成个人风格，与其他微信公众号产生区别。营销人员可以通过排版和配色增强文章的美观性，提升微信公众号在用户心中的好感。

- **配色**：文章的配色一般使用与企业或品牌相关的颜色。如果没有品牌色，建议使用比较统一的色调作为微信公众号的代表色，以提高微信公众号的辨识度。在一篇推送文章中，不要使用过多颜色，尽量使用温和的颜色，否则很容易影响阅读，给用户带来不好的阅读体验。如果文章中插入了图片，文字颜色应该与图片相匹配。
- **排版**：为了保证文章整体的美观性和易读性，排版可以遵循对齐、对比、统一的原则。首先，根据内容需求选择合适的对齐方式，如左对齐、右对齐和居中对齐，一般情况下默认为左对齐，也可混合使用；其次，排版要体现文章标题、正文、重点内容的对比性；最后，统一排版样式，即正文内容字体样式一致、重点内容字体样式一致、行距一致、风格一致等。

3.3.2 微信公众号的粉丝营销

对于微信公众号而言，从投入运营的初期到快速成长期，再到稳定的成熟期，粉丝量和阅读量都贯穿整个过程。下面就微信公众号的粉丝营销进行介绍，帮助营销者更好地运营微信公众号。

1. 微信公众号获得粉丝的方法

微信公众号获得粉丝的方法有很多，下面对比较常用的方法进行介绍。

（1）通过邀请老客户增粉。

无论企业的规模如何，老客户都占有一定比例。因此，可以通过微信、短信等方式邀请老客户（如有过交易的、有过互动的）关注微信公众号。

（2）通过其他媒体平台增粉。

如果已经运营了其他新媒体平台如微博等，就可以在此基础上进行推广以增加粉丝数量；如果没有，则可以在各种新媒体平台上分享有价值的内容，吸引用户关注。可以引流的平台有很多，如微博、QQ等社交平台，新闻、博客等门户类平台，论坛、贴吧等BBS类平台，知乎、百度知道等问答平台，美拍、秒拍等短视频分享平台，以及文库、网盘等资源分享平台等。

（3）通过个人微信号增粉。

微信是一个社交平台，其大部分用户都是基于社交需求使用微信的。微信公众号增粉可以充分利用微信的社交属性，通过增加个人微信号好友数量，再利用朋友圈或者微信群等途径让个人微信号好友关注微信公众号。

（4）通过活动增粉。

为了吸引新用户，并提高用户的活跃度，可以设置一些线上、线下活动，吸引用户参加。但是，策划活动一般都需要花费一定成本，所以为了保证活动效果和活动收益，需要提前对目标用户进行准确定位。也就是说，在设计活动前，需要对微信公众号的用户属性进行分析，了解微信公众号中的哪一部分用户乐于参与和分享活动，并愿意购买产品。例如，某微信公众号的粉丝皆为年轻女性，该微信公众号想推广一款售价为 319 元的女性产品，于是设计了一个名为"职场最佳 ××"的活动。这个活动之所以将目标客户定位在职场，是因为职场女性更可能购买 319 元的产品，她们对该活动的传播能给产品带来更好的推广效果，也更容易为微信公众号带来更多有消费能力的用户。

（5）通过设置微信公众号功能增粉。

如果微信公众号的功能比较有特色，可以满足用户的具体需求，或可以为用户提供具体服务，就很容易吸引用户的关注。比如某知识分享微信公众号，在分享信息时，还会为用户提供一些模板、素材、学习资料的下载服务，这样就可以吸引需要这些服务的用户。所以，微信公众号功能的设置非常重要。

微信公众号功能的设置应该从微信公众号服务的用户出发，联想和结合用户使用微信公众号的具体场景，如用户在什么时候、什么情况下会使用该微信公众号，根据具体场景整理出服务内容，并以此设计微信公众号功能。比如一个餐饮微信公众号，用户使用该微信公众号的场景多为预约、订餐、导航、用餐提醒等服务，因此就可以为微信公众号设置在线预订、排队提醒、最优优惠、免费 Wi-Fi、门店导航、订餐电话等功能。图 3-40 所示为"考虫考研"微信公众号和"丁香医生"微信公众号的功能设置。

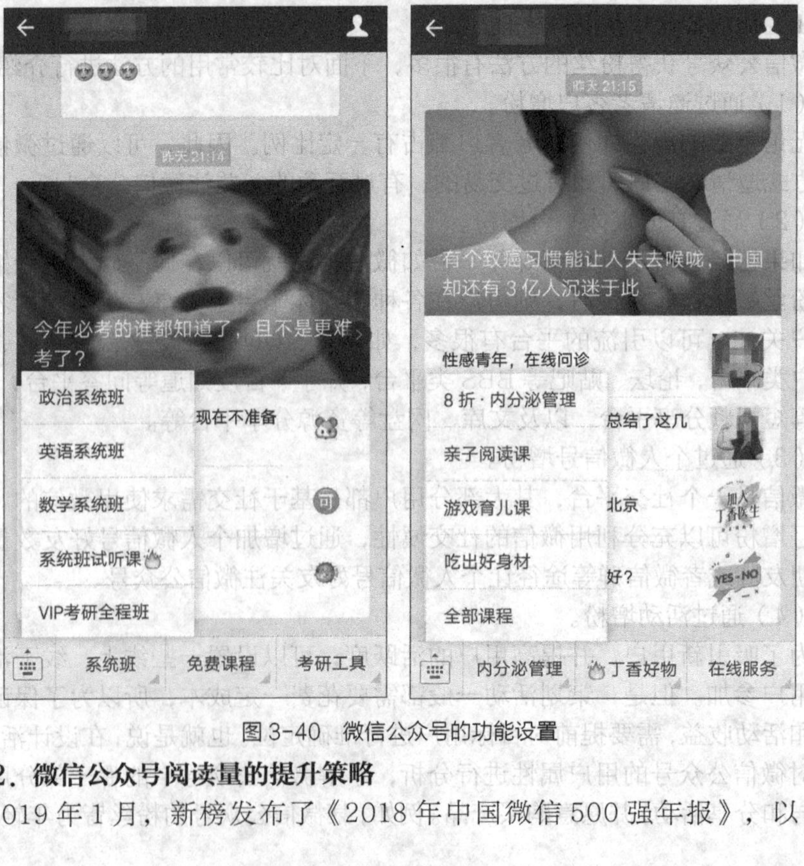

图 3-40　微信公众号的功能设置

2．微信公众号阅读量的提升策略

2019 年 1 月，新榜发布了《2018 年中国微信 500 强年报》，以 2018

年传播力最强的 500 个微信公众号为着眼点，从平台变迁、内容输出、运营方式、内容创业者收益、小程序新兴体及平台治理等方面出发，研究了整个微信公众平台的变化情况。其中讨论比较激烈的就是 2018 年微信公众号平均阅读量比 2017 年下降约 33%，更有 16.1% 的微信公众号停止更新。在微信生态越做越大，日活跃用户达到 10 亿的基础上，微信公众号阅读量不升反降，让人唏嘘不已。

虽然微信公众号的阅读量整体下降，但是仍然有许多公众号文章能够获得超过 10 万的阅读量。除了文章内容优质、富有价值外，还有其他提升阅读量的策略吗？下面就微信公众号阅读量的提升策略进行介绍。

（1）选择合适的推送时间提升阅读量。

选择合适的推送时间，不仅可以更好地抓住用户的碎片时间，提高文章的阅读量，还可以培养用户的阅读习惯。一般情况下，用户查看推送文章的时间段大多在 7：00—9：00 上班途中、11：00—13：00 午休时间、17：00—19：00 下班途中、21：00—23：00 休息及睡前时间。在这些时间段，用户会对查看的文章内容产生反馈，容易出现文章反馈的高峰期。

针对不同类型的微信公众号文章，推送时间也不尽相同。

- **励志类微信公众号文章：** 建议在 8：00 前推送，可以充分利用用户上班途中的时间激发用户的工作热情。
- **趣味类微信公众号文章：** 建议在 19：00 后推送，以内容的趣味性博用户一笑，减少用户的疲惫，增加流量与转发量。
- **消费类微信公众号文章：** 建议在晚上推送，因为用户挑选购买需要花费较多时间，较为充足的晚间休息时间可以让用户放心挑选。
- **情感类微信公众号文章：** 建议在 22：00 后推送，因为人的感情在夜晚会更加丰富，此时推送更容易触动用户，获得用户的认同，使用户产生共鸣。

总的来说，只有以满足用户需求为出发点，选择合适的推送时间推送文章才能达到最佳的营销效果。另外，在设置推送时间时，建议保持定时推送，比如每天 12：00 推送，久而久之，用户就会养成 12：00 准时查看推送内容的习惯。

（2）设置跳转链接提升阅读量。

在微信公众号中设置链接可以增加其他内容的流量，同时提高原内容的跳转率，达到双赢的效果。常见的可提升阅读量的设置链接的方法有两种：第一种是在自动回复中设置链接，第二种是在正文中添加链接。下面分别进行介绍。

- **在自动回复中设置链接：** 微信公众号在发布信息时，若直接发布链接地址，可能会因为地址信息太长影响用户的阅读体验，此时可为文字设置链接进行页面跳转，使用户在看到关键的文字信息时，点击链接就可以跳转到其他页面。这样既保证了信息的识别度，又提高了其他页面的点击量和浏览量，如图 3-41 所示。

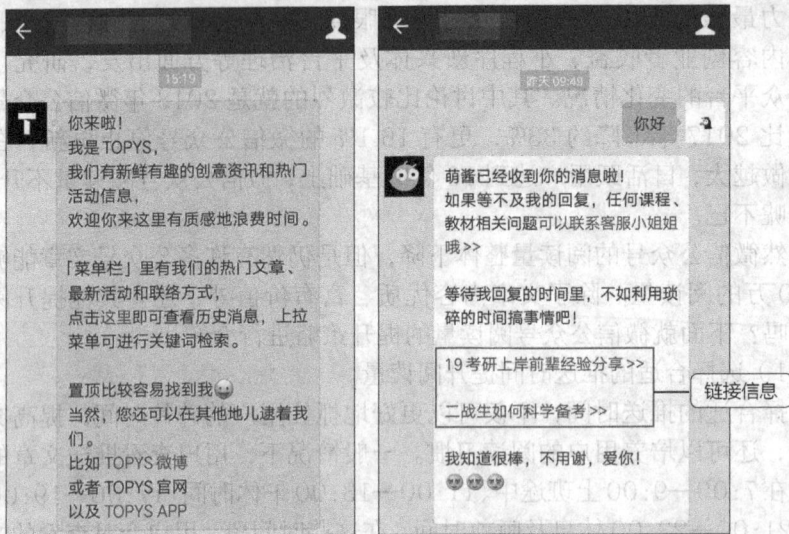

图 3-41　在自动回复中设置链接

- **在正文中添加链接**：在正文中添加的链接内容可以是往期的优质文章，以带动用户点击链接，从而提升其他文章的阅读量，此类链接内容一般适合放在文前或文末，如图 3-42 所示。也可以是与文章内容有关联的其他说明或补充内容，以激发用户点击内容、了解更多信息，此类链接内容一般适合放在文中，如图 3-43 所示。

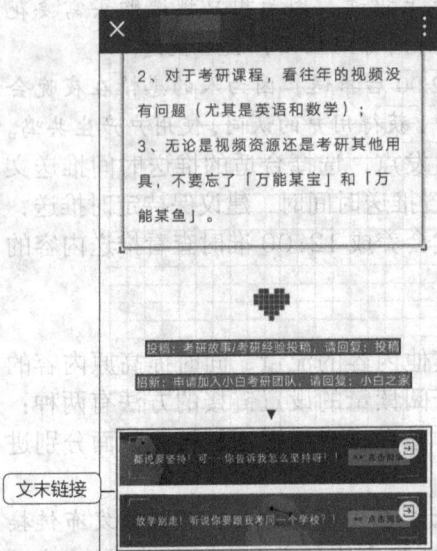

图 3-42　在文末添加其他文章引流　　　图 3-43　在文中添加内容的说明/补充

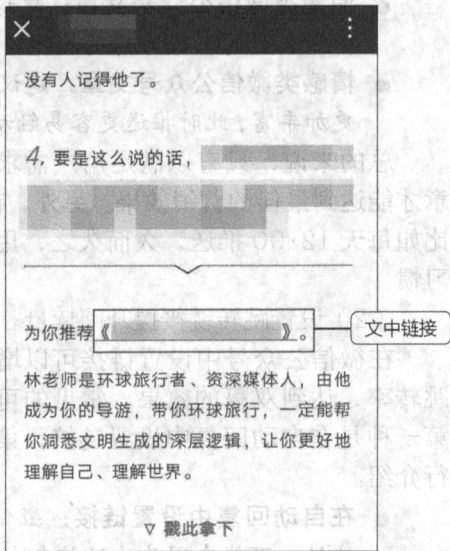

（3）利用朋友圈提升阅读量。

用户一般很少会主动查看微信公众号中的内容，基本都是通过朋友圈被动接受好友分享的内容。将微信公众号文章分享到朋友圈可以说是最直接的提升阅读量的方法，但前提条件是个人微信号的微信好友要多。

要想利用朋友圈提升文章的阅读量，就需要在运营微信公众号时，有意识地给内部人员的个人微信号增加微信好友，或者结交其他公众号小编、有知名度并且微信好友较多的个人微信号拥有者，这样就能综合多人的影响力进行合作、互相分享，从而有效提升微信文章的阅读量。

（4）利用 QQ 群、微信群等提升阅读量。

除了利用朋友圈转发提升文章的阅读量外，还可以将文章链接转发到微信群、QQ 群，让群内人员通过点击阅读、转发提升阅读量。在此基础上，还可以通过发红包活动提高群内人员的活跃度，使转发更加有效。

📈 课堂实训

实训 1　设置微信公众号的基本信息

🎯 实训目标

假如你是大米手机公司的微信公众号营销人员，需要对公司新申请的微信公众号的基本信息进行设置。图 3-44 所示为"OPPO""华为""vivo"等微信公众号的基本信息，可借鉴其思路对大米手机公司微信公众号的基本信息进行设置。

图 3-44　微信公众号示例

🎯 实训思路

微信公众号的基本信息包括名称、头像、二维码以及功能介绍等。下面分别介绍大米手机公司微信公众号基本信息的设置方法。

（1）名称。名称就是品牌标签，可以直接将微信公众号名称设置为品牌名称"大米手机"。

（2）头像。头像不仅能展现微信公众号的品牌形象，还能方便用户对其进行认知和识别。在设置微信公众号头像时，可以直接使用企业标识，也可以设计一个代表公司的卡通图案，还可以组合文字与公司的 Logo。

（3）二维码。可以结合公司特色重新设计二维码，添加一些能展示产品特性的元素，使其更具个性化，如将二维码设计为公司某一款手机的形状。

（4）功能介绍。功能介绍主要用于描述微信公众号的作用，会在用户搜索公众号时显示出来，需要重点设置。对于手机行业而言，可以在功能介绍中进行品牌介绍，也可以放置一些文章标语进行品牌推广。

实训 2 为一个读书分享类型的微信公众号写推文

实训目标

试着为一个读书分享类型的微信公众号写一篇推送文章（包括语言、风格、内容、排版等），自定分享书籍。图 3-45 所示为微信公众号"新京报书评周刊"的一篇文章，可借鉴其思路进行写作。

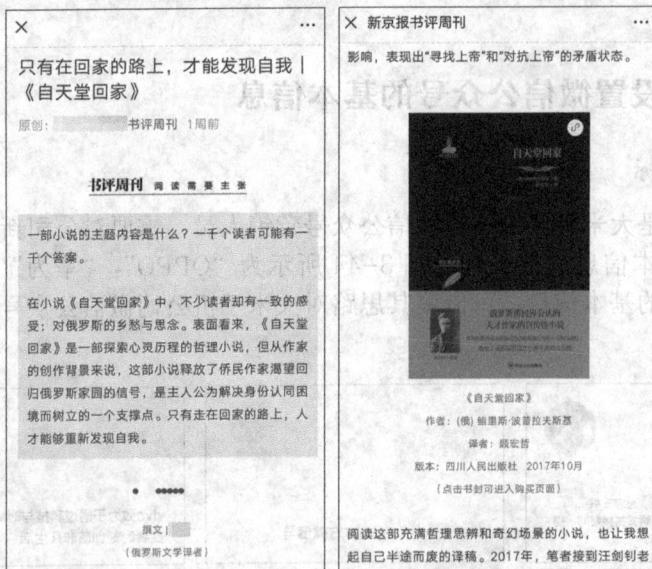

图 3-45 微信公众号"新京报书评周刊"推文

实训思路

分析提供的参考范例可知：这篇微信公众号文章的标题直接以书籍的名字和文中的经典语句命名，吸引用户点击；通过导语对书籍进行总结，进一步吸引用户阅读；正文内容对作者和书籍主题进行介绍，还插入了作者的肖像画和书本的封面，吸引用户眼球；结尾采用抒情议论的写作方式，从情感上打动用户。在写作读书分享型微信公众号的推文时，可以按照以下思路进行。

（1）标题。在写作读书分享型文章的标题时，可采用总结盘点、突出矛盾、巧设悬念的方式吸引用户点击。

（2）内容。读书分享型文章的内容应当具备丰富的情感，通过情感来唤起用户心理与精神上的共鸣。另外，还应当适当配图，图片要清晰、美观、与文章内容相关。

（3）风格。读书分享型文章应当采用轻松、诙谐的写作方式，太过严肃的风格可能会让用户排斥。

（4）排版。读书分享型文章的字数可能较多，排版时应当遵循对齐、统一的原则。

课后练习

练习1　为美食分享类型的微信公众号设计增加粉丝的方法

粉丝是微信公众号营销的基础，微信公众号要想拥有影响力，必须增加微信公众号的粉丝数量。美食分享类型的微信公众号应当如何有效增加粉丝呢？下面请试着为此设计几种增加粉丝的方法。

练习2　分析微信公众号"丁香医生"的文章

图3-46所示为微信公众号"丁香医生"的一篇名为"我们的老妈，那才是真正的'逻辑鬼才'啊！"的文章的片段，扫描右边的二维码即可阅读完整内容。阅读完毕后，请试着分析这篇文章阅读量较高的原因。

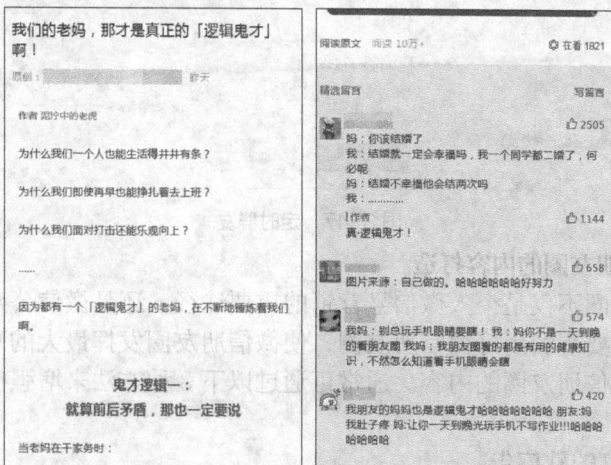

图3-46　"丁香医生"公众号文章片段

练习3　开通微信公众号并对其功能区进行设置

请试着开通一个个人微信公众号，对基本资料进行设置后，再对其功能区进行设置，包括自动回复和自定义菜单等。注意，应当在被关注自动回复内容中设置跳转链接。

💡 拓展知识

1. 微信公众号的定时推送

在推送微信公众号文章时，可以根据实际需要定时推送，以免出现在节假日期间没有文章可推送的情况。同时，定时推送功能还能保证文章有充足的创作时间，从而提高文章质量，使文章更加吸引用户，提高文章的阅读量和转发量。设置微信公众号文章定时推送的方法很简单，编辑好需要推送的文章后将其保存但不发送，然后返回微信公众号后台首页，选择"素材管理"选项，在其中选择需要推送的文章，单击页面下方"群发"按钮右侧的下拉按钮，在打开的下拉列表框中选择"定时群发"选项，在打开的页面中设置发布的时间，然后单击"定时群发"按钮即可，如图3-47所示。

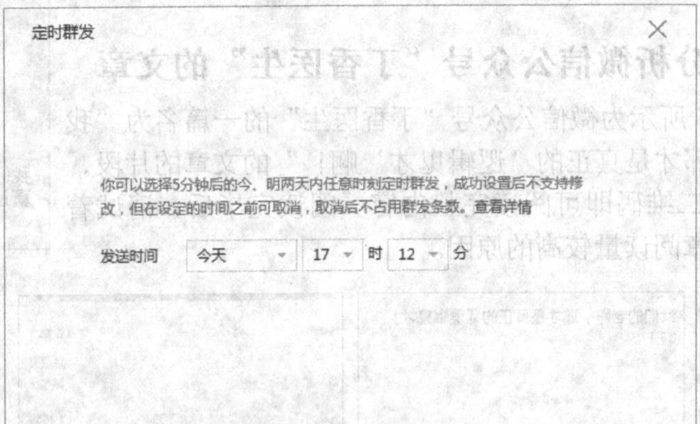

图3-47　定时群发

2. 微信朋友圈的内容打造

微信朋友圈不仅是个人微信号营销的重要途径，还是微信公众号吸粉引流的渠道之一。要想利用好微信朋友圈，使微信朋友圈发挥最大的营销价值，首先需要设计微信朋友圈的内容。通常可通过以下3种方法来增强微信朋友圈的营销效果。

（1）适度的软广告。

软广告是一种委婉、真实的广告，可用产品故事、人物生活等元素进行包装。

比如某微信号在朋友圈发布"看到这张图,你想对我说什么?",同时搭配一张能引起话题的产品图片,这种形式就属于软广告。在微信朋友圈发布软广告要注意频率适度、长度适度和数量适度。频率适度是指不要在间隔较短的时间里频繁发布广告;长度适度是指广告内容不宜太长,在保证文字轻松有趣的前提下文章内容要尽量简短;数量适度是指不要在一条信息中添加过多产品信息,产品信息过多会使用户不仅需要花费更多精力阅读、不方便快速做出购买决策,还容易使用户因为选择太多而放弃购买产品。

(2)对症下药。

高成交率源于更精准的定位,对于微信朋友圈内容而言,"对症下药"非常重要,将广告推广给合适的人群更有利于产品宣传。这里的"对症下药"主要表现在两个方面:一是根据用户的风格类型对症下药;二是根据与用户关系的深浅程度对症下药。前者主要表现为根据用户的风格类型进行推广,比如某一条广告比较幽默诙谐,包含了很多网络现象和词汇,那么则可以设置给指定分组的年轻人群查看;后者主要表现为根据与用户关系的深浅程度进行推广,比如对刚结识不久的用户,可以推荐一些价格不高的产品,对有了信任基础或交易记录的用户,可以进一步推荐价格更高的产品等。此外,为了保证推广效果,还可以分析目标用户在微信朋友圈的活跃时间,在其查看微信朋友圈的高峰期进行推广。

(3)巧用热度。

在互联网经济时代,热点新闻、热门段子的传播速度非常快,一个合格的营销者必须懂得利用热点打造自己的产品热度。在借助热点发布微信朋友圈广告的同时,还可以根据需要与用户保持互动,并且热点也更容易吸引用户参与互动。

3. 微信公众号的粉丝维护与互动形式

获得粉丝后,如果想要持续扩大影响力,还需要对粉丝进行维护。而维护离不开互动,对于公众号粉丝而言,关键词回复、问题搜集与反馈、评论互动都是比较有效的互动形式。

- **关键词回复**:除了吸引新粉丝,关键词回复也是维护老粉丝的有效手段,在推送文章中引导用户通过回复关键词主动了解内容,可以增加用户对公众号的使用频率,同时还可以在自动回复中加入一些惊喜,提高用户黏性。

- **问题搜集与反馈**:可以在公众号中设计一些目标用户感兴趣的问题搜集活动,提高用户的参与度;或者解答用户问题,并反馈产品的使用情况,让用户与用户、用户与公众号之间产生互动。

- **评论互动**:对于开通了留言功能的公众号而言,评论区留言就是与用户互动的有效途径。很多用户在阅读推送内容时,还会阅读评论区的内容,公众号营销者可以在评论区进行互动,或者在评论区进行自评,鼓励用户转发分享。

第 4 章

微博营销

2018年9月，支付宝联合多家全球性的商家在微博上发起了一场"祝你成为中国锦鲤"的活动，微博用户只需要动动手指转发微博，就有机会成为"中国锦鲤"。之后，各大品牌广告商迅速加入活动，纷纷在评论区留下其提供的奖品内容。这次转发抽奖的营销活动开展后，单条微博阅读量超过2亿次，周转发量超过310万次，互动总量超过420万次，长时间霸占了微博热搜榜。一时间带动了全国各地微博号、公众号纷纷效仿。

在步入新媒体时代后，微博作为手机端的基本应用在企业网络营销中占据着越来越重要的地位。微博具有"随时随地发现新鲜事"的特性，使微博平台的用户数量越来越多。微博凭借广泛的传播力和影响力，不仅成为人们生活中重要的社交工具，也作为重要的媒体力量登上营销的舞台，被广泛应用于各种营销活动中。

- 了解微博的类型
- 熟悉微博的营销价值
- 掌握微博昵称、头像、简介、标签、域名等的设置方法
- 掌握微博认证的申请方法
- 掌握微博短文、头条文章、视频的策划和设计方法
- 掌握增加和维护微博粉丝的方法
- 掌握微博营销的策略

- 能够辨别微博不同的类型
- 能够策划微博短文、头条文章和视频
- 正确运用营销策略进行微博营销，学会如何与粉丝进行互动以及如何维护粉丝

4.1 微博营销概述

微博营销是个人或商家通过微博平台发现并满足用户各类需求的商业行为，微博营销以微博为平台，每一位微博用户都是信息的接收者或传播者。也就是说，微博上每一个活跃的用户都是营销者潜在的营销对象。下面对微博的类型、营销价值分别进行介绍。

4.1.1 微博的类型

微博是一种即时信息传播平台，根据使用目的和作用的不同，主要分为以下5种类型。

1. 个人微博

个人微博是微博中最大的组成部分，数量最多，包括明星、专家、名人、高管、大众用户等。图 4-1 所示即为比较热门的个人微博。个人微博不仅是用户用于日常表达的场所，也是个人或团队营销的主要阵地。一般来说，个人微博的营销是由个人本身的知名度决定的，通过发布有价值的信息吸引关注和粉丝，从而扩大个人的影响力，最终达成营销的目的。其中，部分企业高管、名人的个人微博通常还会配合企业或团队微博形成影响链条，扩大品牌和企业的影响力。

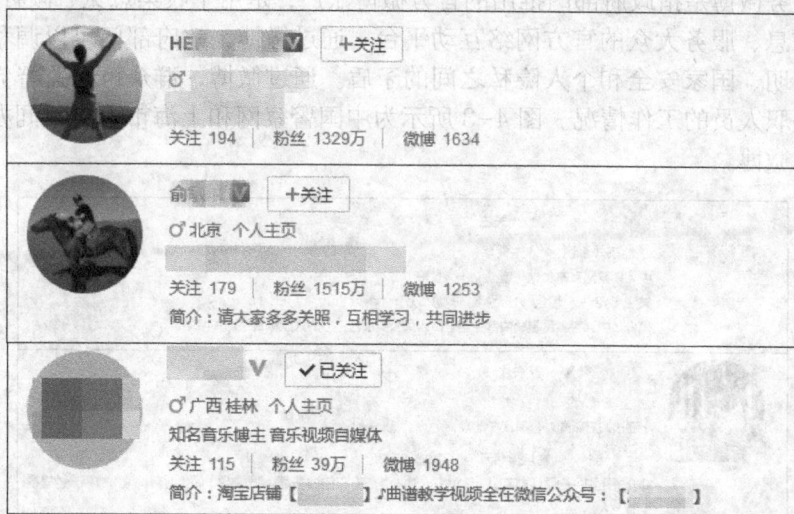

图 4-1 个人微博

2. 企业微博

企业微博是企业的官方微博，很多企业都创建了自己的官方微博，根据产品或品牌的粉丝进行企业的宣传推广。图 4-2 所示为部分知名企业的官方微博。

企业微博一般以盈利为目的，微博运营人员或团队通过微博来增加企业的知名度，为最终的产品销售服务奠定基础。受微博信息发布机制的限制，企业不能仅靠微博向用户进行详细的宣传推广，而是需要选择适合微博营销的宣传手段，结合微博的特点，建立并维护好自己固定的消费群体，多与粉丝交流互动，达到宣传企业、提升品牌影响力的目的。

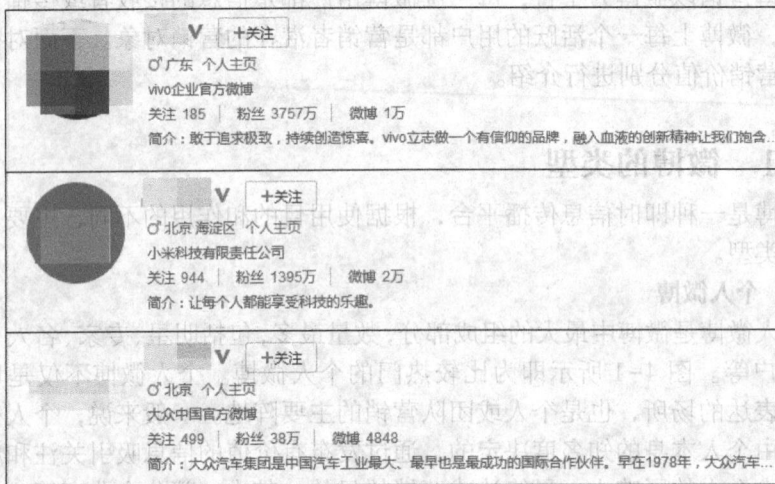

图4-2　企业微博

3. 政务微博

政务微博是指政府部门推出的官方微博账户，是用于收集意见、倾听民意、发布信息、服务大众的官方网络互动平台。通过微博，政府部门可以调和政府信息透明、国家安全和个人隐私之间的矛盾。通过微博，群众可以监督党政机关和公职人员的工作情况。图4-3所示为中国警察网和上海市政府新闻办公室的官方微博。

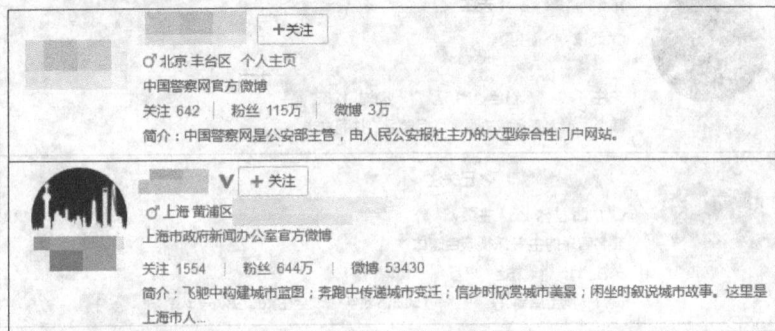

图4-3　政务微博

4. 组织机构微博

微博快速传递信息的特点使其不仅深受个人和企业的青睐，还逐渐受到很多组织机构的欢迎。很多学校、机构、组织纷纷开设了官方微博，用于传播信息、促进沟通，在教育教学、危机公关等方面发挥着重要作用。图 4-4 所示为培训机构和知名学校的官方微博。

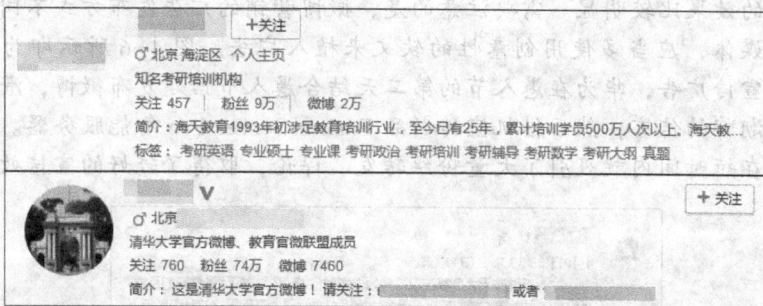

图 4-4 组织机构微博

5. 其他微博

除了上述几类微博外，还有一些具有特殊用途和时效性的微博，比如为某重要活动、重要事件、电影宣传等开设的微博。这类微博通常不会持续运营，只发挥阶段性作用，但带来的宣传效果不容小觑。图 4-5 所示为电视节目的官方微博，这些微博会在节目正式开播前放出预告，开播期间与受众进行互动，主要目的是进行宣传以及保持节目的热度。

图 4-5 电视节目微博

4.1.2 微博的营销价值

经调查发现，大部分微博用户都会通过微博进行过信息搜索，并且很多用户还会在浏览微博时主动点击微博中的链接，跳转到链接所在的页面查看其中的内容。微博上可以发布的内容十分丰富，有趣的视频、最新的新闻、专业人士的文章、企业的新品宣传等都可以通过微博发布，以吸引用户关注、互动，从而带来巨大的营销价值。就微博的营销价值而言，主要包括以下 6 个方面的内容。

● **品牌传播**：在互联网营销时代，不管是个人品牌还是企业品牌，都需要通过多渠道推广宣传，才能被更多人关注和了解。微博作为很多网络用户获取信息的主要平台之一，为品牌推广奠定了坚实的用户基础。在微博中，可以通过发布品牌最新动态、开展促销活动等，引起粉丝的关注，从而达到品牌曝光和宣传的目的。

● **广告宣传**：有注意力的地方就会有广告，对于微博而言，其广告宣传的效果比较明显。需要注意的是，微博营销的广告发布方式不同于传统媒体，应当多使用创意性的软文来植入广告。图 4-6 所示即为华为的宣传广告，华为在愚人节的第二天结合愚人节话题发布微博，澄清要做潮牌的传言，然后借机宣传新品 Fusion Server Pro 智能服务器。该广告在短时间内就吸引了大量粉丝转发、评论，取得了较好的宣传效果。

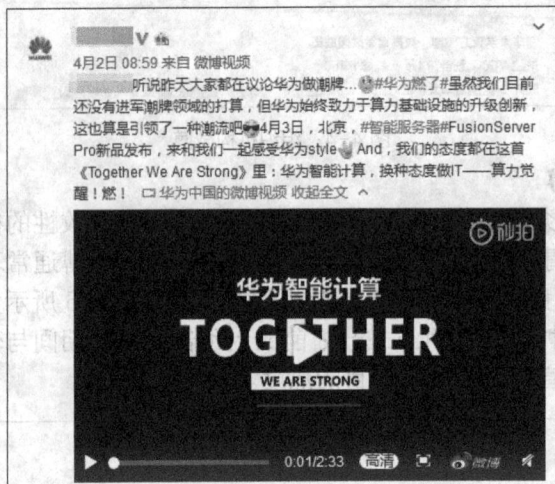

图 4-6　广告宣传

● **产品调研**：微博是较多用户常用的社交工具之一。用户通过微博记录自己对产品或服务的想法、爱好和需求等内容，企业可以基于微博对目标用户的偏好、生活状态、品牌态度、购买渠道、购买因素等进行调研，获得更加准确的消费者数据，从而制定出更好的产品策略和营销策略。

● **产品销售**：微博支持添加外部链接，很多个人或企业微博在发布信息时，会同步附带店铺地址，便于用户购买。尤其是在阿里巴巴与新浪合作之后，新浪微博也成了很多中小企业获得流量、销售产品的重要渠道。

● **用户服务**：微博是一个社交平台，用户可以直接通过微博反映产品或服务的问题。企业也可以通过跟踪用户使用情况，利用微博来实时解决用户反映的问题，实现一对一服务。

● **危机公关**：微博信息的裂变式传播虽然为营销提供了更大的空间，但同时也容易造成负面信息的大范围传播，此时危机公关就起到了至关重要的作用。当出现不利于自己的言论时，就要及时进行危机公关，正确处理用户对产品或品牌的负面评价，将危机造成的损失降到最低，最好能将危机转为机遇，为企业创造良好的形象。比如，海底捞的危机公关一直都表现得十分出色。2017 年，海底捞的后厨事件曝光后，在网络中引起了轩然大波，但是在危机爆发后 4 个多小时的时间里，海底捞就发布了道歉声明，同时确定了具体的处理方案，积极承担责任并快速发布整改措施，赢得了大量网友的好评。危机公关的好坏直接影响着企业的危机走向，尽管这次的后厨事件对海底捞产生了负面的影响，但其成功的危机公关也挽回了企业在消费者心目中良好的形象。

4.2 微博营销前期工作

微博是一个即时信息传播平台，在信息传播和分享的过程中，可以为用户提供便捷的路径，让用户快速准确地获得有价值的内容。在微博营销中，个人和企业的营销比较典型。下面将以个人和企业微博为例，具体介绍微博营销前期准备工作。

4.2.1 微博昵称的设置

一个合理的微博昵称可以在彼此不了解的情况下清楚地告知用户微博的基本信息，吸引用户关注。不同类型的微博，其昵称的设置有所区别，下面主要介绍个人微博昵称与企业微博昵称的设置方法。

1. 个人微博昵称

一般情况下，微博昵称的设置应当遵循简洁个性、拼写方便、避免重复的原则。

知识链接

微博昵称的设置

- **简洁个性**：简洁个性的昵称更便于粉丝记忆，更容易在受众心中留下好印象。部分拥有一定影响力的个人微博昵称可以设置为系列名称，其设置的昵称应与其他平台的昵称保持一致。

- **拼写方便**：拼写方便的昵称主要是为了便于粉丝（特别是从其他平台被引流过来的粉丝）搜索。大多数情况下，用户都是通过直接搜索的方式查找并关注微博，如果昵称拼写复杂，很容易使粉丝难以搜索到继而放弃关注。另外，微博昵称的设置还应当考虑用户的搜索习惯，保证能够尽快被粉丝搜索到。

- **避免重复**：避免重复主要是为了与其他微博进行区分，微博昵称虽然是独一无二的，但是相似昵称却非常多，比如"全球幽默趣事""全球幽默搞笑首榜""搞笑幽默趣闻"等。

2. 企业微博昵称

企业微博昵称通常应与企业名称保持一致，也可根据微博性质、特色、功能和服务等在昵称中添加一些修饰，如"海尔""海尔好空气""宝洁中国""宝洁招聘"等，如图4-7所示。此外，与个人微博昵称一样，企业微博昵称应尽量避免与其他微博昵称雷同，这就要求企业必须有意识地进行昵称保护。

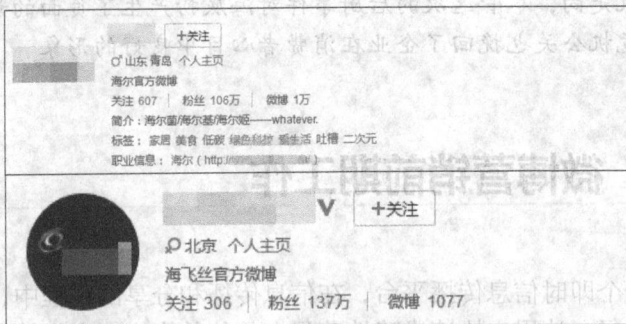

图 4-7　企业微博昵称

4.2.2　微博头像的设置

微博头像是用户对微博博主的直观印象，个人或企业通过微博头像可以在用户心中形成一个形象认知。对个人微博来说，微博头像的设置比较随意，可以是清晰的真人照片，也可以是个性化的卡通头像、特殊标志等。对于企业微博来说，最好选择能够代表公司形象的图像作为头像，如企业 Logo、企业名字、企业拟人形象等。图 4-8 所示为不同微博的微博头像。

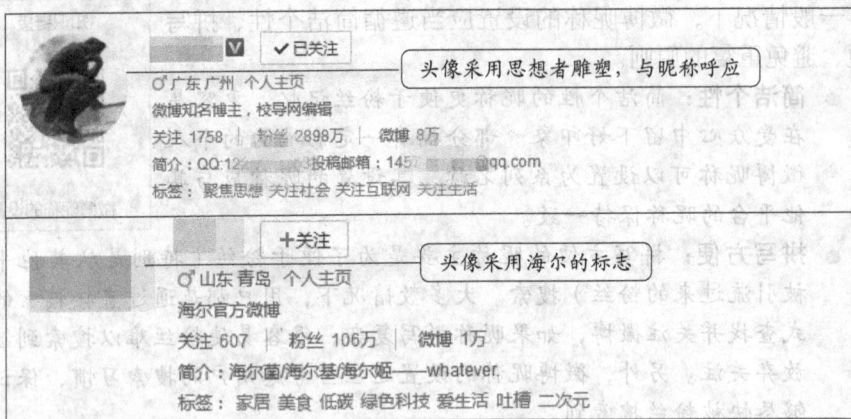

图 4-8　微博头像

4.2.3　微博简介的设置

微博简介是对微博、个人或企业的简单介绍。一般来说，个人微博简介可以简明扼要地表达个人的特长和能力等，也可以采用比较有趣的句子，展现个人微博的趣味性。而企业微博简介应简明扼要，以便用户快速了解企业，也可以用个性化的文案展示微博形象。图 4-9 所示为不同企业的微博简介。

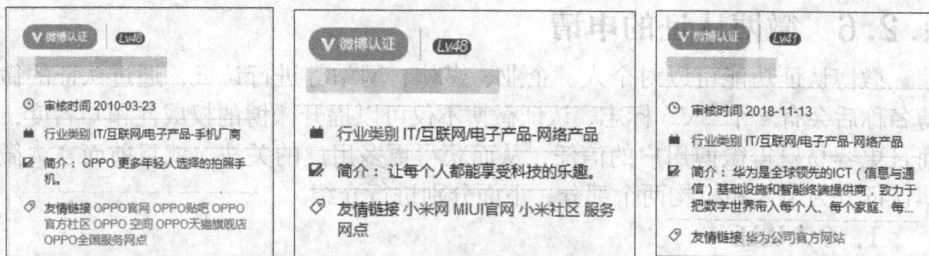

图 4-9　不同企业的微博简介

4.2.4　微博标签的添加

微博标签是对微博账号所运营领域的一个缩略。微博标签不仅可以让用户更好地了解自己，还能在用户搜索时匹配到对应的标签，增加更多的曝光量，便于获得用户的关注。

对于个人微博来说，可在编辑个人信息时添加标签信息，在其中对自己的特长、爱好等进行展示，吸引具有相同兴趣爱好的用户群体；对于企业微博来说，标签所对应的内容为"行业类别"，可设置为描述企业所处行业、领域，企业经营的产品、服务等的标签，以获得更多具有品牌认同感的潜在用户的关注，如图 4-10 所示。

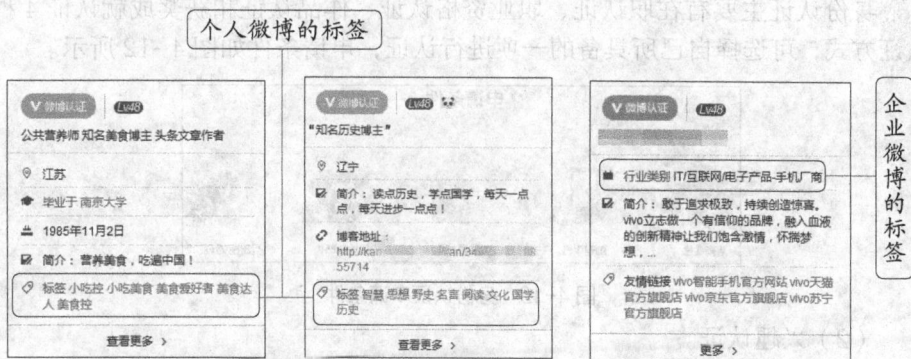

图 4-10　微博标签

4.2.5　个性域名的设置

个性域名是微博个性化的体现，个人或企业可以通过设置个性域名来引导用户进入其他页面，实现页面流量和转化的提高。

对于个人微博来说，个性域名的设置一般与昵称保持一致，以方便用户直接通过域名进入微博；对于企业微博来说，设置一个与微博名称或公司官网相匹配的个性域名，可以更加方便用户记忆微博地址，提高微博的辨识度。

需要注意的是，个性域名目前只能使用数字和字母的组合形式，且一旦设置成功后将无法注销，运营人员需要确认无误后再进行设置。

4.2.6　微博认证的申请

微博认证功能可以对个人、企业、媒体、网站等进行认证，通过认证的微博名称后会有一个"V"标志，认证微博不仅可以提升微博的权威性和知名度，而且更容易赢得微博用户的信任，从而获得更多用户的关注。就目前而言，微博认证分为个人和机构两个部分，下面分别进行介绍。

1．个人认证

根据认证类型的不同，个人认证又可分为图 4-11 所示的 6 种类型，每种类型需要符合不同的申请条件，下面分别进行介绍。

图 4-11　个人认证

（1）身份认证。

身份认证主要有在职认证、职业资格认证、作品认证和获奖成就认证 4 种认证方式，可选择自己所具备的一项进行认证，申请条件如图 4-12 所示。

图 4-12　身份认证申请条件

（2）兴趣认证。

目前，兴趣认证支持的领域有互联网、科学科普、历史、军事、数码、宠物、搞笑幽默、情感、健康养生、音乐、电视剧、综艺、电影、摄影、运动健身、体育、美食、旅游、汽车、设计美学、美妆、时尚、动漫、游戏、母婴育儿、娱乐、文玩收藏等。其申请条件如图 4-13 所示。

图 4-13　兴趣认证申请条件

（3）自媒体认证。

微博为了管理和激励自媒体工作者，帮助更多有品牌和有影响力的作者成长起来，设置了自媒体认证。其申请条件如图 4-14 所示。

图 4-14 自媒体认证申请条件

其中，"持续贡献固定领域内容"是指用户发布的头条文章、视频或问答内容所归属的领域，与用户申请微博自媒体认证时所选择的领域一致，并且保持稳定的发博频率。另外，微博内容的审核标准如下。

● 发布微博内容，需要与所属领域一致。
● 转发微博不可以过多。
● 内容中不可含有血腥、暴力等内容。

（4）金 V 认证。

一般带有金 V 标识的个人微博账号都是非常具有影响力的金 V 用户，个人用户要想认证成为金 V 用户，其粉丝量不能少于 1 万名，月阅读量不低于 1 000 万名。认证成功的金 V 用户可以享受图 4-15 所示的特权。

图 4-15 特权说明

（5）超话认证。

超话即超级话题，一群有共同兴趣爱好的用户向团队提交申请，申请通过后，该话题由普通话题升级为超级话题。在升级时，需要在话题里发帖和签到用于个人等级的提升，还可以在话题中交流、互评等。超话认证的前提是用户要有自己管理的话题，话题可以自己建立。另外，用户还可以申请认证成为超话主持人或超话小主持人。其申请条件如表 4-1 所示。

表4-1　超话主持人、超话小主持人申请条件

类型	申请条件
超话主持人	（1）以下4种资历，至少具备1种 ① 金V或微博百万阅读量用户。 ② 相关贴吧吧主或兴趣部落酋长。 ③ 所申请超话内通过上个月考核的小主持人（签到20天）/超话内活跃粉丝（等级≥6）。 ④ 超话对应粉丝团或组织账号负责人。 （2）每个用户目前最多可主持3个超话，超过3个后将不能再申请主持人 （3）当月超话内发帖≥10篇 （4）完成身份验证 （5）绑定手机号 （6）距离上次申请被驳回≥7日
超话小主持人	（1）每个用户目前最多可主持3个超话，超过3个后不能再申请小主持人 （2）超话内等级≥4级 （3）当月超话内发帖≥10篇 （4）完成身份验证 （5）绑定手机号 （6）距离上次申请被驳回≥7日

　　需要注意的是，在超话主持人上任后的第 2 个自然月，平台会对其表现进行考核，每月 1 日会将上个月的考核结果以私信的方式通知超话主持人。连续两个月考核结果不合格，或者在一个完整考核期内全月签到天数为 0 的超话主持人将会被卸任。

> 👤 **知识补充**
>
> **认证叠加**
>
> 　　超话认证可以与现有身份认证、兴趣认证、自媒体认证叠加。但是，达人用户申请超话认证后，达人标识会自动消失。另外，如果用户在两个或两个以上超话中都满足申请条件，只能选择其中一个超话进行认证，且认证后不支持修改。认证一个超话之后，如果又满足另一个超话的认证条件，不支持修改认证。认证成功后不支持自主取消认证。

　　（6）故事红人认证。
　　微博故事红人认证是优质原创故事作者的专属认证，普通的微博用户要想认证成为故事红人，首先应当申请成为故事原创作者，再由故事原创作者升级成为故事红人。故事红人的申请条件如图 4-16 所示。

图4-16　故事红人申请条件

2. 机构认证

机构认证也叫蓝 V 认证，与个人认证相比，机构认证较为简单，属于图4-17所示类型的机构均可以进行认证。

图4-17　机构认证的类型

进行机构认证后，可以让用户第一时间识别身份，认证成功后享有一系列身份特权和营销特权等。下面以企业认证为例对机构的认证进行介绍，企业认证的步骤如图4-18所示。

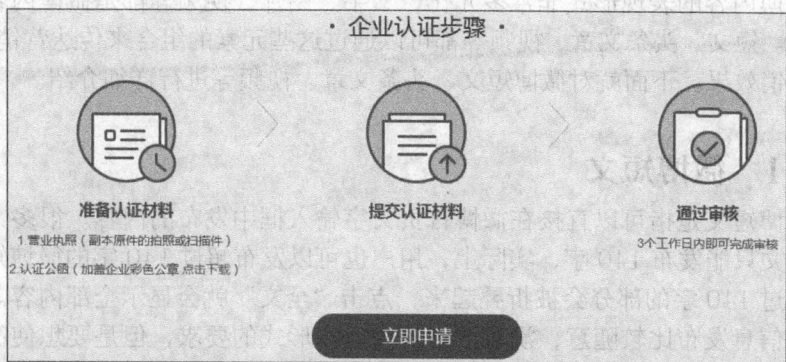

图4-18　企业认证的步骤

单击图4-18中的"立即申请"按钮后，即可进行企业认证。认证页面如图4-19所示。

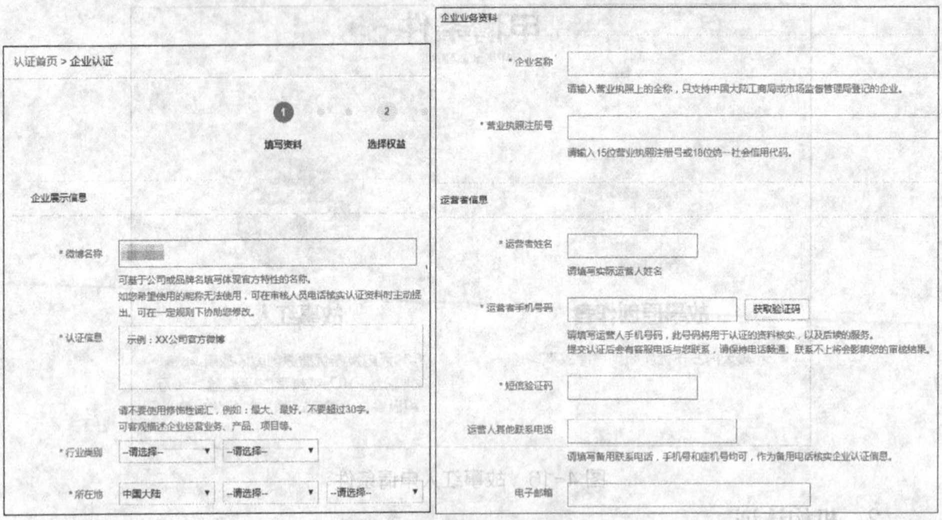

图 4-19 企业认证页面

完成上述资料的填写后，即可上传企业资料，应当上传的资料包括企业工商营业执照、认证公函等。需要注意的是，如果微博昵称与营业执照登记的名称不一致，还需要提供相关补充材料，如《商标注册证》《代理授权书》等。

政府、媒体、校园认证等的认证方式与企业认证相似，都是按照"选择认证类型→填写认证信息→审核认证信息→认证结果"的步骤进行的。

4.3 微博内容的策划

微博内容的表现形式非常多元化，文字、图片、视频等都是微博内容的常用元素。短文、头条文章、视频等都可以通过这些元素的组合来传达营销内容，增强营销效果。下面就对微博短文、头条文章、视频等进行详细介绍。

4.3.1 微博短文

微博短文是指可以直接在微博首页文字输入框中发布的内容。很多人以为微博短文只能发布 140 字，实际上，用户也可以发布超过 140 字的微博短文，但是超过 140 字的部分会被折叠起来，点击"全文"就会显示全部内容。微博短文的信息发布比较随意，没有严格的内容和形式的要求，但是要想使微博信息得到关注和传播，还需要有针对性地进行短文的设计。

1．微博短文的定位

一般情况下，微博的定位不同，其发布的微博内容也会有所不同。如果该微博在某领域比较专业，通常微博内容多以其专业领域的知识为主；如果微博内容定位偏向于娱乐化，那么娱乐性则是表现的主要内容，目的是娱乐大众。图 4-20 所示为比较专业的微博，图 4-21 所示为偏向娱乐的微博。

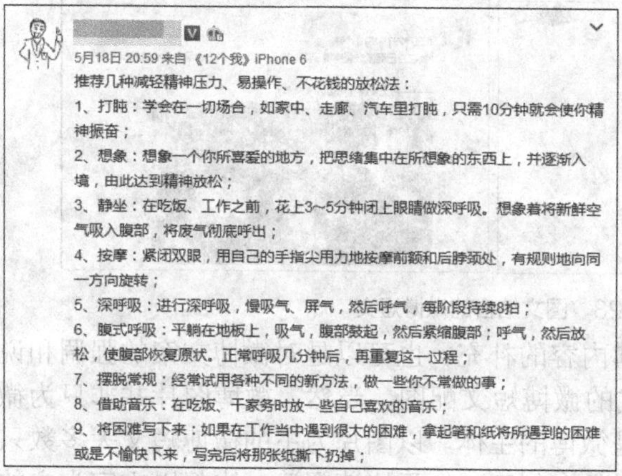

图 4-20　专业微博

图 4-21　娱乐微博

2．微博短文的表现形式

同样的微博内容，表现形式不同，取得的效果也存在差异。微博内容到底是纯文字，还是文字加图片？如果加图片，图片应该配多少张？这些都是编辑微博短文时需要多加考虑的问题，下面就对微博短文的表现形式进行介绍。

（1）纯文字的微博短文。

对于纯文字的微博短文而言，有价值、发人深省、容易让人产生认同感、有趣、有名、有创意、真实的内容更受用户的欢迎，从而能够获得较多评论和转发。微博短文的篇幅有限，要想吸引用户的注意力，就要从用户的爱好和需求出发，在文案上多下功夫。一般来说，发布纯文字的微博短文可以结合故事、上新预告、寻求共鸣、话题讨论、购物分享、第三方反馈等进行展现。图 4-22 所示为纯文字的微博短文。

图 4-22　纯文字的微博短文

（2）图文结合的微博短文。

与纯文字的微博短文相比，图文结合的微博短文更加符合当代人的阅读习惯。一般来说，微博配图包括单图、多图（最多 18 张）和拼图（最多 18 张）

3种形式，其中，图片可以是长图，也可以是动图。图文结合的微博短文如图 4-23 所示。

图 4-23　图文结合的微博短文

微博短文配图可以是对微博内容的补充，也可以是对微博文案的强调和说明。图 4-24 所示为补充说明式的微博短文配图。当然，微博图片并非只为微博文案服务，很多时候图片才是微博的主体。以图片为主的微博短文大多数只包含关键文案，句子简短精练、具有创意，便于快速阅读，比起以文字为主的微博短文更容易引起广泛的传播，如图 4-25 所示。

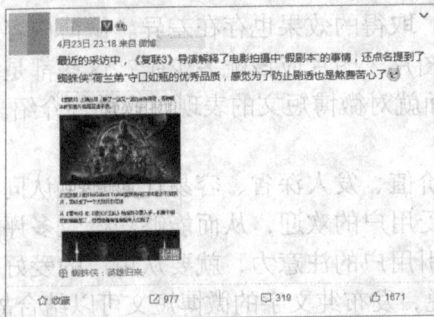

图 4-24　补充说明式的微博短文　　　　图 4-25　以图片为主的微博短文

4.3.2　微博头条文章

微博头条文章是微博的一个长文产品，当需要表达的内容无法通过简短的文字或图片表述清楚时，就会使用微博头条文章进行体现。

1. 微博头条文章营销价值

在微博中编辑头条文章，可以获得较大的影响力，提升文章的阅读量和互动量，并且容易被更多用户看到，形成二次传播。在营销推广时，头条文章自带推广特权、信息流特权，还可获得更多的广场头条流和个人主页头条流的推荐位，这些都可以让头条文章被更多用户看到，如图 4-26 所示。

另外，微博头条文章还可以通过打赏、付费阅读、广告分成等形式变现，运营人员能够更直观地看到营销的效果和收益情况。

知识链接

微博头条文章
经典营销案例

图4-26 微博头条文章推广特权

2．微博头条文章组成部分

微博头条文章包含了封面图、标题、正文内容等部分，下面对其组成部分进行详细的介绍。

（1）微博头条文章封面图。

进入微博网页版首页，单击微博输入框下方的"头条文章"超链接即可打开头条文章的编辑页面，在其中可添加封面图。微博头条文章封面图的尺寸为1000px×562px，可上传大小不超过20 MB，格式为JPG、GIF和PNG的图片。如果要在微博手机客户端中发布头条文章，那么在登录微博手机客户端后，单击右上角的➕按钮，找到并单击"文章"，完成对标题和正文的编辑后，单击"下一步"，即可在打开的页面中上传封面图。

微博头条文章的封面图主要有两种形式。一是直接使用图片作为封面图，二是使用添加文字以突出文章主题的图片作为封面图。图4-27所示即为不同类型的微博头条文章封面图。

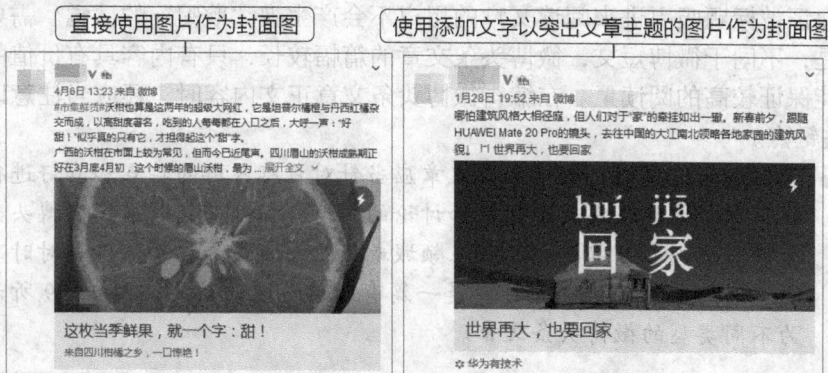

图4-27 不同类型的微博头条文章封面图

👤 知识补充

微博头条文章中封面图的制作软件

用户可以使用各种工具软件（如 Photoshop、美图秀秀、PowerPoint 等）制作微博的封面图，但是使用工具软件制作封面图一般会花费大量的时间，如果想更加方便快捷地制作封面图，还可以使用在线平面设计工具（如 Fotor、创客贴等）中已有的模板制作封面图。

（2）微博头条文章标题。

微博头条文章在微博中直接显示的主要信息就是标题。对于用户而言，标题是否引起了他们的兴趣，直接决定了他们会不会继续浏览正文内容，所以制定一个具备吸引力的标题非常重要。

微博头条文章标题应当简练，最好能够快速激发用户的好奇心，勾起用户的阅读欲望，将文章的价值直截了当地通过标题表达出来，让用户可以快速确定自己对这篇长文章的内容是否感兴趣。图 4-28 所示即为比较具备吸引力的头条文章。

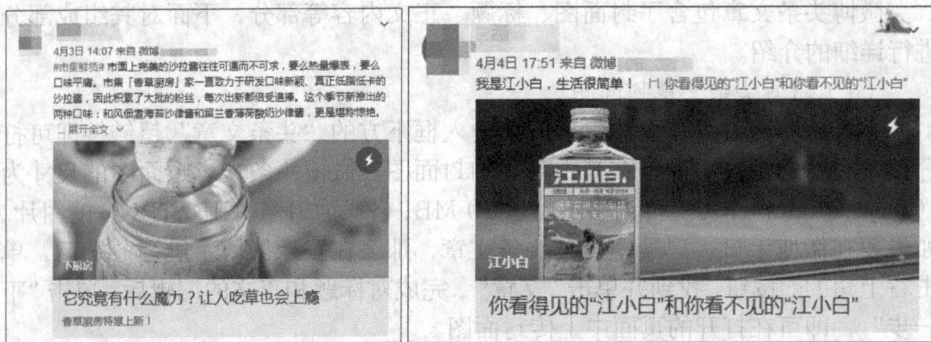

图 4-28　不同标题的头条文章

（3）微博头条文章正文内容。

微博头条文章正文内容应该与标题相匹配，也就是说，正文内容必须有价值，保证被标题吸引进来阅读文章的用户不会产生被"欺骗"的感觉。需要说明的是，不同于微博短文，微博头条文章的篇幅较长，只有内容具有价值的文章才能保证较高的阅读量。在编辑微博头条文章正文内容时，还应当注意以下3 个关键点。

● **选择适合的题材**：微博头条文章应当针对目标人群的特点和喜好进行编辑，这样才能激发大家阅读和讨论的热情，提升营销效果。微博头条文章的正文内容可以是自己所在领域或行业的相关知识，可以是对时下热点、话题等的评价，也可以是一篇有阅读价值的软文。图 4-29 所示即为不同类型的微博头条文章。

图 4-29　不同类型的微博头条文章

- **确定文章的表达风格**：一般来说，微博头条文章的表达风格通常与博主的个人写作风格有关，可以是严谨精准的，也可以是幽默风趣的，但是文章的风格应该呼应用户的特点，只有根据目标用户喜欢的风格来调整自己的表达方式，才可能获得更多的阅读量。

- **注意文章的排版设计**：排版质量直接关系着用户的阅读体验，一般来说，应该选择适中的字号。标题、重要词语和句子可以加粗显示，以让其与文章的字体和字号产生对比。也可以添加图片、表情等元素，增加排版的美观性，提升用户的阅读兴趣，如图 4-30 所示。

图 4-30　头条文章的排版设计

4.3.3　微博视频

　　与微博短文和头条文章相比，微博视频的内容更丰富，节奏也更加轻快。微博视频可以很好地利用用户的碎片化时间，更深入、多维度、高频率地与用户互动，因此，在时间和空间上能够为品牌带来更高的营销价值。

　　微博视频的关键因素是内容，内容的好坏直接决定了视频的传播度和影响力。在微博中，内容新颖、富有创意的视频更能获得粉丝的关注和喜爱。这种视频一般时长为 3 ~ 8 分钟，可以是原创拍摄的，也可以是剪辑而成的。

　　图 4-31 所示为知名企业华为为宣传 P30 系列手机而拍摄的创意视频《古墓看到丽影》。视频刻画了主角闯入古墓发生的打斗场面，场面精彩绝伦，但是中途画面却由于主角所拿火把被敌人熄灭而变得漆黑，这导致决斗无法继续进行，这该怎么办呢？此时，华为通过将产品卖点与电影剧情相结合的方式，植入新产品 P30 的广告宣传语"超感光暗拍，看穿黑暗"，以突显该产品在黑暗中仍然能够拍摄出清晰画面的特点。

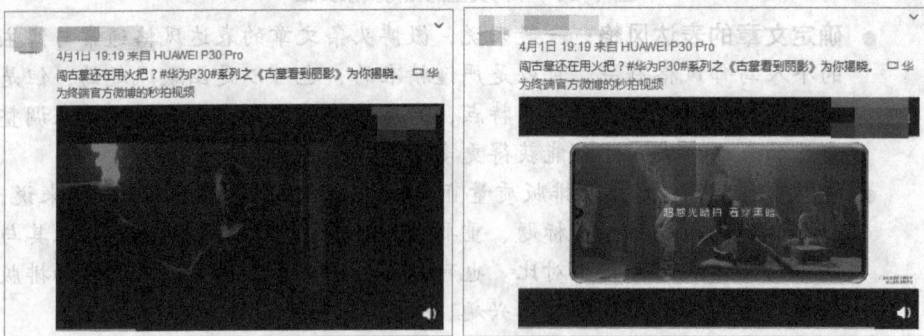

图 4-31　创意视频

　　总体来看，华为此次的宣传视频先是借经典电影《古墓丽影》来吸引用户点击视频，然后再通过富有创意的视频内容拉近与用户的距离。通过对比的呈现手法，将华为 P30 的卖点自然植入剧情之中。在发现问题的同时，提出解决问题的方案，从而引发用户的共鸣，刺激用户的消费欲望。

　　👤 知识补充

微博视频的上传

　　微博中的视频可以分为本地视频和在线视频。选择上传本地视频时：微博网页版支持上传时长 15 分钟以内、大小 1GB 以内的视频；移动端支持上传时长 5 分钟以内、大小 1GB 以内的视频。但需要注意的是，微博视频禁止上传包含违法、侵权等性质内容的视频。视频上传成功后，微博官方将会对视频内容进行审核，审核通过后视频才可正常播放。另外，微博认证用户或实名认证用户（即绑定手机号或身份证的用户）还可以享受视频先播放后审核的特权。

　　在线视频支持新浪播客、优酷网、土豆网、酷 6 网、搜狐视频、56 网、奇艺网、凤凰网、音悦台和乐视网等视频网站的视频播放页链接。在线视频的发布比较简单，直接在文本发布框中输入视频播放页地址即可。

　　除了富有创意的微博视频之外，分享型视频也越来越受到用户的关注。在微博上，视频网络日志（Video Weblog，Vlog）已逐渐成为众多用户记录生活、表达自我的首选。区别于图片、文字、短视频等方式，Vlog 是一种更加新颖和有效的表达方式，在明星和 Vlog 自带的热度的加持下，Vlog 足够吸引用户的注意力。因此，越来越多的品牌都在尝试用 Vlog 寻找更多新的营销机会，如图 4-32 所示。

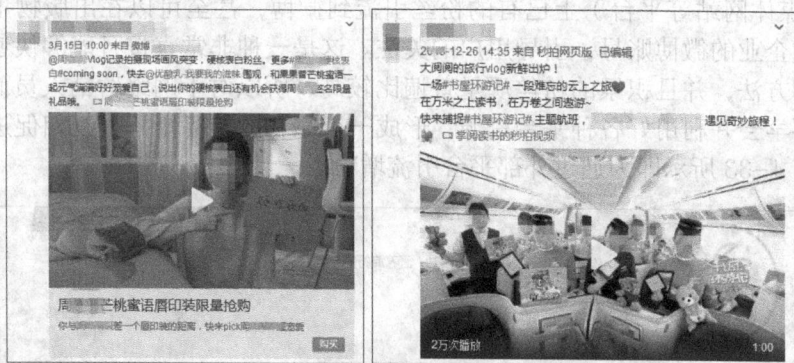

图 4-32 Vlog

4.4 微博粉丝的增加与维护

微博营销实际上就是粉丝营销，只有拥有粉丝，所发布的微博信息才能被更多人看到，才能引导更多人进行互动、扩大影响，才能取得实际的营销效果。那么如何获取粉丝并进行粉丝的维护呢？下面进行具体介绍。

4.4.1 微博粉丝的增加与积累

微博的营销除了前期账号内容的策划以外，粉丝的增加也是一个较大的难题。实际上，粉丝的获得是一个长期的过程，特别是一些有质量的粉丝，需要博主进行持续长久的运营。下面介绍 6 种常用的增加粉丝的方法。

1．利用身边的关系网增粉

如果是个人微博，在微博运营前期，可以通过身边的亲朋好友进行微博互动，相互关注，增加微博的互动，这是一种不错的增粉方式。如果是企业微博，在创建之初可以先利用内部员工来积累第一批粉丝，比如要求员工关注微博，并鼓励员工向个人关系网推广企业微博，可以通过一定的奖励措施激励员工对企业微博进行推广。另外，企业还可以与其合作伙伴沟通，双方发动各自的资源互相宣传和关注。

2．通过关注同类人群增粉

在微博上，有很多处于同一个领域或是有共同、相似爱好的群体，这些群体有共同话题，交流方便，很容易"互粉"，也就是互相关注。在创建微博前期，可以试着加入不同的交友群，与群中用户互动，吸引他们的关注，再慢慢扩大微博的影响力，形成粉丝自然增长的趋势。

3．通过外部平台引流增粉

在微博中，可以将其他平台（如博客、豆瓣、视频、直播、问答、微信、QQ、媒体网站等平台）上已有的粉丝引流到微博，甚至可以在出版物上注明个人或企业的微博账号，引导用户的关注。这是一种非常直接且能够快速积累粉丝的方法，并且积累的粉丝质量普遍比较高，所以对于网络营销人员而言，一定要学会并利用好各种平台资源，形成一个完整的传播矩阵，互相促进和提升。图4-33所示即为通过外部平台引流增粉。

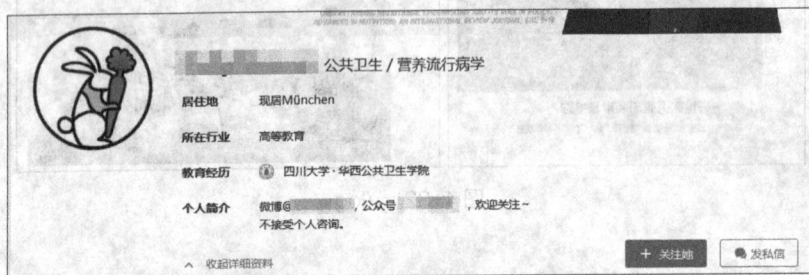

图4-33　通过外部平台引流增粉

4．通过发起微博活动增粉

通过发起微博活动增加粉丝的方式比较常见，但是在提高用户参与度的同时增加粉丝并不容易。对于用户而言，他们更愿意参与一些新鲜、有趣、有奖励的活动。因此，博主可以通过关注转发抽奖、关注参与话题讨论等形式，引导粉丝转发微博，吸引非粉丝用户的关注，图4-34所示即为微博上常见的"关注＋转发"抽奖活动。

知识链接

微博昵称的修改

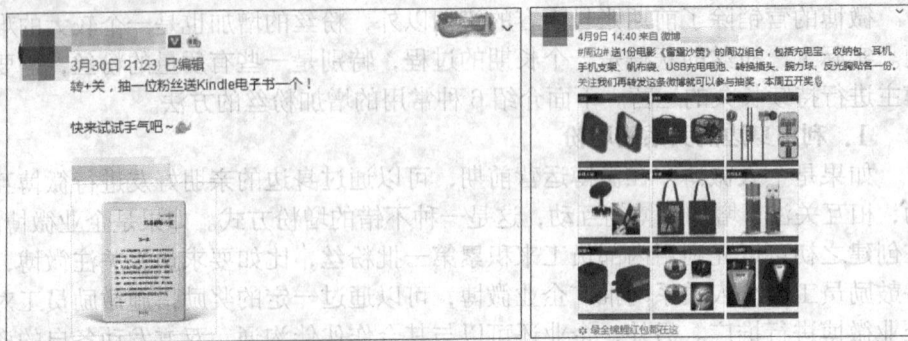

图4-34　通过发起微博活动增粉

5．通过与其他微博博主合作增粉

微博活动虽然可以带来很多粉丝，但是并不是所有的在微博上发起的活动都可以产生较多的效益。当单个微博的影响力有限时，就可以与其他微博博主合作，联合双方或多方的影响力，扩大宣传范围。一般来说，应该尽可能地选择有影响力的微博博主，或邀请网络"大V"合作，借助"大V"的影响力为自己增粉。这种方式往往可以为活动各方带来利益，如图4-35所示。

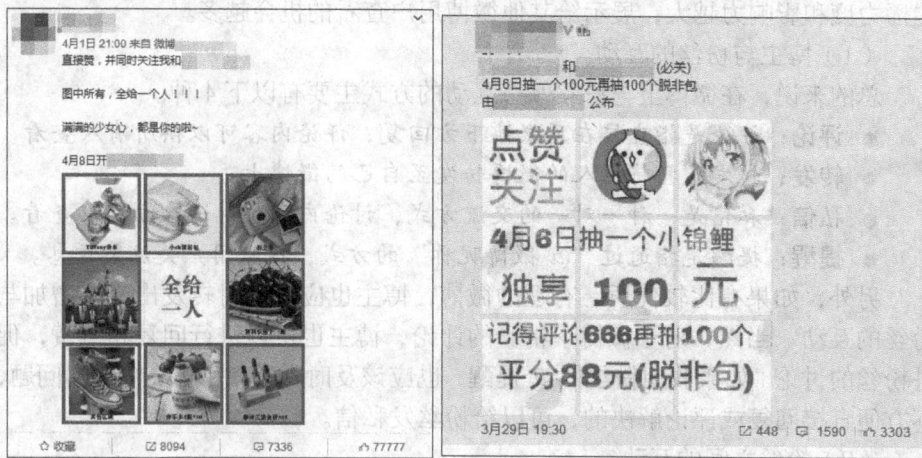

图4-35 通过与其他微博博主合作增粉

6．通过微博内容增粉

通过微博内容增粉这种方式实质上属于内容营销，是指通过发布有价值的"干货"来吸引粉丝，这就要求博主能够写出高质量的微博内容。一般情况下，如果微博的内容对用户有一定价值并且足够吸引人，就会被大量转发，当然这对博主的创作能力、表达能力和专业知识要求较高，如图4-36所示。

图4-36 通过微博内容增粉

4.4.2 与微博粉丝的互动与维护

在获得粉丝以后，还需要注意与微博粉丝进行互动来提高粉丝的活跃度，维护粉丝，提高粉丝黏性，这样才能让微博账号真正具有强大的影响力，从而使得营销效果最大化。

1. 微博粉丝的互动

粉丝互动是提升微博粉丝活跃度非常重要的手段，粉丝越活跃的微博账号，传播力度和影响力越大，展示给其他微博用户查看的机会越多。

（1）博主与粉丝的互动。

总的来说，在微博上与粉丝保持互动的方式主要有以下 4 种。

● 评论：评论是指直接在原微博下方回复，评论内容可以供所有人查看。

● 转发：转发是指将他人的微博转发至自己的微博上。

● 私信：私信是一种一对一的交流方式，讨论内容仅讨论双方可以查看。

● 提醒：提醒是指通过 "@微博昵称" 的方式，提醒用户关注某信息。

另外，如果有比较优质、有趣的微博，博主也应该及时转发出来，增加与粉丝的互动。当然，对于微博下精彩的评论，博主也可以进行回复和点赞，促进粉丝的讨论。如果收到粉丝的@提醒，也应该及时查看，并解决粉丝的问题，不方便直接回复或评论解决的，可以给粉丝发私信。

（2）粉丝之间的互动。

博主除了与粉丝互动之外，还可以引导粉丝之间进行互动，比如提出一个问题，让粉丝通过转发和评论的方式进行交流。粉丝之间的互动可以提高整个粉丝群体的活跃度，特别是对于话题性比较高的微博来说。但需要注意的是，由于粉丝的类型各不相同，对相同的事件可能有不同的看法，从而导致出现争执的情况，影响微博的整体氛围，因此要谨慎选择互动问题。如果微博评论中出现了不同的声音，博主不能主动介入争论，否则难以平复粉丝情绪，容易造成粉丝的流失。

2. 微博粉丝的维护

微博粉丝除了增加，也会出现减少的情况。那么应该如何维护微博粉丝，防止微博粉丝减少呢？从可能造成微博粉丝减少的原因出发，维护微博粉丝主要包括以下 3 个方面。

● 忌微博"刷屏"：微博"刷屏"是指在微博中不断推送内容，如果博主频发微博，并且微博的内容都没有什么价值，粉丝往往会选择取消关注。

● 忌微博内容无价值：一般来说，任何行为都有一定的需求导向。对于粉丝而言，只有有价值的内容才有吸引力，如果博主的微博内容缺乏足够的原创性和专业性，粉丝就会产生抵触心理，进而取消关注。

● 忌频发广告：当微博的粉丝数量增加、影响力扩大，就会具有广告商业价值，但是如果微博长期频繁发布广告，粉丝可能就会取消关注。

4.5 微博营销的策略

据统计，全国微博用户规模达到了 3 亿多人，庞大的用户群体使新鲜事件、热门话题等可以快速传播。对于微博营销人员而言，要想充分利用微博覆盖范围广、传播速度快等的优势来进行产品、服务或品牌的营销，就必须掌握微博营销的策略。

4.5.1 微博素材库的建立

要想做好微博营销，其中一个关键点就是建立素材库。微博素材的收集应当建立在微博定位的基础上，保持持续、有效的微博信息更新频率，有针对性地寻找与微博定位相匹配的内容。

1. 专业领域素材的收集

所谓专业领域素材，是指与微博定位相匹配的内容，也就是吸引粉丝的主要内容，如娱乐微博的娱乐信息、科普微博的科普信息等。这些专业素材的获取有很多途径，可以通过专业网站寻找相关信息，也可以阅读简书、豆瓣等网站中的专业人士的文章等。只有通过阅读不断积累知识，提升自己，才能为粉丝分享更多、更有用的信息，才能获得粉丝的持续关注。常见的素材搜集网站主要包括：中国知网、万方数据知识服务平台、全国报刊索引数据库、中国互联网网络信息中心等。

2. 热点话题素材的收集

热点话题永远是微博上传播最广、影响力最大的素材，特别是知名度比较大的社会话题，不仅被各大电商平台、企业加以利用进行营销，而且是很多自媒体、"大V"号博取关注和吸引流量的主要手段，甚至能否准确及时地利用热点话题借势营销，直接关系着微博营销的最终效果。要想做好热点话题借势营销，微博营销人员必须养成多阅读、多观察、多分析的习惯，勤于关注网络上的热点事件和热点新闻，并将关注到的有热点、有价值的素材收集起来，结合自己的微博定位制作并发布合适的微博内容。

4.5.2 用热门话题进行营销

在微博中，热门话题本身具有非常庞大的阅读量与讨论量，粉丝更是时刻关注着话题的发展方向。因此，用热门话题进行营销一般能够收获不错的效果。但是在利用微博热门话题进行营销时，还需要把握以下 3 个关键点。

1. 话题的选择

借助热门话题营销的关键是话题的选择，一个充满爆点的营销话题可以使个人或企业的营销效果事半功倍。一般来说，当下实时热点、热门微博、热门话题榜中的内容都比较适合作为话题营销的切入点，当然，如果没有比较合适的热门话题，也可以围绕企业主推关键词、营销活动或品牌来创建话题。

2．话题的加入

在微博的热门话题榜中可查看他人发布的热门话题，点击话题名称进入话题可以查看具体内容。结合自己的产品或服务，写一段与话题相关性较高的内容并带上该话题，可以使话题本身的用户群体加入互动，扩大营销信息的传播范围，如果互动效果较好，转发、评论与点赞数量较多，还会获得话题主持人的推荐，使微博内容始终展示在话题首页，增加自身微博账号的曝光度和营销内容的热度，如图 4-37 所示。

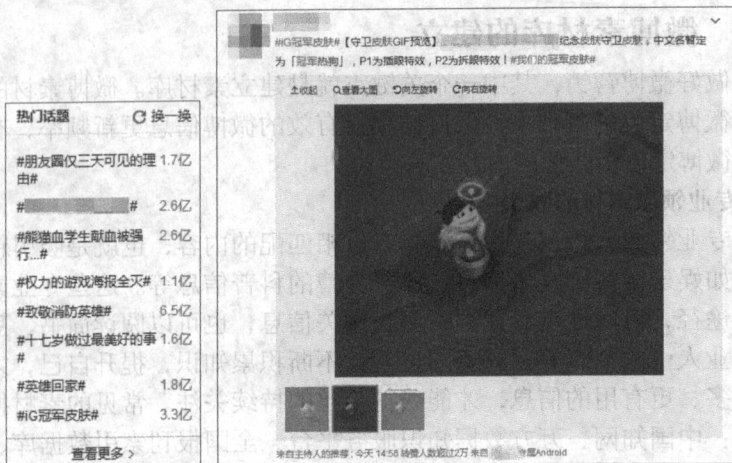

图 4-37　话题的加入

3．话题的维护

在加入话题后，别忘记还要对话题内容进行维护，如发动粉丝转发、评论话题内容，提高话题的热度。另外，也可以联合一些行业"大 V"或"网红"转发发布的话题内容，利用人脉关系迅速引爆话题热度。比如知名企业华为为了宣传其新产品 P30 而创建了话题"# 华为 P30#"，在话题的营销和维护过程中积极地参与话题，利用转发抽奖活动发动粉丝转发，并联合微博"大 V"转发发布的话题内容，提高话题的热度，如图 4-38 所示。

图 4-38　话题的维护

4.5.3 借"势"进行营销

所谓借势营销，即将营销的目的隐藏在借助的"势"中来潜移默化地引导市场，从而提高产品或企业的知名度、口碑，树立良好的品牌形象，最终促成产品或服务销售的营销策略。

1. 借势营销的途径

不得不说，一次成功的借势营销可以让企业花费较少的人力、物力成本，成功让产品或品牌进入目标用户的视野，甚至产生裂变式的传播效应。借势营销是微博营销中非常重要的一个策略，总的来说，借势营销的途径主要包括以下两个方面。

（1）借助名人营销。

名人主要包括一些广受用户关注的人，如明星、政要、企业高管、网络红人等。比如2018年某著名乒乓球运动员与某明星在微博以"K♥T"公开宣布恋情，各大企业借助明星本身所具备的高话题度与强大的粉丝传播力纷纷开展了借势营销，以"K♥T"为主题制作了海报。图4-39所示即为"美菱"和"美的"两家企业制作的比较典型的借势营销的海报。

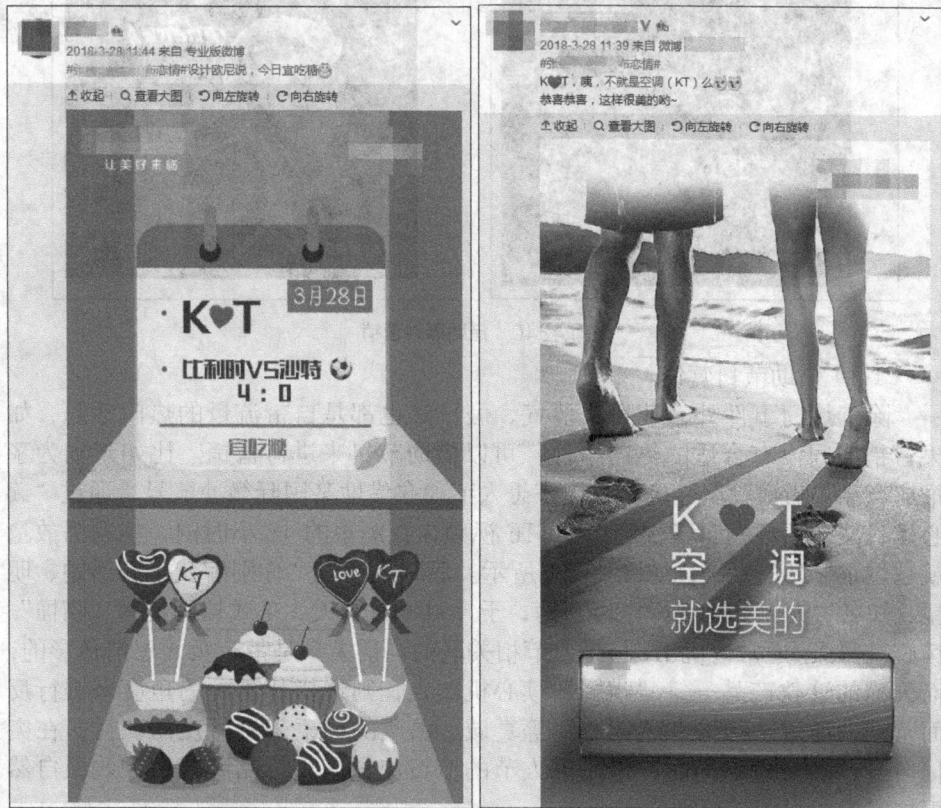

图4-39 借助名人营销

（2）借助事件营销。

借助事件营销是很多品牌常用的营销手段，主要借助社会上一些关注度、讨论度比较高的事件。实际上，每次社会热门事件的发生都能引起各大企业的营销热潮，越有创意的借势营销，越能为品牌带来良好的营销效果。图4-40所示的左侧为江小白借用《流浪地球》中的经典台词对其品牌进行营销；右侧为可口可乐借用电影《复仇者联盟4》的热点对其产品进行营销。

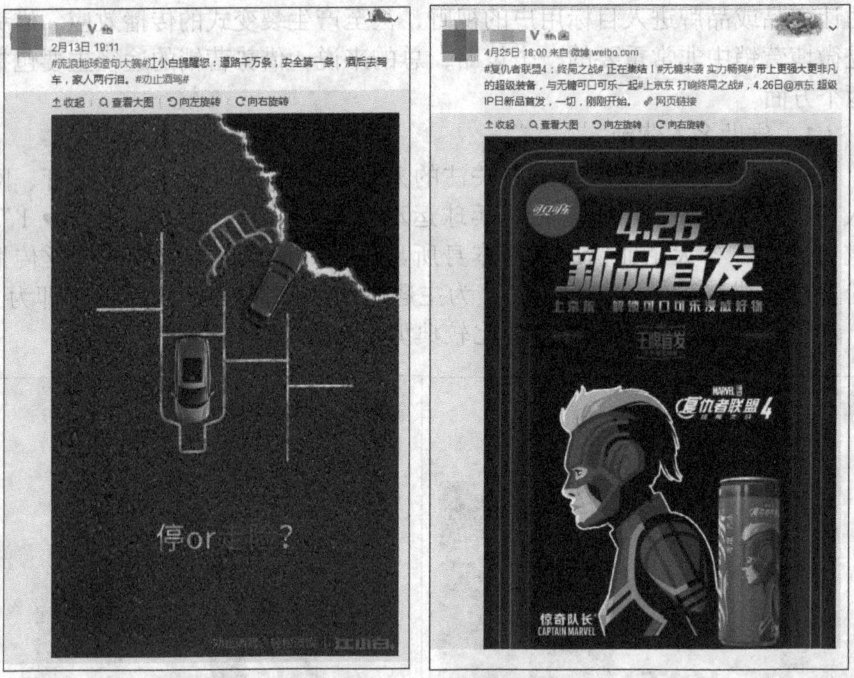

图4-40　借助事件营销

（3）借助节日营销。

除了热门事件外，节日、节气、假日等也都是自带流量的热门话题，如果营销期间没有合适的热门事件，可以借助节日来进行营销。比如天猫为了推广产品"喵懂"读心机器人，在愚人节前夕借助某国际微博账号，通过"读心黑科技"话题发布了"喵懂"GIF视频，在短短的48小时内，视频播放量就超过了2000万次，如图4-41所示。后续还通过"你别骗我了"话题、明星、知名"大V"等进行宣传营销，于4月1日当天，正式挂牌销售"喵懂"读心机器人。通常情况下，与愚人节相关联的词语大多是带有负面感情色彩的，而天猫的这款产品——"喵懂"读心机器人，则选择从正面的角度来进行反面营销，通过"喵懂""读心"等真诚、温暖的词语来进行反面映衬，在突出自身产品特色的同时，借用愚人节的节日流量来进行品牌营销，效果自然更加突出。

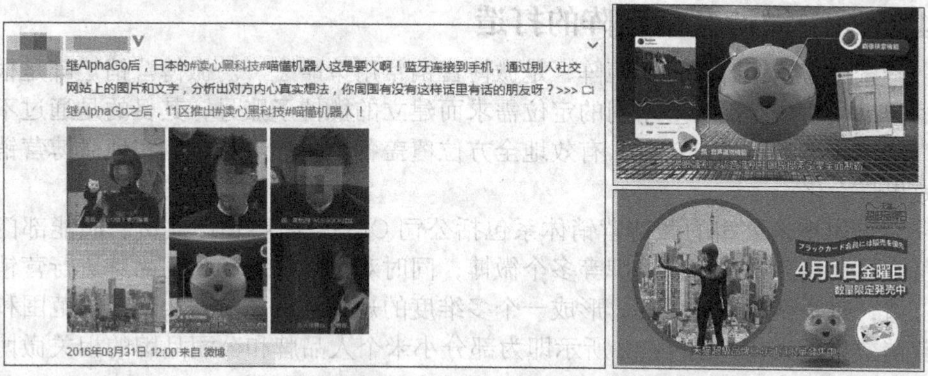

图 4-41 "读心黑科技"话题和"喵懂"GIF 视频

👤 **知识补充**

微博时间清单整理

节日、节气、假日等都是自带流量的热门话题，在进行营销前要整理好时间清单，以帮助策划营销方案并准备发布的内容。例如，就 2019 年 5 月而言，可以借势营销的时间包括：5 月 1 日（劳动节）、5 月 4 日（青年节）、5 月 6 日（立夏）、5 月 8 日（世界微笑日和世界红十字日）、5 月 12 日（母亲节和护士节）、5 月 14 日至 5 月 25 日（戛纳电影节）、5 月 31 日（世界无烟日）。

2．借势营销的关键

借势营销作为一种新型的营销手段，集新闻效应、广告效应、公共关系、形象传播、客户关系于一体，成为企业新产品推介、品牌展示、建立品牌识别和品牌定位等营销活动的重要策略。如何借势营销呢？下面介绍借势营销的 3个关键点。

- **把握借势时机**：在大多数情况下，一个事件、一个物品、一个节日、一个自然现象都可以成为产品的借势时机。这就要求企业和营销人员具有高效的决策机制和灵活的应变能力，能够找准适宜营销的切入点、找准营销内容与借势事件的关联点，并快速做出反应进行营销。

- **关联企业产品或品牌**：在借势营销时，应当注意事件与企业的关联不能太过牵强，还应当结合自身品牌或产品的实际情况（如市场地位、消费者印象等），把热点事件或人物等的借势点与自己的产品或品牌关联起来，不仅如此，还要注意大众心理，避免牵强附会而产生负面效应。比如可以借助热点人物事件的关键标志物、关键词为自己的产品宣传，或者借助平常的节日等将之与用户的购买行为联系起来。

- **发挥品牌优势进行创意营销**：在借势营销活动中，还应当发挥品牌优势进行创意营销，打造自身产品或品牌的特色，避免与竞争对手的产品或服务同质化。例如可口可乐的众多优秀借势营销事件，大多是围绕品牌优势再结合创意进行营销。

4.5.4　微博营销矩阵的打造

微博营销矩阵又称微矩阵，是微博营销常用策略之一。微博营销矩阵是根据产品、功能、品牌等不同的定位需求而建立的微博子账号，其目的是通过不同微博账号的定位来精准、有效地全方位覆盖各个用户群体，以实现微博营销效果最大化。

比如小米公司的微博营销体系包括公司CEO、高层管理人员、职能部门员工、公司品牌、产品品牌等多个微博，同时对个人品牌和公司品牌进行营销打造，每个微博交叉关注，形成一个多维度的矩阵结构，从而实现推广范围和营销效果最大化，图4-42所示即为部分小米个人品牌和公司品牌的相关微博账号。

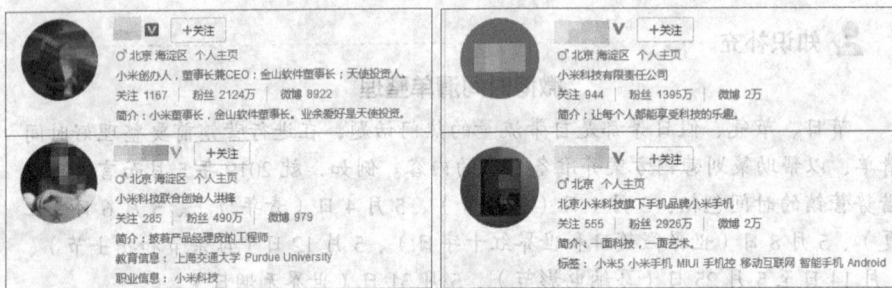

图4-42　部分小米个人品牌和公司品牌的相关微博账号

1. 建立微矩阵的方法

微博的功能非常强大，不仅可以进行即时营销，还能进行品牌宣传、粉丝管理、公关传播等操作。但是如果使用同一个微博账号发送多个定位的内容，不免会使用户觉得微博账号不够专业、内容不够贴切，难以满足不同用户的需求。此时，建立微矩阵就是一个比较有效的方法。

常用的建立微矩阵的方法主要包括按品牌需求进行建设、按地域进行建设、按功能定位进行建设、按业务需求进行建设，下面依次对其进行介绍。

- **按品牌需求进行建设**：大多数企业都有很多产品线，这些产品线所塑造的品牌不同，因此可以直接根据品牌来建立微矩阵，将品牌通过不同的微博账号连接起来，通过矩阵账号进行不同用户流量的相互引导，以避免用户流失，如图4-43所示。

- **按地域进行建设**：按地域进行建设这一方法在银行业和互联网行业等行业使用较为普遍，便于进行区域化管理。比如建设银行开通了北京、上海、深圳等微博子账号，如图4-44所示。

- **按功能定位进行建设**：根据微博账号功能的不同，可以开通不同的微博子账号形成微矩阵，如宝洁根据不同功能开通了宝洁招聘、宝洁生活家等微博子账号，如图4-45所示。

- **按业务需求进行建设**：对于公司业务较多的企业微博来说，可直接根据业务需求来建立微矩阵。如海尔分别为其主要产品开通了微博子账号，打造了覆盖面更广的微矩阵，如图4-46所示。

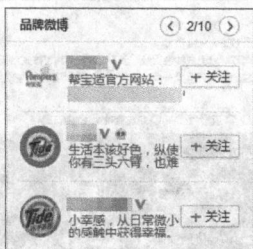

图4-43　按品牌需求进行建设

图4-44　按地域进行建设

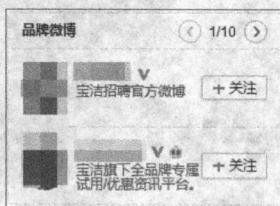

图4-45　按功能定位进行建设

图4-46　按业务需求进行建设

2．建立微矩阵的模式

目前，企业建立微矩阵比较常见的模式主要有3种，下面分别进行介绍。

- **蒲公英式**：蒲公英式，即由一个核心账号统一管理旗下多个账号，这种模式比较适合拥有多个子品牌的集团，如阿迪达斯等。
- **放射式**：放射式是比较常见的一种模式，主要由一个核心账号统领各分属账号，各分属账号之间是平等的关系，信息由核心账号放射向分属账号，分属账号之间信息并不进行交互，如万达等。
- **双子星模式**：顾名思义，这种模式存在于两个或者多个核心账号。例如，新东方有一个官方账号，新东方创始人的微博关注度也比较高，而两个微博账号的实质都是宣传新东方，两者就形成了良性的互动。

📈 课堂实训

实训1　策划情人节微博营销短文

🎯 实训目标

情人节快到了，假设你是某化妆品公司的微博营销人员，请试着策划一篇与情人节有关的微博营销短文。图 4-47 所示是一些富有创意，并且取得良好反响的情人节微博营销短文，可分析其微博内容，并借鉴其营销思路。

图 4-47　情人节微博营销短文示例

实训思路

根据实训目标，情人节微博营销短文的策划思路如下。

（1）确定微博短文的发布形式，即是以文字的形式发布还是以"文字＋图片"的形式发布。

（2）确定发布内容，将公司的化妆品与情人节结合进行营销，发挥最好的营销效果，内容中可以添加购买公司产品的链接，或者可以开展一个"转发＋关注"的抽奖活动。

（3）加入"情人节"或与情人节相关的话题。

实训 2　为"T5"手机写微博头条文章

实训目标

假如有一家传统手机制造企业最新发布的手机产品"T5"手机属于国产手机中的中低配置，其外观不但时尚可爱，还可以根据买家要求定制 Logo。现在公司想要通过微博营销来提升手机销量，要求写一篇微博头条文章。图 4-48 所示为小米公司为小米 MIX 3 写的微博头条文章，分析其微博头条文章的结构，借鉴其写作思路进行本产品文章内容的设计。

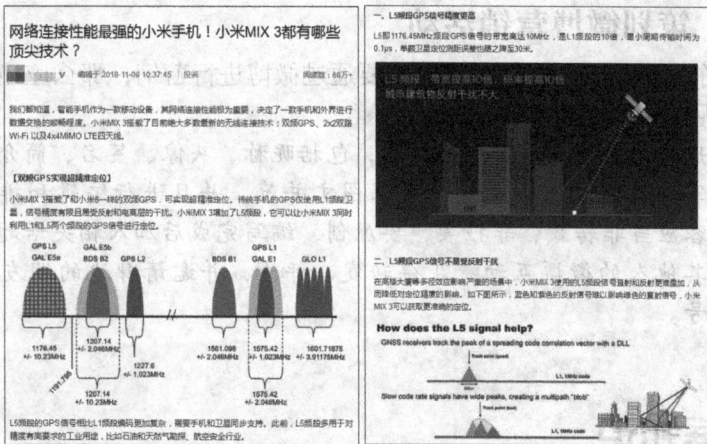

图 4-48　小米公司微博头条文章示例

实训思路

从提供的微博文章可知：这篇头条文章的标题采用"感叹 + 提问"的形式吸引用户点击阅读文章；然后通过导语揭示该手机产品拥有的顶尖技术，吸引用户继续阅读；正文则针对这几项技术展开介绍。文章正文与标题、导语相呼应，还插入了图片来吸引用户眼球。在为实训中的"T5"产品写微博头条文章时，可借鉴其思路，将自身产品的特点融入其中，具体策划思路如下。

（1）需要设计文章的封面图、标题、导语等内容。其中标题一定要突出，可带有故事性、情感性，或直接以产品卖点为主；导语可根据标题内容来展开写作，引入正文。

（2）文章的内容要引起读者的共鸣，激发用户的购买欲望。实训中"T5"手机的优势在于外观时尚可爱，还可以根据买家要求定制 Logo，因此可根据这一卖点来展开详细介绍。

（3）在进行文章排版时，还应当注意将标题、重要词语和句子加粗显示，让文章各部分的字体和字号产生对比，也可以添加一些图片、表情等丰富文章内容。

课后练习

练习 1　列举微博营销中借势营销的案例

近两年，微博营销中都有哪些比较典型的借势营销案例？试着列举两个借势营销的微博案例，综合分析一下是如何借势的，并说明其效果。

练习2　策划微博营销活动

假如你是一个旅游博主，当前需要通过微博进行营销，那么应当怎样策划营销活动呢？具体要求如下。

● 注册微博账号并设置相关信息，包括昵称、头像、签名、简介等。
● 撰写一篇微博头条文章，要求图文并茂，并且进行编辑和排版。微博内容应当非转载、非抄袭，要原创，编写完成后加入相关话题。
● 与其他人的微博互动，获得转发、评论，并邀请身边的朋友关注微博账号。

拓展知识

1. 微博实用工具的使用

正所谓"工欲善其事，必先利其器"，微博的灵魂主要是内容，即使一个微博账号有上百万粉丝，如果长期不更新或者没有好话题与内容，粉丝肯定会逐渐减少。如果微博博主一时找不到好的内容，而又特别需要对微博内容进行更新，可使用微博内容库、皮皮时光机等工具生成内容。

● **微博内容库**：微博内容库囊括了各种类型的微博，包括搞笑类、语录类、知识类、新闻类等，并且所有内容都支持原创，支持一键分享到新浪、腾讯等微博平台。
● **皮皮时光机**：皮皮时光机的功能较多，它的内容库比较庞大，内容库分类众多，分为了若干板块，其中各个板块又可以分为若干小板块，内容丰富，并且还提供了"我的内容库"功能，用户可以收藏自己喜欢的内容库微博内容。

在微博中，好的图片往往能使微博传播达到事半功倍的效果。手机端的拼图工具有 GIF 快手、美图秀秀等，手机端的美化工具有友图、图钉等，使用这些工具处理完图片后都可以将图片同步分享到微博上。

2. 微博内容的发布时机

当微博的文字、图片、视频等准备就绪后，接下来就应该发布这些内容了。发微博并没有固定的时间段，需要根据实际反馈和微博数据动态调整。但是根据调查，用户每天活跃在微博上的时间比较趋向于 9:30—12:00、15:30—17:30、20:30—23:30 这几个集中的时间段。因此，这几个时间段就是发布微博的黄金时段。

按照在线用户的活跃度来排序，一般是晚上活跃用户最多，上午其次，下午稍少一些。但是，一般企业晚上都已经下班，所以定时自动发送工具就显得非常有价值，比较常用的定时自动发送工具有皮皮时光机、微博通等。

5.1 社群与社群营销认知

第5章 社群营销

第5章

案例导入

从电子公告牌系统（Bulletin Board System，BBS）、论坛开始，社群营销就逐渐展现出其价值。随着网络的快速发展，最初的群居式社群模式逐渐向个人模式转变，微博、微信等社交媒体的发展更是将社群营销推进了一个新的时代。如今，利用新媒体平台进行营销的个人或企业比比皆是，而"罗辑思维"作为社群营销的典型代表之一，为其他社群营销团队提供了值得借鉴的经验。一个社群最核心的部分是一群拥有共同兴趣和爱好的群成员，"罗辑思维"作为一个知识型社群，从内容生产到内容包装，再到内容分发，每一个环节的运作都可谓十分精细。

社群营销主要基于网络社区和新媒体平台吸引用户，并通过连接、沟通等方式实现用户价值。社群营销是一种基于社交圈的营销模式，将有共同兴趣和爱好的人聚集起来，打造一个共同兴趣圈并促成最终的消费。下面就对社群营销的内容进行详细介绍。

学习目标

- 熟悉社群的构成要素和特征
- 熟悉社群营销的价值和必要条件
- 掌握社群的创建方法
- 掌握社群团队的建设方法
- 掌握社群活动的策划与开展方法

技能目标

- 能够设置社群的名称、口号和Logo等
- 能够对社群规则进行制定
- 能够建设一个优秀的社群管理团队
- 能够策划与开展社群活动

5.1 社群与社群营销认知

社群营销是一个口碑传播的过程，其人性化的营销方式不仅深受用户欢迎，还可以通过用户口碑继续汇聚人群、扩散口碑，让原有用户成为继续传播者。要成功通过社群进行营销，需要先了解社群。下面就先对社群的相关知识进行介绍，再对社群营销的基本知识进行讲解。

5.1.1 社群

社群以社交文化为基础，拥有自己特定的表现形式，一个完整且典型的社群通常有稳定的群体结构、一致的群体意识、一致的成员行为规范和持续的互动关系。同时，社群成员之间既要能够保持分工协作，又要具有一致行动的能力。

1．社群的构成要素

近年来，大部分社群随着微信群的应用而逐渐兴起和发展，比如"罗辑思维""趁早"等。但实际上，以前的线下俱乐部、同好会，甚至基于同一地理位置而集结的人群也可以称为社群，对这些社群进行总结，会发现其主要包含以下5个构成要素。

- **同好**：同好是指具有共同价值观、共同爱好、共同兴趣的相似人群。同好可以对某件事产生共同的认知，能够一起行动，是社群成立的基本前提。同好分为很多类型，比如对科学、技术感兴趣的同好，对运动、体育感兴趣的同好，对阅读、旅行感兴趣的同好等。每一个同好类型，都可能形成一个与之对应的社群。

- **结构**：根据同好建立的社群非常多，然而可以真正存活下来并持续运转下去的却很少，影响一个社群营销的重要因素就是社群的结构。一个成熟的社群，不仅要有发起人、社群成员，还必须细分出管理人员、组织人员，制定完整的社群原则和规范，控制社群的秩序和社群成员的质量，同时为社群成员提供必要的联系平台，加深成员之间的联系。也就是说，社群不仅要帮助同好建立联系，还要进行规范的管理，保证社群可以持续、健康地发展下去。

- **输出**：一个能够持续发展的社群，要能够为群成员创造价值。很多社群虽然最初可以吸引同好，也进行了完善的管理，但由于无法持续为成员输出价值，从而造成成员流失或社群日渐沉寂的情况。为了让成员可以通过社群得到价值、产生价值，社群内必须要有持续性的分享，引导群内成员互相分享，培养社群内的领袖人物，分享不同层次、不同领域的知识，激励群内的普通成员，壮大社群的整体力量。

- **运营**：运营决定了社群是否能长期持续地发展下去。在一个保持活跃、具有凝聚力的社群里，群内的每一位成员通常都会有很强的归属感，能够自发产生主人翁意识，自主维护社群的发展和成长。而要做到这一点，必须对社群进行运营，比如规范成员加入准则，用群规规范成员的行为，有一定的奖惩措施，让每一位成员都能够珍惜社群。还要经常在群内进行讨论和分享，保证群内有话题、有任务，可以根据实际情况进行分工，保证成员有收获、有感悟。此外，为了增加群内成员之间的联系，还可以组织一些线上或线下活动，通过活动加深成员之间的感情，增强社群的整体凝聚力。

● **复制**：社群的复制性决定了社群的规模，复制性是指可以通过复制手段建立多个相似的社群。当然，一个好的社群要具备复制性就需要有核心文化和核心成员，这样的复制性才是有效的。

2. 社群的特征

社群是一种关系连接的产物，成员之间可以交流互动、互相了解、共同进步。互联网的便利性让社群成员的沟通和信息的传达不受任何空间的限制，这不仅方便了社群成员之间的沟通，还方便了运营者的管理。总的来说，社群的特征主要有以下几点。

● **信息公开化**：一个社群能持续发展的最基本的要求是信息公开化。信息公开化能够让群成员相互了解，真实的信息可以增加群成员之间的信任，使社群更具凝聚性。如果一个社群的成员连最基本的信息都无法获知，那么此社群就很难让群成员凝聚在一起，更谈不上持续的发展。

● **高效沟通**：社群能够快速发展，得益于微博、微信等高效工具的发展和普及应用。通过高效的沟通互动工具，社群成员可以自由交流和互动。

"NIKE+社区"就从最开始的PC社区全面升级到微博、微信等工具，这恰好说明了移动互联网时代的信息追求便捷、快速、智能化、移动化、精准化的特点。

● **去中心化**：去中心化或弱中心化体现出社群成员的平等性和自主性。网络社群是一个较为扁平化的组织，信息呈网状结构传播，每个人都拥有平等的话语权，可以实现多人互动。正因如此，每个人都能成为信息渠道，每个人的观点都能获得相应的反馈与重视，个人权利在社群中能得到充分体现。去中心化并不与社群有领袖、有管理规则相悖，去中心化指的是内容、信息不再由专人或特定人群生成，而是由全体成员共同参与、共同创造。这与为了让参与更积极、沟通更畅通、结果更多元化的社群管理和维护并不冲突，也是社群营销的一个重要条件。

● **经常性的互动**：社群营销起源于移动互联网的快速发展。社群是以共同兴趣、共同利益等为纽带组成的群体。社群成员间保持着经常性的互动关系，偶然的、转瞬即逝的互动对网络社群是无益的。对于网络社群而言，依靠网络的便捷性，社群成员间持续而频繁的互动，才能发挥更大的作用，使社群成员具有更强的黏性。

● **裂变性和聚合性**：一方面，社群可以实现多对多传播，制造或者抓住引爆点，利用社群的网络结构，使传播呈现滚雪球般的裂变。另一方面，社群成员通过高频率的信息互动，能够快速地使基于某些共同点结成的社交小圈子产生很强的聚合力。

3．社群与社群经济

社群发展到一定程度后就催生出了"社群经济"这个产物，类似于粉丝效应带来的粉丝经济。在互联网时代下，营销者与用户之间不再是简单的买卖关系，除了对产品功能本身的要求外，附着在产品功能之上的口碑、文化、个人魅力、情怀等成为用户更注重的价值。这种软性的产品内涵象征成为用户精神层面的需求，营销人员通过对这些内容的营销获得用户的信任，吸引一群有共同兴趣、认知、价值观的用户形成社群，进而引发后续的群蜂效应。社群成员通过在一起互动、交流、协作，建立情感上的信任，从而对社群本身产生反哺价值。

社群营销实际上就是对社群经济的一种培养和利用，社群经济基于社群而存在，将社群与交易相结合，在产品与粉丝群体之间建立起信任，在这些共同作用下形成自运转、自循环的范围经济系统。比如"罗辑思维""秋叶PPT"等社群，是以罗振宇、秋叶为中心形成的社群。这些社群通过吸引对社群内容感兴趣的人群，建立情感连接，培养成员的信任，打造出鲜明的个人品牌，再将个人魅力和口碑附着在产品之上，赋予产品独特的价值。

在社群经济时代，粉丝是产生价值的关键性因素，促成粉丝消费行为的关键则是对品牌的信任和感情基础。因此需要重视用户到粉丝的转变，这就要求社群的内容要对用户具有吸引力，能够让用户心甘情愿地成为社群的成员，并支付会员费用，进而参与社群发布的一系列商业活动，甚至社群成员也会慢慢转变为社群产品的"生产者"，这就是社群经济时代用户到粉丝的转变。这也是具有大量粉丝的个人或企业开展社群营销更容易的原因。

知识链接

O2O社群微活动案例

5.1.2　社群营销

在社群和社群经济的发展基础上，自然而然地发展出了社群营销。社群营销主要依靠社群关系，通过社群成员之间的多向互动交流，让信息和数据以平等互换的方式进行营销。

1．社群营销的概念

社群营销是指营销者为满足用户需求，通过微博、微信、社区等各种社群来推销自身产品或服务而形成的一种商业形态。在社群营销模式下，社群中的每一个成员都能成为信息的主动传播者，可以进行各种信息的分享与交流，通过互动的方式来创建更加健康的社群，使社群朝着稳定的方向发展，以吸引更多具有相同兴趣、价值观或爱好的人员，扩大社群规模，最终增强社群营销效果。

社群营销与其他营销方式不同的是，它是一种通过社群成员的信息分享进行自我创造，进而实现社群自我运营的营销方式。社群成员的参与度和创造力是促进社群运转的前提条件，因此社群要想长久地生存下去，还要进行社群成员的更替，替换掉那些不能为社群产生价值的成员，加入更多愿意为社群创造价值的成员，以保持社群的活力，同时也使社群的组织结构更加完整，保证社群营销效果最大化。

2．社群营销的价值

新媒体时代下，社群营销已经成为品牌和粉丝互动不可或缺的营销方式，是提高转化率最好的方式之一。社群具有互动性、多样性等特点，可以激发社群成员的创造能力与组织能力，促使社群产品、服务、功能等更加完善，促进社群经济的发展。也可以说，社群营销是通过社群的自生长、自消化、自复制能力来实现运转，并以社群成员的创造机制为链条进行发展并打造营销效果的。简单来说，社群营销的价值主要在于以下 3 个方面。

- **树立品牌形象**：树立品牌形象是一个长期的过程，品牌形象的塑造必须被大众广泛接受、长期认同和追随，而社群营销就可以使用户快速地了解、认识品牌。
- **促进产品销售**：无论是有共同兴趣的学习群，还是从个人目的出发的运动、减肥塑身群，在共同的价值观和营销活动的影响下，社群营销能够激起用户的购买欲望，促进产品的销售。
- **维护顾客黏性**：建立社群后，可以增加品牌与用户的互动和交流，使用户更深入地参与到产品的反馈升级及品牌推广中，主动为品牌的发展助力。

3．社群营销的必要条件

众多社群的成功营销案例也为营销人员提供了更有效的营销方向。建立社群并不难，但要让社群成功运转，则必须具备以下 4 个条件。

（1）社群定位。

社群由一群有共同兴趣、认知、价值观的用户组成。社群成员在某一方面的特点越相似，越容易建立起相互间的感情联系。因此在建立社群之前，必须先做好社群定位，明确社群要吸引哪一类人群。比如小米手机的社群，吸引追求科技与前卫的人群；"罗辑思维"的社群，吸引具有独立思考标签的人群；豆瓣的社群，吸引追求文艺和情怀的人群。当社群有了精准定位之后，才能推出契合粉丝兴趣的活动和内容，不断强化社群的兴趣标签，让社群用户产生共鸣。一般来说，社群的定位类型主要包括 5 种，下面分别进行介绍。

- **产品社群**：产品社群是指在一个社群内，以产品为核心，通过与群成员的互动而形成的社群组织。在这种社群中，产品就是群成员之间沟通的桥梁，起到增强群成员凝聚力的作用，同时，营销人员还可以加入群聊，通过与群成员之间的互动来促进产品的销售。

- **兴趣社群**：兴趣社群是基于共同的兴趣爱好建立起来的社群，如游戏社群、母婴社群、××明星粉丝自行组建的粉丝社群等，仅靠成员的兴趣支撑，但这种兴趣社群最容易促进消费行为的产生。例如在游戏社群里，大家谈论的是怎么做任务、有什么挖宝攻略等，如果有成员表示自己没有时间，群内成员顺势介绍自己知道的代练或自己可以代练，那么交易就完成了。

- **品牌社群**：品牌社群是用户对某一品牌产生了认同感，从而聚集在一起的社群。品牌社群是产品社群发展到后期的表现，群成员能够通过彼此的交流互动产生对品牌的共鸣。在这个社群中，营销人员需要考虑大家为什么加入这个品牌社群，是为了获取品牌的产品或活动信息、结交好友、解答疑惑，还是为了得到优惠，然后"对症下药"，这样就能很好地维系该社群并实现品牌的变现。

- **知识社群**：知识社群的本质类似于兴趣社群，是以学习交流、获得知识为目的的，自发形成的学习社群。例如英语学习社群、考研社群等，这类群体的定位是学习知识或资源交流而非社交，所以打造优质内容就成为该社群营销的重中之重。内容可以以文字、视频、图片等形式表现出来，或者是推荐图书、课程等。

- **互融社群**：移动互联网时代虽然社群种类繁多，各自定位清晰，但社群并不是封闭的，如果一个人同时加入了多个社群，且在各个社群中都有认识的朋友，他将这些没有联系的社群联合起来，就组成了互融社群。例如"罗辑思维"社群就是互融社群，它既是产品社群，又是兴趣社群和知识社群。再比如羽毛球社群和茶兴趣社群的融合等。这种互融社群的文案写作角度更多，也更容易完美地植入营销内容，如想要推广自己的茶馆就可以说"我家茶馆离附近的羽毛球场地很近，欢迎大家打球的时候来坐坐"，说不定就会引起后续的变现。

不管如何对社群进行划分，都是为了确定社群的基调，保证社群既能满足成员特定的价值需求，又能为社群营销人员带来回报，形成良好的自运行经济系统。为了更好地进行社群定位，在建立社群前，营销人员需要先明确建立社群的目的。每一个社群可能有不同的价值，但其目的大多比较类似，如销售产品、提供服务、拓展人脉、打造品牌、提升影响力等，确定了建立社群的目的，才可以更方便地进行社群定位。

（2）吸引精准用户。

要想精准地进行营销，必须拥有精准的用户，因此任何营销推广的前提都是对精准用户的细致分析，了解目标用户的消费观念、地域分布、工作收入、年龄范围、兴趣爱好和工作环境等。了解用户与社群定位相辅相成，了解用户更方便社群定位，准确的社群定位更有利于吸引精准的用户人群。

（3）维护用户活跃度。

社群成员之间的在线沟通多依靠微信、QQ等。对于社群营销而言，能否建立更加紧密的成员关系直接影响着社群最终的发展情况，因此用户活跃度也是衡量社群价值的一个重要指标。现在大多数成功的社群营销已经从线上延伸到线下，从线上资源信息的输出共享、社群成员之间的优惠福利，到线下组织社群成员聚会和活动，目的都是增强社群的凝聚力，提升用户活跃度。

（4）打造社群口碑。

口碑是社群最好的宣传工具，社群口碑与品牌口碑一样，都必须有好产品、好内容、好服务等的支撑，并经过不断积累和沉淀才能逐渐形成。一个社群要打造良好的口碑，必须先从基础做起，抓好社群服务，为用户提供价值，然后逐渐形成口碑，带动用户自发传播社群，逐步建立以社群为基点的社交圈，这样社群才能真正得到扩大和发展。

👤 知识补充

社群营销的个性化

随着社群营销的广泛应用，各式各样的社群不断涌现出来，甚至出现了很多类型相似、定位相同的社群。在这种环境下进行社群营销时，一定要为社群贴上明显的个性标签，使其与其他同类社群区分开来。同时还可以将标签打造成社群的个性化特色，以便从众多社群中脱颖而出。

5.2 社群的创建

要进行社群营销，首先需要建立一个社群，这样才能聚集一群有共同兴趣、认知、价值观的用户。当拥有一定的基础后，再去完善社群的结构，进行合理的管理和营销，同时保证社群有持续输出的能力，不断为成员创造价值，建立成员之间坚实的感情联系和信任关系，形成自运转、自循环的经济系统，才能让社群持续壮大，复制分化出更大规模的社群。下面就对社群的创建方法进行详细的介绍。

5.2.1 社群名称的设置

名称是社群的标识符号，是用户对社群的第一印象。社群成员可以通过社群名称来进行社群品牌的宣传，吸引更多具有相同爱好和价值观的用户成为社群的新成员。因此，设置社群名称是建设社群的首要任务。社群名称的命名方法主要有两种，下面分别进行介绍。

● **从构建社群的核心点来命名**：社群的核心构建点是形成社群的主要因素，以社群的核心点命名能增强社群的核心竞争力。例如，以社群灵魂人物来延伸命名，如"罗辑思维"的"罗友会"；以产品来延伸命名，如小米手机的"米粉群"；以服务延伸来命名，如定位为好友聚合的"K友汇"等。需要注意的是这种以社群核心点来命名的方法会让社群不容易被新用户识别，适合已经拥有大量粉丝群体的社群命名。

● **从目标用户的需求来命名**：根据目标用户群体的需求，在社群名称中包含能够吸引用户的需求点，便于用户辨认和识别，从而吸引新用户。如"爱跑团""干货帮""趁早"等。

两种命名方法各有优缺点，可结合这两种方法来命名，既方便用户辨认，又能够突出其核心竞争力，如"吴晓波书友会""秋叶PPT"等。另外，还要注意不要使用生僻、不易被用户识别的词语。

5.2.2 社群口号的确定

社群口号就是社群的广告口号或广告标语，是令人记忆深刻、具有特殊意义、特别重要的一句话或一个短语。社群口号对一个社群而言非常重要，可以起到宣传品牌精神、反映社群定位、丰富成员联想、清晰社群名称和标识等作用。好的社群口号，不仅可以向用户传达社群的核心竞争力，展现社群的个性魅力，激发用户的兴趣，还可以引起用户的共鸣和认同，吸引更多认同该口号的用户加入社群，成为社群的忠实成员，并以此为社群的精神追求。

社群口号可以从以下3个方面来确定。

● **功能特点**：以一句话来描述社群的功能或特点，简洁且直观，非常容易让用户理解。如"读好书，写好文""理财交流、监督，一起走向成功""同你喜欢的人一起学习绘画"等。

● **利益获得**：以社群能够带给用户的利益为口号，可以吸引对该利益感兴趣的用户，并使用户为了该利益而不断为社群做出贡献。如"行动派"社群的口号"做行动派，发现更好的自己"。

● **情感价值**：以精神层面的感情价值作为社群口号，可以吸引认可社群价值观的用户群体。这种精神层面的追求往往具有一定的延伸性，不仅能吸引更多志同道合的社群成员，还能对社群品牌和定位进行宣传，是社群口号更高层次的需求。如"趁早"社群的口号是"女性自己的活法"。

社群口号并非一成不变，在社群发展的不同阶段可以根据社群成员、社群定位和社群规模的变化进行修改。一般来说，在社群建立的初期常以功能特点、利益获得作为社群口号的出发点，以快速吸引用户加入社群。而发展到一定阶段的社群或具有一定成熟度的社群，由于社群已经具有一定的知名度，社群口号就可以往情感价值的方向进行定位，提升社群的市场竞争优势，以增强核心竞争力。

5.2.3　社群视觉形象的设计

社群一般有较多的社群成员，社群成员通过统一的、具有仪式感的元素来区分不同社群。它与明星应援类似，粉丝群通过印有明星头像、卡通形象、名字的各种灯牌、旗帜来进行区分，这些围绕明星设计的各种物件是粉丝对明星的另一种认知。社群也不例外，围绕社群名称、社群口号的各种视觉形象设计就是社群成员对社群的一种直观认识，可以作为社群线上线下活动的标识元素，如社群Logo就是社群视觉形象设计中最具代表性的一种，如图5-1所示。

图5-1　社群Logo

在社群Logo的基础上，社群还可以设计并制作出其他同类型的视觉元素，如邀请卡、胸牌、旗帜、纪念品等，适用于社群各种线上线下活动的开展。这些元素不仅能够作为辨别社群成员的依据，还是社群品牌的一个象征，起着强化社群形象的作用。图5-2所示为"罗辑思维"的Logo，图5-3所示为"罗辑思维"芜湖"罗友"分会场线下活动合影，社群成员以"罗辑思维"Logo为延伸，设计了线下活动旗帜，并与旗帜合影留念。

图5-2　"罗辑思维"Logo　　　　图5-3　"罗辑思维"线下活动合影

社群的成熟度不同，社群Logo也有不同的设计方法。对于新建的、没有

自己品牌的社群，需要从头开始进行社群 Logo 的设计，这类社群可以将社群核心人物、社群理念的卡通图形、文字等作为 Logo 设计的素材。成熟度较高、已经拥有自己品牌 Logo 的社群，可直接沿用当前的 Logo 或在此基础上进行修改、优化。

5.2.4　社群结构的明确

社群中的成员虽然拥有相同的兴趣，但不同成员之间的特质是不同的。正是这些不同的成员特性创造出了社群的多样性，才会让社群朝着更好的方向进化，保证社群的健康成长。一般来说，一个结构良好的社群主要有社群创建者、社群管理者、社群参与者、社群开拓者、社群分化者、社群合作者、社群付费者 7 种角色，下面分别进行介绍。

1．社群创建者

社群创建者是社群的初始创建人，一般为具有人格魅力、专业技能、出众能力的人，具有一些吸引用户加入社群的特质，对社群的定位、发展、成长等具有长远且正确的考虑。如"秋叶 PPT"社群是因为秋叶老师在 PPT 领域的影响力而汇聚起来的；"罗辑思维"的"罗友会"是由于罗振宇的个人魅力而形成的。

2．社群管理者

社群管理者是社群发展的基石，对社群的发展与维护起着至关重要的作用。要成为社群管理者需要具备良好的自控能力、责任心、耐心、决策能力、大局观，要以身作则、淡定从容、赏罚分明，能够帮助并团结社群成员，解决社群中发生的各种问题。

社群管理者与企业管理者类似，管理方法与原理都是相通的。但社群管理由于主要涉及线上，还有一些其他的新问题，因此需要社群管理者具备优秀的应变能力。同时，随着社群成员和社群规模的扩大，社群管理者也需要不断发展、扩充，这就要求社群管理者具备一定的人才挖掘和培养能力，以组建一个完整的社群核心管理团队。

一般来说，社群管理团队根据管理任务和管理内容的不同，可分为不同的管理层级，如管理员、副管理员、组长、实习人员等，如图 5-4 所示。

- **管理员**：负责整个社群的管理，包括社群管理结构的搭建、社群管理人员的培养、社群活动的规划、社群内容的输出等相关事宜，是决定社群发展方向与发展规模的成员。
- **副管理员**：负责社群数据的统计，以辅助管理员进行社群管理；同时还要负责管理其下层人员，以更好地维护社群的稳定发展。
- **组长**：副管理员所属的下层管理人员，主要负责社群中不同群的管理，包括社群活跃度、社群聊天、社群发言质量等具体事项的管理。

● **实习人员**：初级社群管理人员，主要负责社群基本事务的管理，如群成员打卡统计、新成员昵称提醒、群内容分享等。

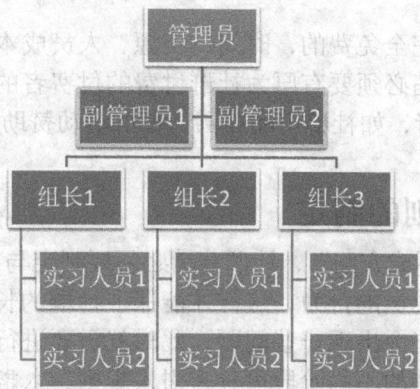

图5-4 社群管理层级

经过考核与成长后，低层级人员可以向管理人员或更高层级管理人员晋升，其顺序为实习人员→组长→副管理员→管理员。一般来说，社群管理员一经确定后不会轻易变动，否则容易影响社群结构的稳定性，造成社群成员的流失。

3．社群参与者

社群参与者是组成社群的成员，根据二八定律，社群参与者应该要有20%的高势能人群和中势能人群，以及80%的普通人群。通过这3种人群来丰富社群的成员结构。其中，高势能人群是社群中某个专业领域的人才，能够吸引中势能或普通人群加入社群并参与社群活动，属于社群参与者中的领导型人群。中势能人群具有一定的上升空间，能够通过学习提升自己的能力。普通人群是社群参与者中的大部分人群，主要起到活跃社群气氛的作用，他们在社群中有较大的提升空间，是社群最基础的人员。

一个健康的社群应该有不同势能的人群，能够通过丰富的势能人群来整合社群能量，促进社群成员之间的进步与提升，当社群发展到一定规模后还能吸引其他企业或第三方平台参与合作，给社群带来更大的经济效益。

4．社群开拓者

社群开拓者是社群的核心发展力量，需要具备优秀的挖掘社群潜能的能力，优秀的交流、沟通与谈判能力，能够在不同的平台中宣传与推广社群，为社群注入新鲜血液，并促成社群的各种商业合作。

5．社群分化者

社群分化者是社群大规模扩张的基础，他们一般具有非常强的学习能力，能够深刻理解社群文化并参与社群的建设。社群分化者是社群复制的关键人员，一般是从社群的老成员中精挑细选出来的。

6．社群合作者

正所谓"独木难支"，有一个长久的合作者更有利于社群的稳定发展。社群与合作者的关系可以是资源的互换、经验的分享、财力的支持等，但要求社群与合作者之间彼此认同、理念相符，同时具备同等的资源，以互惠互利。

7．社群付费者

社群营销并不是完全免费的，时间、资源、人员成本等累积起来是相当大的支出，因此社群营销必须要有愿为社群付费的付费者的支持，社群可以通过相关产品来吸引付费者，如社群产品购买、社群活动赞助等。

5.2.5 社群规则的制定

俗话说"无规矩不成方圆"，社群营销必须要制定与社群定位相符的规则，通过规则来约束社群成员的行为，这样才能保证社群的长远发展。当然，社群规则在运行过程中可能会出现一些问题，此时就需要进行规则的验证与完善。社群规则根据社群营销的不同阶段可分为引入规则、入群规则、交流规则、分享规则和淘汰规则 5 种，下面分别进行介绍。

1．引入规则

健康的社群结构应该是金字塔或环形结构的。金字塔结构是通过社群中的领袖为首吸纳群成员，其他优秀成员为分群群主的分散式结构。环形结构是指群里有多个领袖，各个领袖各有所长，但彼此之间有值得学习的地方。从中可以看出，最初加入的群成员对社群的发展与后期群成员的培养产生着巨大的影响，因此，不仅要保证社群领袖的实力，还要对进入社群的成员设限，以形成社群成员之间的高效连接，提升社群的整体实力。一般来说，社群成员的引入规则主要有 5 种，下面分别进行介绍。

- **邀请制**：邀请制适用于规模较小或专业领域实力较强的社群圈子。群主邀请具有一定实力的人入群，成为社群的成员。邀请制的社群一般对社群成员的能力要求较高，并可能有一些附加的条件，被邀请者必须在群中体现出自我的价值才不至于被替换、淘汰。这种社群引入规则可以保证在社群创建之初就有一定程度的社群质量，使社群始终高效、有序地运转，但由于要求较高，社群成员的数量一般不会太多。
- **任务制**：通过完成某项任务而成为社群的成员，任务有易有难，如转发消息并认证、集赞、填写报名表、注册会员等就是较为简单的任务，该方式在一些规模较大的社群中被广泛使用。提交作品、提供资质等就属于比较有难度的任务，如诗友社群常要求用户提交一首或几首创作的诗歌作品，由社群管理人员审核通过后才能正式成为社群成员。
- **付费制**：付费制与会员制类似，只要支付规定的费用就可成为社群成员。如"罗辑思维"的亲情会员需要付费 200 元。不同社群的付费标准不同，可根据社群的定位与所拥有的资源进行定价，一般来说，收费越高的社群，其质量也相对较高。
- **申请制**：申请制是指社群发布公开招募信息，申请者像应聘一样投递简历，经过书面或视频面试后，符合要求者才能成为社群的成员。这种引入规则要求申请者具备一定的才能，只有在众多竞争者中脱颖而出，才能成为社群的一员。

- **举荐制：** 用户通过群内成员的推荐方可加入社群，且推荐的社群成员有名额限制。这种规则适合知识型或技能型的社群，因为这种举荐制社群的引入规则是需要推荐人先向引入者介绍社群，并且因为有引入者熟悉的人在同一个社群中，可以加强新成员与社群老成员之间的互动。

2．入群规则

入群规则即加入社群后的一系列规则规范。新加入的社群成员需要通过入群规则明白以下 3 项内容。

- 这是一个什么社群？主要是做什么的？
- 进群之后"我"需要做什么？
- 如何向其他社群成员进行自我介绍？

针对以上 3 项内容，我们可以确定入群规则的相关内容。

（1）群成员命名规范。

刚加入社群的新成员名称不便于其他成员辨识与了解，应根据入群规则进行更改。一般包含身份、昵称、序号、归属地等元素，常以"序号＋身份＋昵称""序号＋身份＋归属地"的模式进行命名。

（2）群公告。

群公告是对群信息及规范的展示，主要涉及群成员的行为规范等一系列相关事宜。原则上来说，应该让成员知晓哪些行为是可以做的，哪些行为是禁止做的。如自我介绍、内容发表等就是社群鼓励新成员开展的行为；发广告、拉投票、争吵等就是社群禁止的行为。社群应该在群公告中明确群成员的行为规范。

3．交流规则

交流是社群成员最频繁的行为，若不规范社群成员的发言行为就会造成消息泛滥、发言质量不佳等问题。而规范的交流规则不仅可以提高社群成员活跃度，还可以培养社群成员良好的沟通和交流习惯，促使社群向规范化和正规化发展。一般来说，要对社群交流规则进行以下 5 个方面的规范。

- 发言时间、发言格式（字体字号和颜色设置等）、发言礼仪。
- 问题解决方法。
- 出现争论后怎么办。
- 恶意发言处罚。
- 怎么投诉。

新成员可能没有查看群规则的意识，群管理员需要引导并提醒新成员查看群规则，并按照规则执行。

4．分享规则

分享行为可以促进群信息的传播，加强社群成员之间的互动，提高社群的质量。社群分享规则可以根据社群的组成结构和人员分配来制定，分享方法一般有领袖分享、嘉宾分享、社群成员分享、总结分享 4 种。领袖分享主要适用于金字塔结构的社群，由具有极高威望的社群领袖进行分享；嘉宾分享是指邀请社群外的其他专家或红人进行分享，要求社群具有足够的吸引力或资金来进行邀请；社群成员分享是指依靠社群成员自身进行信息的分享，这种分享方式对社群成员的能力要求较高；总结分享是指发动社群中的每个成员分享自己的经验或学习所得，以促进社群成员共同进步。

5. 淘汰规则

随着社群的发展，社群的规模会越来越大、成员会越来越多，这就导致社群成员的质量参差不齐，因此要制定相应的淘汰规则，淘汰质量不佳的社群成员，留下对社群有贡献、有参与度的成员。社群淘汰规则有 3 种，分别是人员定额制、犯规剔除制、积分淘汰制。

- **人员定额制**：对社群成员的人数进行限制，规定社群的最多人数，如100 人，如果社群人数达到 100 人，则必须剔除与其他成员相比参与互动较少的成员，以保证社群的动态调整，使社群始终处于活跃状态。
- **犯规剔除制**：对影响社群正常发展的各种行为进行规则定制，如垃圾广告、辱骂他人等，可设置犯规的次数与处罚力度，若首犯可轻微处置，再犯则按照群规则处置，严重者应剔除出社群，以维持社群的正常秩序。
- **积分淘汰制**：制定社群成员参与活动即获得相应积分的规则，在某个时间段内进行积分的统计与分析，若积分未达到标准线说明社群成员参与度和社群贡献度不够，可淘汰不达标的成员并招募新成员。

5.3 社群团队的建设

一个成功的社群离不开社群团队的支撑，特别是当社群逐渐壮大后，秩序维护、宣传推广、活动策划等各个方面都需要管理，因此必须建立一支优秀的社群管理团队，才能保证社群继续健康地发展下去。

5.3.1 社群团队的结构

社群的发展几乎都要经历由小到大的过程，当社群发展到不同阶段时，需要有不同的结构对其进行支撑，下面对不同阶段对应的结构进行介绍。

- **社群建立初始阶段**：社群结构与其他组织一样，应该尽量做到层级精简，权责分明。层级精简意味着信息传达更加直接通畅，效率更高。在社群建立初期，社群组织者、领袖人物或者核心人物可以直接参与营销，再搭配一个或几个助手，负责信息的收集、整理和反馈等。
- **社群发展阶段**：当社群进入发展阶段后，如社群成员有了比较明显的分层，出现了比较核心的成员，可以对社群维护起到比较重要的作用时，可以将这些核心成员有效培养和利用起来。当然，由于此时社群规模扩大、人员增多，管理人员也应该根据实际需求有所增加，同时为了扩大社群影响力，还可以分别设置不同的管理组负责不同方面的管理事项，如负责公众号等平台推广的管理组、负责社群管理和活动组织的管理组、负责信息收集和反馈的管理组等。同时，由于管理人员增多，在设置社群群组时，可以将管理组和社群成员分开，社群的一般事宜可以先经由管理组讨论，再向社群扩散。

● **社群成熟阶段**：当社群进一步扩大、趋于成熟时，社群的组织结构则需要进行相应的细化。此时随着普通成员和核心成员的增多，可以分别为管理人员、核心成员、普通成员设置不同的群组，社群的一般事宜先经由管理组讨论，再征求核心成员的建议，优化后再扩散到普通成员群组。这个阶段的管理群组设置通常也更加完善和详细，如专门负责社群发展统筹的群组、专门负责社群宣传推广的群组、专门负责社群内容策划的群组、专门负责社群数据分析的群组、专门负责社群品牌扩大的群组、专门负责社群活动管理和人员管理的群组等。

　　不同的社群类型在结构的设计上各不相同，而建设社群团队的根本目的就是保证社群正常、持续地运转，因此社群团队需要根据社群所处的阶段、社群的营销要求、社群的营销情况等不断优化和升级。

5.3.2　营销人才的培养

　　当一个社群组建起营销团队构架后，就需要为相应位置引入对应的人才，对于社群团队而言，人才的发现、人才的培养、人才的维护都非常重要。

1．人才的发现

　　随着社群的发展壮大，为了避免营销团队的老成员因负担太重而流失，社群营销者一定要积极从社群核心成员、积极成员中挖掘新的营销者，并将他们融入老成员的营销团队。发现新人和培养新人可以为社群营销团队输出优质人才，同时新人作为营销团队的后备力量，可减少社群管理成员出现严重断层的情况。

　　（1）人才的特征。

　　在社群营销中，一个优质的人才通常具有一项或几项比较出众的特质，如才华出众、行动力强、可以稳定产出优秀内容等。

● 才华出众是指在文字、图片、视频等作品上具有较好的表现，或具有较好的组织、沟通、协调、运作能力，或具有优秀的社交能力，可以妥善处理各方关系。

● 行动力强是指可以发起或组织一个完整的活动，对所安排的任务可以快速执行并反馈。

● 稳定产出是指可以持续创造质量较好的内容。

具有上述资质的人才通常可以为社群团队做出更多的贡献，同时也可以降低社群的人才培育成本。

> **知识补充**
>
> ### 社群团队成员的其他特征
>
> 除了上述特征外，一些社群成员还拥有资源优势，比如在某个地区、某个行业中拥有一些资源，可以为社群活动的开展提供便利。当然，不管是拥有哪一种特征的人才，都必须与社群保持相同的价值观，认同社群文化，只有这样才可能与社群共同成长和发展。

（2）发现人才。

人才的挖掘和发现并没有固定的渠道，可以通过任务的完成情况、活动的组织情况发现人才，也可以通过招募和老成员推荐发现人才。在发现人才后，并非立刻就要为其安排活动或进行授权，可以适当安排一些项目或任务，对其能力进行测试和考查，再根据结果进行后续的培养安排。此外，一定的制度激励也可以发现人才，比如通过设置具有激励作用的制度，刺激新人不断展示自己、提升自己，从而获得更大的空间和平台。

（3）吸引人才。

一个优秀的社群可以吸引各种具有不同特质的优秀人才加入，有些人加入是因为喜欢与更多人分享自己的知识和观点，有些人加入是为了探索更多自己感兴趣的领域，有些人加入是为了将自己在社群中的成长反哺给更多喜欢社群的人，有些人加入是为了进行人脉、影响力等资源互换。因此，当一个社群拥有一定的口碑和曝光度之后，就能够吸引人才主动加入社群。

2．人才的培养

通常来说，有能力、积极主动、有团队精神的新人更适合被培养。在培养新人的过程中，首先需要明确新人的定位，根据其特质采取不同的培养方案，比如针对内容创作的培养方案、针对活动组织的培养方案等，还可以指定一位老成员对其进行协助指导。在新人完成某个项目或任务后，应该对其完成的效果进行总结复盘，同时制定相应的升级考核制度，激励新人不断优化工作，提升效率。

3．人才的维护

对于任何营销团队来说，稳定性都是非常重要的，社群营销者必须对社群人才进行维护，防止人才的流失。

一个社群的核心成员流失，会对社群造成非常不利的影响。一般来说，造成社群人才流失的主要因素包括：工作量太大导致难以同时兼顾生活、付出和回报落差较大、无法在社群中得到认同感、无法在社群中继续成长、团队中产生矛盾，或者社群发展不良、优秀人才离开等。

所以，为了防止人才流失，必须针对这些因素进行改进。完善社群的运营流程和组织构架，让核心成员可以保持正常的工作节奏，可以有弹性地协调工作，不必在社群和工作生活中左右为难；控制营销规模，清晰规划社群的未来发展方向，让营销团队有默契的工作氛围、合理的工作回报和广阔的成长空间；注重营销团队的感情建设，加强核心成员之间的联系；增强社群的品牌影响力，保持社群的健康发展，提升社群的价值，避免因社群本身的问题造成人才流失。

5.4 社群活动的策划与开展

在成功建立社群后，要想保持社群的活跃度，必然需要策划并开展社群活动，增强社群的凝聚力。策划、开展社群活动是保持社群活力和生命力的有效途径，也是加强社群成员情感联系、培养社群成员黏性和忠诚度的有效方式。社群活动形式十分多样，如分享、讨论、签到、红包、福利、线下聚会等都是社群活动的常见形式。下面就从线上活动、线下活动两个方面介绍社群活动的策划与开展。

5.4.1 社群线上活动

要保持社群的活跃度，社群分享、社群交流、社群福利、社群打卡等都是十分有效的方式，可以不同程度地活跃社群，提高社群成员的积极性。

1. 社群分享

社群分享是指分享者面向社群成员分享一些知识、心得、体会、感悟等，也可以是群成员之间针对某个话题进行的交流讨论。专业的分享通常需要邀请专业的分享者，也可以邀请社群中表现杰出的成员进行分享，提高其他成员的参与度和积极性。一般来说，进行社群分享，需要提前做好相应的准备。

- **确定分享内容**：为了保证分享质量，在社群分享之前，应该对分享内容、分享模式进行确认，特别是对于没有经验的新手分享者而言，确定内容和流程必不可少。
- **提前通知**：在确定分享时间后，应该在社群内提前反复通知分享信息，以保证更多的社群成员能够参与进来。
- **分享暖场**：在分享活动开始前的一段时间里，最好有分享主持人对分享活动进行暖场，营造一个好的氛围，同时对分享内容和分享嘉宾进行适当的介绍，引导成员提前做好倾听准备。
- **分享控制**：为了保证分享活动的秩序，在分享开始前，应该制定相关的分享规则，约束社群成员的行为，如分享期间禁止聊天等。在分享过程中，如果出现干扰嘉宾分享、讨论与分享话题不符的内容等情况，控场人员应该及时进行处理，维护好分享秩序。

- **分享互动**：在分享过程中，如果嘉宾设计了与成员互动的环节，主持人应该积极引导，甚至提前安排活跃气氛的人，避免冷场。
- **提供福利**：为了提升社群成员的积极性，在分享结束后，可以设计一些福利环节，为表现出彩的成员赠送一些福利，促使社群成员积极参与。
- **分享宣传**：在分享期间或分享结束后，可以引导社群成员对分享情况进行宣传，社群营销团队也应该总结分享内容，在各种社交媒体平台进行分享传播，打造社群的口碑，扩大社群的整体影响力。

2. 社群交流

社群交流是发动社群成员共同参与讨论的一种活动形式。只需挑选一个有价值的主题，让社群的每一位成员都参与交流，通过交流输出高质量的内容。与社群分享一样，社群交流也需要经过专业的组织和准备。

- **预备讨论**：对于社群交流来说，参与讨论的人、所讨论的话题都是必须优先考虑的问题。一个好的话题往往直接影响着讨论效果，通常来说，简单、方便讨论、有热度、有情景感、与社群相关的话题更容易引起广泛的讨论。除了确认参与成员、话题类型外，话题组织者、主持人、控场人员等也必不可少，合理分配角色，及时沟通，可以保证在社群交流时不出现意外事件，给交流一个良好的秩序和氛围。
- **预告暖场**：在社群交流活动开始之前，最好有预告和暖场阶段。预告是为了告知社群成员活动的相关信息，如时间、人物、主题、流程等，以便邀请更多成员参与活动。暖场是为了保持活动的积极性，让活动在开场时有一个热烈的氛围。
- **进行讨论**：话题交流活动在正式开始后，一般按照预先设计好的流程依次开展即可，包括开场白、讨论、过程控制、其他互动和结尾等。需要注意的是，与社群分享一样，当讨论过程中讨论重点过于偏离主题，甚至出现与主题无关的话题等情况时，控场人员要及时进行控制和警告。
- **结束讨论**：在社群讨论活动结束后，主持人或组织者需要对活动进行总结，将比较有价值的讨论内容整理出来，总结活动的经验和不足，并可以对活动进行分享和传播，扩大社群的影响力。

3. 社群福利

社群福利是提高社群活跃度的一个有效工具，一般来说，不同的社群通常会采取不同的福利制度，也可以多种福利形式结合使用。

- **物质福利**：物质福利是指对表现优异的成员提供物质奖励，一般为实用物品，或者具有社群个性化特色的代表性物品。
- **现金福利**：现金福利是指对表现优异的成员提供现金奖励，多为奖金的形式。
- **学习福利**：学习福利是指对表现优异的成员提供学习类课程奖励，如免费参与培训、免费报读课程等。
- **荣誉福利**：荣誉福利是指对表现优异的成员提供相应的荣誉奖励，如颁发奖状、证书，或给予设定的头衔、称号等。荣誉福利若设置合理，可以很大程度地提高社群成员的积极性。

● **虚拟福利**：虚拟福利是指对表现优异的成员提供暂时虚拟的奖励，如积分，当积分达到一定程度的时候，成员就可以领取相应的奖励。

4. 社群打卡

社群打卡是指为了使社群成员养成一种良好的习惯，或为了培养社群成员良好的行为而采取的一种方式。社群打卡有监督并激励社群成员完成某项计划、促使成员不断进步的作用。

（1）打卡规则的设置。

社群打卡如果没有设置严格的规则，很难持续进行下去，从而很难获得良好的效果。一般来说，为了保证社群成员能够坚持打卡，积极实现个人目标，管理人员主要可以从以下方面设置社群打卡规则。

● **押金规则**：设置押金积分制度，入群成员需交纳一定押金，完成目标后退还押金，未退还的押金则作为奖金，奖励给表现优秀的成员。在判断完成度时，可以制定积分制度，设置积分加减项目，同时积分也可以作为优秀成员的评判标准。

● **监督规则**：监督规则是指管理人员对社群打卡情况进行统计、管理和监督，并通过消息或通知发布打卡情况。监督规则一方面可以激励未打卡的成员积极完成打卡；另一方面通过公布已打卡成员的打卡情况，使坚持打卡的成员产生自己的付出"被看到"的感觉，从而有持续打卡的意愿。

● **激励规则**：激励规则是指为持续打卡、表现优秀的成员设置特殊的奖励，奖励可以是多种形式的，如物质、精神、荣誉等，也可以根据打卡成员的个性、特色、职业等为其设置专门的奖项，体现个性化，提高社群成员的积极性。

● **淘汰规则**：淘汰规则是指制定淘汰制度，淘汰打卡完成度不高的社群成员。

为了保持社群成员持续打卡的积极性，建议定期或者不定期对社群规则进行优化和升级，总结每一次的打卡情况，增加体验感更好的规则，删除效果不好的规则，保持社群成员持续打卡的热情。

（2）打卡气氛的营造。

一个积极健康的打卡社群，必定拥有良好的打卡氛围，这可以鼓励社群成员坚持在社群中打卡，加强成员对社群的情感联系和认同感。下面对有利于营造社群打卡氛围的一些主要因素进行介绍。

● **榜样**：榜样是一种可以持续激励人们前进的力量，社群打卡是一件十分需要毅力的事情，当然也需要榜样的引导和激励。对于社群打卡的运营者而言，一定要起到榜样的作用，让其他成员看到榜样的坚持，产生跟随的动力。

● **鼓励**：很多人加入社群打卡的目的是让自己变得更好，但是打卡需要长期坚持，所以他们需要从同伴的鼓励中获得继续下去的动力。当打卡人觉得自己受到了同伴的关注时，就会不断自我激励，完成更多事情。

- **竞争：**一个社群中如果有一部分普通成员拥有积极向上的精神，就能带动其他成员，为整个社群营造出积极的氛围。所以设置竞争机制刺激成员进行打卡也十分重要，比如给积极参与打卡的人更多权限或奖励，培养更多社群榜样。在设计竞争机制时，可以在适当范围内为社群成员分层，优秀者可以晋级到上一层，反之淘汰到下一层，当然对于淘汰者，也需要进行鼓励。也可以设计物质奖励、精神奖励等措施，对优秀成员的持续输出起到持续的激励作用。

- **惊喜：**惊喜是指不定时为社群成员发放一些意料之外的福利，如奖励免费课程，邀请名人进群分享等，不仅可以为社群成员带来新鲜感，还能让他们觉得加入社群打卡很有价值。

- **感情：**社群是一个需要在成员之间建立感情连接的场所，在打卡的过程中，有很多值得挖掘的打卡故事，如带病坚持打卡、深夜坚持打卡等。这些有温度的事情十分有利于建立社群成员之间的感情连接，让他们被坚持者的行为感动，并努力成为社群中的优秀成员。这种感情连接，不仅增强了成员之间的黏性，而且让成员之间更容易形成约定，如约定一起打卡××天，××天帮助一个公益项目等。

5.4.2　社群线下活动

在 O2O 时代，线上线下相结合才是顺应潮流的营销方式，社群营销也不例外。虽然线上交流限制更少、更轻松自由，但线下交流更有质量，也更容易加深感情。一个社群中的成员，只有在从线上走到线下的过程中，才能建立起成员之间的更多联系，让感情联系不再局限于社交平台和网络，而进一步连接到生活、兴趣圈、朋友圈、人脉圈中，联系越多，关系越牢固。

1．线下活动的类型

对于社群而言，线下活动主要包括核心成员聚会、核心成员和外围成员聚会、核心成员地区性聚会等。在这几种聚会方式中，核心成员和外围成员聚会的人数更多、组织难度更大，核心成员地区性聚会的组织更方便、更容易。当然，不管是哪一种聚会形式，在聚会过程中，都可以实时发布一些聚会实况到社群或社交平台。这样，一方面可以增加社群影响力，增加成员对社群的黏性；另一方面也是持续提高和保持社群活跃度的有效方法，可以刺激更多人积极参与线下活动。

2．线下活动的策划

社群的线下活动根据其规模的大小，会表现出不同的组织难度。为了保证活动的顺利开展，在活动开始之前必须有一个清晰完整的活动策划，方便组织者更好地把控活动全局。活动策划要做到有计划、有目的、有质量。

（1）活动计划。

活动计划是指对活动的具体安排，主要内容包括活动策划团队名单、任务分配模式、宣传方式、报名方式、活动名称、活动主题、活动目的、活动日期、活动地点、参与人员、参与嘉宾、活动流程、费用、奖品、合影以及后续推广等。为了更好地对活动全程进行控制，在写活动计划时，通常还需要制作一个活动全程的进度表，如活动总共有几个阶段，每个阶段的主要内容是什么，在什么时间节点进行什么环节等。

（2）团队分工。

通常社群类型和活动目的不同，其线下活动的内容和流程就会不同，对应的团队分工也会不同。一般来说，社群在策划线下活动时，主要需要进行以下分工。

- **策划统筹**：策划统筹是指负责制定活动方案，把控活动方向，统筹活动安排等。
- **线上宣传推广**：线上宣传推广是指在确定活动信息后，需要组织线上管理人员对活动进行推广，如在社群、公众号、微博、豆瓣、论坛、知乎等平台进行宣传，设计和发布活动海报，邀请媒体等。此外，也可收集活动参与人员关于活动的建议，反馈给策划统筹人员，以便进一步对活动方案进行优化。在活动开展的过程中，宣传人员还可以对活动进行直播、发布游戏、奖品、分享等的照片。
- **对外联系**：对外联系人员是指负责筛选和洽谈活动场地、活动设备，邀请活动嘉宾的人员。该人员必须确认活动场地和设备正常无误，活动嘉宾的邀约和分享文稿无误。为了方便及时沟通，对外联系人员可以制作一份活动重要人员的通讯录。
- **活动支持**：活动支持主要是指引导签到（现场签到、引导人员入场、发放入场前的物料等）、PPT的播放、活动开展过程中的录影拍摄以及主持人的工作安排（介绍活动主办方、活动的主题，掌控活动流程）等。
- **总结复盘**：总结复盘是指对活动的效果进行总结和反馈，生成复盘报告，为下一次的线下活动提供参考资料。

团队分工可以保证活动有序开展，设置了合理的团队分工并明确各组的具体任务后，不管是在活动筹备期、活动宣传期、活动进行期还是在活动复盘期，都可以做到有条不紊。

📊 课堂实训

实训1 分析"十点读书会"社群的营销之道

实训目标

"十点读书会"作为一个学习型社群，是社群营销的典范。请试着了解十点读书会，并对其进行分析。

实训思路

"十点读书会"作为社群营销的典范，其营销的思路和方式非常值得我们学习，接下来就从 4 个方面分析"十点读书会"的成功营销之道。

（1）同好。十点读书会以阅读分享书籍、美文为出发点，吸引了具有共同价值观、爱好、兴趣的人群。

（2）结构。十点读书会建立了成熟的运营结构，制定了完整的社群规则和规范，维护社群的秩序和控制群成员的质量，同时还开通了微社区，满足了社群成员交流的需求。

（3）输出。通过营销公众号不断推送优质文章，扩大影响力；推出电台等众多栏目，定期邀请嘉宾分享；激励社群成员投稿，提升社群的整体力量。

（4）运营。招募管理员、群助手、线下读书会的班长，让他们来帮助管理社群，增加了成员的集体归属感。除了开展线上活动外，还组织了线下读书会，提高了社群成员的参与感。

实训 2　创建一个旅行分享社群

实训目标

假如你是某旅行社的营销人员，现在需要创建一个旅行分享的社群，请试着对社群的名称、口号、Logo 等进行设置。

实训思路

建立社群之前，首先需要对社群进行定位，明确社群要吸引哪一类人群。旅行分享社群吸引的主要人群就是热爱旅游的人群，社群主要进行目的地结伴、攻略的分享，以及旅行活动、线路的规划等。在对社群定位后即可对社群的名称、口号、Logo 等进行设置。

（1）社群名称。该社群可以根据目标用户的需求来命名，如"说走就走的旅行""我们一起去旅行"等，也可以以"机构＋地域"的方式进行命名，如"××成都旅行"等。

（2）社群口号。针对社群不同的发展阶段，其口号也可以相应地进行修改，在社群建立初期，可以以功能特点、利益获得为社群口号的出发点，如"一次旅行，深度联结"等。发展到一定阶段之后，社群的口号可以从情感价值的方向出发，如"漫漫人生路，××伴君行"等。

（3）社群 Logo。社群 Logo 应当围绕社群名称、社群口号设计，旅行分享类的社群可以将社群理念的卡通图形、文字或者具体的旅游景点照片等作为设计 Logo 的素材。

课后练习

练习1 了解当前营销比较成功的社群并对其进行分析

请试着了解当前营销比较成功的社群，如"罗辑思维""秋叶PPT"等，并分析这些社群的共同特征，简单举例说明。

练习2 介绍社群活动的开展方式

简单介绍目前比较常用的、可以提高社群活跃度的社群活动（包括线上活动和线下活动）的开展方式，说明社群线下活动的开展主要有哪些阶段，每个阶段需要进行哪些工作。

拓展知识

1. 社群难以长久运转的原因

社群的长期发展需要社群组织者和社群成员的共同努力，一般来说，具有组织感、仪式感，能让成员产生归属感、参与感的社群更容易长久运作；反之，缺乏这些特质的社群就很容易出现各种问题。下面对影响社群长久运转的主要因素进行介绍。

- **失去定位**：失去定位是指社群自身一开始就没有明确的定位，或者在管理中没有彻底贯彻社群的定位思想，使社群逐渐偏离最初的轨道，社群成员缺乏共同的话题，很少讨论与社群主题相关的话题。社群中缺乏分享有价值话题的成员，不仅会降低社群本身的价值，而且无法培养社群成员的主人翁意识，成员难以形成对社群的黏性和忠诚度。因此在建群之初和社群发展期间，都应该事先明确社群的主题、定位、分享机制，这样才能保证社群持续长久地运转。

- **缺乏引导**：一个缺乏管理和引导的社群很容易沉寂。发展社群有一个很重要的思想，叫弱中心化。一个社群如果完全去中心化，很容易沦为聊天群，降低社群质量。然而，也有很多人认为社群有领袖、有管理、有规则就违背了"弱中心化"的宗旨，这当然是不对的。一定程度的社群引导和管理，可以激励社群成员共同参与社群运营，共同创造有价值的内容，使社群内容不再由特定人群产生，使社群内的沟通更加积极通畅。任何社群都需要优秀的运营和管理，才能保持健康地发展，所以社群管理、社群规则、社群领袖与弱中心化并不冲突，它们都是社群运营中必不可少的部分。

- **过于约束**：部分社群在规模扩大后，为了加大管理力度，群主会制定非常严格的群规，如制定非常严格的考勤、活动制度等。社群实际上类似于一个网络组织，如果群内规则太多、约束太深，会大大增加群成员的压力，使成员难以平衡生活、工作和社群，甚至无法从社群中得到放松和收获，从而导致社群成员流失。一般来说，一个社群的群规，最好经过群成员的讨论，获得更多成员支持的群规更容易被遵守。因此，对于社群而言，顺应大众制定的群规才可以让社群更加长久地运转。

- **频繁骚扰**：社群骚扰一般包括广告骚扰和聊天骚扰两种形式。如果社群中经常出现广告信息，很容易使群内成员感觉社群不够专业。如果闲聊情况比较多，也很容易打扰其他成员的正常工作和生活。所以群主和管理者必须对骚扰情况进行控制，社群内并非不能发广告，但不能直接发垃圾广告或硬广告，发广告的同时最好可以给群内成员一些福利，同时合理控制社群成员的闲聊时间。

- **内容枯燥**：内容枯燥一般是指社群中的讨论内容比较枯燥，或者活动方式比较枯燥。社群成员加入社群一般都基于某种目的，满足成员的目的就不会使社群显得枯燥。目前，比较受欢迎的活动形式大多是定期分享，特别是一些大型社群，通常会由群主和管理者提前协调好群成员的时间，每周规划 1 ~ 2 个主题，在特定时间邀请不同群成员或者外来嘉宾进行分享，刺激成员一起讨论和交流，从而增强社群成员的主人翁意识，引导社群成员自主为社群创造有价值的内容。

- **人才蒸发**：当一个社群对新成员的引入管理不当，致使社群日常交流和分享质量下降时，就很容易导致优秀成员流失。因此，社群运营一定要设定门槛，把控社群成员的行为和质量，或者对核心成员进行分群管理，再使用其他群对新加入成员进行筛选。

- **成员陈旧**：成员陈旧与人才蒸发相反，当一个社群长时间缺乏新成员的加入，就很容易失去活跃度，陷入沉寂。社群需要新成员带来新活力，持续调动旧成员的积极性。通常来说，当一个社群在设置入群门槛时筛选得越仔细，后期的成员流失率就会越低。同时，为了增加社群成员的归属感，增强成员的社群主人翁意识，还可以为加入社群、活动纪念等事件设计一些仪式，让社群成员更愿意为社群付出，并能主动为社群引入新鲜血液。

2．社群的运营准则

互联网发展带来的信息流，促进了社群经济的产生，并使其逐渐发展成基于互联网的新型商业模式。不管是电商社群、兴趣社群、知识社群，还是行业社群，都能通过合理的运营带来可观的经济效益。下面将介绍社群的运营准则，让用户可以进一步理解并掌握社群运营，提升社群运营的效率。

（1）核心价值定位。

核心价值定位是一个社群生存发展的基础，也是社群的目标导向。核心价值定位并不是简单的社群定位，而是可以让社群从众多同类社群中脱颖而出的优势和竞争力，这是做社群必须思考的问题。很多成功的社群都是基于自身产品发展起来的，比如小米社群的重点是小米的多样玩法，"罗辑思维"社群围绕着社群领袖罗振宇，这些都是社群的核心竞争力。

（2）有效引导。

很多社群在发展初期非常活跃，然而经过一段时间的发展后，就很容易变成沉寂的"死群"或者没有意义的聊天群，这些都是群内缺乏引导的表现，下面对常见的引导方式进行介绍。

- **规则引导**：规则规范可以让社群更加长久地运转，社群的稳定发展与严谨的规则密不可分。在创建和发展社群时，应该对社群的新加入成员进行筛选，成员的加入和退出都应该有相应的要求，社群内部的行为规范应该统一。良好的社群规则可以培养独特的文化共识，增加社群成员的荣誉感。除了社群规则外，群内运作机制也是社群日常事务管理中的重要部分，适当的激励机制、角色分工可以让社群成员保持活跃，保证社群的规范化运作。

- **人工引导**：除了社群规则，人工引导也是社群引导中非常有效且重要的部分。人工引导包括管理人员的引导和领袖成员的引导，可以对群内成员起到示范引导的作用，让社群不偏离最初的定位。同时，领袖成员普遍具有一定的能力，更容易获取社群成员的信任。

- **活动引导**：社群的活跃度需要活动的刺激，活动具有宣传拉新、增强成员黏性、提高社群活跃度的作用，在活动预热和开展期间，群内讨论的话题也非常容易强化社群的主题。一般来说，活跃度越高的社群，社群内部的联系和黏性就越强。比如小米社群，在手机的调研、开发、宣传等各个环节举办大量的线上线下活动，有效地增强了社群内部成员间的交流、提高了成员的参与感，还培养了社群成员的荣誉感。

（3）控制规模。

每个社群都有自己的成长阶段和成长周期，当社群逐渐发展起来，吸引了大量用户加入后，就需要对社群规模进行控制和管理。如果社群中新成员太多，很容易使社群的日常讨论沦为普通的咨询，领袖人物和资深成员日渐沉默，社群缺乏专业、有效的引导，从而使有价值的社群沦为普通聊天群。

第6章 短视频营销与直播营销

随着《舌尖上的中国》电视节目的播出,各色美食和由此衍生出的美食栏目便受到用户的广泛关注。基于此,二更视频携手一直播、微博旅游出品了一档直播美食栏目——《一个人的美食》。节目主要采用"直播+短视频"的方法讲述美食的故事。随着节目的播出,其热度节节攀升,首期《绩溪臭鳜鱼》就取得同时在线观看人数32万多人、总播放量500多万次的惊人成绩,当日出现在微博话题榜首位。不到三个月,这档节目就获得了全网播放量累计破亿的好成绩。

新媒体时代,企业竞争越来越激烈,产品同质化现象越来越严重,企业之间的竞争不再仅限于产品、价格、价值的竞争,还有渠道、营销方式的竞争,谁能快速传播信息、占领市场,谁就能率先获得竞争优势。在这样的大环境下,短视频和直播这种直观、真实、全面的营销渠道开始展现出巨大的营销价值,并逐渐被更多的个人或企业应用到产品和品牌的推广活动中。下面就对短视频营销与直播营销的内容进行详细介绍。

学习目标

● 了解短视频的内容分类
● 掌握短视频内容的定位和营销策略
● 了解短视频的制作与发布方法
● 了解短视频营销的优势
● 了解直播营销的基本概述、主要特点和优势
● 熟悉短视频营销和直播营销的主要运营平台
● 掌握直播营销的常用模式
● 掌握直播活动的内容安排

技能目标

● 能够定位短视频的内容,并制作发布短视频
● 能够熟练掌握短视频的营销策略并学会运用
● 能够掌握直播营销的常用模式并进行营销
● 能够独立策划、完成直播活动

6.1 短视频营销

短视频凭借创作门槛低、参与性强且易于传播的特性成为当下热门的营销方式。下面就对短视频营销进行详细的介绍。

6.1.1 短视频内容的类型

短视频是指在各种新媒体平台上播放、适合在碎片时间观看、高频推送的视频内容,时长从几秒到几分钟不等。短视频的内容融合了技能分享、幽默搞怪、时尚潮流、社会热点、街头采访、公益教育、广告创意、商业定制等主题,既可以单独成片,又可以开设系列专题栏目。总的来说,短视频内容主要包括10种类型,下面分别进行介绍。

- **颜值/生活类**:多为旅游、个人自拍等和生活相关的内容,一般只有具有一定粉丝基数和较好容貌的用户或明星才能获得大量的点赞和关注。
- **舞蹈类**:多为一些身材苗条、穿着时尚的年轻人拍摄的舞蹈片段,如在跳舞机上跳舞,跳街舞、钢管舞等。其主要受关注的点在于舞蹈者的衣着、身材以及舞姿。
- **趣闻/搞笑类**:此类视频旨在通过其夸张搞笑的效果来吸引人们的关注。如生活中遇到的有趣事件、场景、搞笑段子或恶作剧等。
- **美妆/穿搭类**:内容多为展示护肤化妆的技巧和服饰鞋包的搭配方式,通过潜移默化的方式向受众推销产品或品牌。创作者多为网络红人,通过多变的造型和前卫的穿搭吸引喜欢新鲜事物的年轻群体追随和模仿。
- **搞笑音乐类/电视剧情重现类**:创作者通常会配合搞笑、有意思的音乐做出夸张的肢体动作,或是对一些经典的电视剧情对口型或者场景重现。此类短视频是将生活中戏剧性的情形,通过创意加工后演绎出来,起到出人意料的效果。
- **儿童/宠物类**:通常是家里孩子或宠物日常生活中的有趣或者搞笑片段,以其可爱、活泼来打动人。其主要受众为一些年轻父母或喜爱宠物的人群。
- **情感共鸣类**:根据简单的场景,将生活中大家都非常珍视的感情,如友情,以短视频的方式重新演绎,配上煽情的文案,很容易引起受众的情感共鸣。
- **实用知识类**:这类短视频主要是分享一些如生活的小窍门、美食制作方法等内容,如快速清理掉粘在裤子上的口香糖的方法,简单去除毛衣上的毛球的妙招等。这类短视频的内容既直观又实用,能够获得更多用户的收藏与转发。

- **实事热点类**：主要是紧跟当前热点事件，拍摄一些与热点事件有关的内容，比如对事件的评论或者模仿。
- **开箱测评类**：一些网络达人站在用户的角度，从拆开快递包裹开始，逐步向粉丝展示产品外观，介绍产品特点，简单试用产品，并对产品做出正面评价，以刺激用户的购买欲望。

6.1.2 短视频的运营平台

进行短视频营销前首先需要选择合适的视频运营平台，再根据目标用户的需求制作短视频内容。

秒拍、抖音、美拍、快手、小咖秀等都是比较主流的短视频平台，其功能类似。企业可根据输出内容与目标用户的定位来选择合适的营销平台。下面主要介绍7种比较火爆的运营平台，营销人员可据此举一反三。

- **秒拍**：秒拍是一个集视频观看、剪辑和分享于一体的短视频分享类软件。
  秒拍拥有众多知名明星加盟，可以观看搞笑、娱乐、明星、游戏、小品、影视、生活、汽车、运动等短视频，并且通过精准的数据算法为用户推荐与兴趣匹配的短视频，以满足用户对视频的需求。用户可以通过秒拍拍摄视频并同步分享到微博、微信朋友圈、QQ空间，和更多好友分享视频内容。秒拍是一款非常受用户喜爱的短视频软件，如图6-1所示。

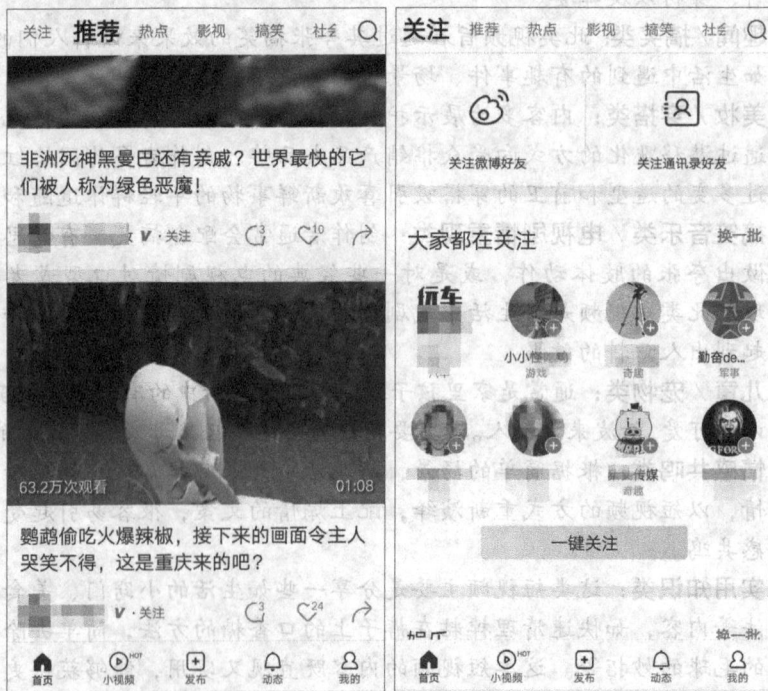

图6-1　秒拍

● **抖音**：抖音是一款可以拍短视频的音乐创意社交软件。用户可以在抖音中选择歌曲，拍摄一段 15 秒的音乐短视频并上传，以展示自我个性。抖音中的内容主要包括潮流音乐、搭配舞蹈、表演等形式，可以通过多种特效、滤镜和场景的切换来编辑短视频内容，打造精美的短视频，如图 6-2 所示。

图6-2 抖音

● **快手**：快手是记录和分享用户生活的平台，每天会更新数百万的原创新鲜视频。快手的前身叫"GIF 快手"，诞生于 2011 年 3 月，最初是一款用来制作、分享 GIF 图片的手机应用。2012 年 11 月，快手从纯粹的工具应用转型为短视频社区，用于帮助用户记录和分享生活，如图 6-3 所示。

● **美拍**：美拍是一款可以直播、制作小视频的，受年轻人喜爱的软件。2014 年 5 月上线后，连续 24 天蝉联 App Store 免费类手机应用下载总榜冠军，并成为当月 App Store 全球非游戏类手机应用下载榜的第一名。其内容十分丰富，有搞笑、美妆时尚、美食、音乐、舞蹈、吃秀等多个频道，并诞生了一系列全民参与的火爆活动，其中，"全民社会摇""扭秧歌"还因庞大的参与规模成功创下吉尼斯世界纪录。2016 年 1 月，美拍推出了"直播"功能，同年 6 月推出"礼物系统"功能，不管是拍摄短视频还是直播都可以接受粉丝的在线送礼，迅速成为最有代表性的娱乐直播平台。美拍中参与直播的不仅有明星、"网红"，还有国际机构、媒体、企业等，如图 6-4 所示。

图 6-3　快手

图 6-4　美拍

- **梨视频**：梨视频属于资讯类视频平台，是由资深媒体团队和全球拍客共同创造的，专注于为年轻一代提供适合移动终端观看和分享的短视频 App，于2016年11月3日上线。梨视频中大部分视频的时长都控制在30秒到3分钟之间，力求展现新闻事件最精华的内容，如图6-5所示。

图6-5 梨视频

- **火山小视频**：火山小视频是一款15秒原创生活小视频 App。火山小视频是今日头条旗下，内嵌于今日头条的短视频 App。火山小视频可以帮助用户迅速获取内容，展示自我，获得粉丝。用户可以通过拍摄优秀的原创短视频或者视频直播来获取"火力"和礼物，然后提现。火山小视频要求拍摄的视频要有自己的特色，如图6-6所示。

- **小咖秀**：小咖秀是一款自带搞笑功能的视频拍摄应用，用户可以配合小咖秀提供的音频字幕像在 KTV 唱歌一样创作搞笑视频，同时小咖秀还支持视频同步分享。小咖秀内置了很多经典的音乐和影视桥段供拍摄者使用，同时为了满足不同用户的需求，还提供了在线音频库，拥有大量可以下载使用的精选音频，如图6-7所示。

图 6-6 火山小视频

图 6-7 小咖秀

6.1.3 短视频营销的优势

短视频营销实际上就是通过视频内容为用户创造其想要的价值，通过渠道分发与用户建立并维持关系，以此来获得回报的过程。一般来说，短视频营销的优势包括 4 点，下面分别进行介绍。

- **营销策划更具专业性**：与文字和图片等表现形式不同，视频的制作难度较大，专业性较强，不仅需要进行视频的内容策划、脚本写作，还需要编导、摄像师、音响师和灯光师等人员的配合。这不是仅靠一个人的力量就能够完成的，需要整个团队通力合作才能制作出优秀的视频内容。

- **品牌更加强势**：用户在观看短视频时一般比较放松，视频内容能够更轻松地传达给用户，更容易进行产品和品牌形象的树立。同时，短视频可以带来强烈的视觉冲击，能够给观看视频的用户留下直观的印象，加深了品牌在用户心中的印象。此外，短视频的画面、场景、情节等不同维度的表现，都可以为用户带来不同的观看体验，降低了用户对品牌的排斥程度。

- **互动更加多样**：目前的短视频营销平台有很多，如火山小视频等，营销者只需将视频上传到这些短视频平台就能在短时间内与用户产生互动，如评论、点赞和转发等。此外，因为用户本身具有好奇心，所以对新鲜事物的接受程度较高，有时甚至还会主动模仿视频的内容，重新制作一段新的视频，或在原有视频上进行二次创作。其实质是对短视频的另一种宣传，这不仅丰富了互动方式，还加大了营销信息的传播力度，扩大了营销信息的覆盖范围，增强了营销效果。

- **传播效果更好**：研究数据表明，大脑处理可视化内容的速度要比处理纯文字的速度快几万倍。同时，现代快节奏的生活使人们养成了利用碎片化时间阅读的习惯，短视频这种时间短、内容丰富、表现力强的表现方式更符合当前环境下用户碎片化阅读的需求。这就意味着，短视频所传播的内容将更容易被用户接受，更容易实现品效合一的营销效果。

6.1.4　短视频内容的定位

了解了短视频的类型、平台以及营销优势后，就需要对短视频发布的内容进行定位。如果对发布的内容没有一个明确的定位，就会导致最终呈现的视频内容没有清晰的主题和逻辑，即便短时间内吸引了一些用户，长期下来也无法为自身的品牌形象加分。进行短视频内容定位可以从以下3个方面入手。

1. 行业定位

首先，行业定位是指根据要推广的品牌所属的行业来确定短视频发布的内容。也就是说，店铺产品属于哪个行业领域，就要发布跟这个领域相关的内容，比如一个美妆企业要发布短视频进行营销，就应该将视频内容定位于美容护肤领域。

其次，在进行行业定位时，还可以对同行业中的其他竞争对手进行分析，如分析其开展短视频营销的方法，找出对手中的佼佼者，找到其成功的关键因素并加以模仿。

最后，还需要分析自身产品与同行之间的差异，找出自身的优势，在发布作品时加以突显。比如主打天然植物配方的护肤品牌，就可以在视频中强调其产品安全、温和、适合敏感皮肤等特点。图 6-8 所示即为根据行业定位确定短视频内容的作品。

图 6-8　根据行业定位内容

2．人群定位

人群定位是指根据品牌的主要消费人群的喜好来确定短视频发布的内容。比如一个母婴品牌，其顾客主要是年轻妈妈，她们更加关心孩子的健康、教育以及自己产后恢复等方面的问题，因此在短视频营销时就可以发布一些与婴幼儿相关的视频内容，包括小孩的日常生活片段、幼儿教育、婴儿食谱等，如图 6-9 所示。

3．产品定位

产品定位是指通过分析自身产品来选择合适的表现方式。比如服饰鞋包类产品就可以将内容定位为以女性穿搭为主；数码类产品可以选择开箱测评的方式来呈现内容；而知识付费、课件教程等虚拟产品由于没有实体，则可以通过展示、讲解来表现自己的专业水准。图 6-10 所示为一段 "130 斤粗腿 girl" 的穿搭视频，其中植入了一个同款服装的广告，视频内容与产品之间的高度关联性使广告植入显得非常自然。

图 6-9　根据人群定位内容

图 6-10　根据产品定位内容

👤 知识补充

打造网络红人

　　另外，如果运营人员本身外形条件较好或者多才多艺（如擅长唱歌跳舞、花艺、茶艺等），也可以将自己打造为网络红人，先用短视频展现自己，然后利用自身影响力为商品或品牌做宣传。

6.1.5 短视频的制作与发布

随着硬件设备和软件技术的不断更新与发展，短视频的制作不再困难，人们只需要掌握基本的操作方法，就可以根据自己的经历和创意制作出独具特色的视频，并借助互联网将视频传播出去，达到营销推广的目的。

1. 短视频的制作

与专业视频相比，制作短视频的复杂性和技术性更低，但为了保证视频的质量和价值，也需要遵循一定的制作流程。

- **构思内容**：短视频营销的关键是内容，内容直接决定了视频的传播范围和影响力。由于短视频的时长较短，所以在构思视频内容时，要确保可以在短时间内完成故事主题、情节或创意的叙述，保持视频的完整性，将产品和品牌信息完美地植入视频中，且不影响用户对视频的观看和理解。
- **剧本设计**：不管是哪一种视频类型，最好都提前设计一个完整的剧本。有情节、有逻辑、有观看价值的视频才能够给用户留下更深刻的印象，通过对人物、对白、动作、情节、背景、音乐等元素进行设计，准确地向用户传达视频的视觉效果和情感效果，引起用户的好感和共鸣。
- **角色选择**：如果视频需要通过角色来传达信息，那么角色的选择一定要符合视频和品牌的定位，要能够体现产品或品牌的特质，让短视频的内容与推广内容自然贴合、不矛盾。
- **视频拍摄**：拍摄视频可以使用专业的拍摄工具，如DV、摄像机等，也可以使用手机等移动设备进行简单拍摄，具体拍摄器材的选择需要根据短视频的性质来定。在拍摄短视频时，要注意内景和外景的选择，场景风格要以适合短视频内容为前提。
- **剪辑制作**：剪辑是指将拍摄的视频整理成一个完整的故事，剪除多余影像，进行声音、特效等后期制作。在剪辑过程中，还需要考虑将产品和品牌的推广信息添加到短视频中，制作出符合企业要求的营销视频。

2. 短视频的发布

一个能够得到广泛传播的视频，不仅需要优质的内容、恰当的宣传，还需要选择正确的发布平台和投放方式。传统视频的媒体投放一般会选择在电视台的黄金时段发布，而短视频的发布则通常选择流量更多的视频平台，如抖音、美拍、快手等。如果想将视频精准投放到目标人群更集中的平台，可以根据视频内容的特点来选择特定的网络平台；如果想扩大视频的宣传范围和影响范围，也可以多平台投放视频，同时灵活使用社交媒体进一步进行推广和宣传。

另外，在发布短视频时，还应当注意发布的时间，应当选择人流比较大的时间段发布短视频，如上班前、下班后以及休息放假时间等。由于用户职业不同、工作性质不同，每个细分行业的人群活跃的时间段也不同，因此还应当结合目标客户群体的时间去发布视频。

6.1.6 短视频营销的策略

短视频营销的营销方式是通过促进视频的有效传播，加强与用户的信息传播和沟通，提高其营销的效果。因此要采取一定的营销策略来吸引用户，加强用户对视频内容的传播，如短视频整合传播策略、短视频创意策略、短视频连锁传播策略、短视频互动体验策略等。

1. 短视频整合传播策略

整合营销是对各种营销工具、营销手段的系统化结合，注重系统化管理，强调协调统一。应用到短视频营销中的整合传播，不仅需要体现在工具和手段的整合上，还需要在整合的基础上进行内容传播。整合营销以用户为中心，以产品和服务为核心，以互联网为媒介，整合视频营销和传播的多种形式和内容，取得整合传播的效果。

不同的用户通常拥有不同的上网习惯，拥有不同的与视频进行接触的途径，这使得单一的传播途径很难收获良好的效果。因此，在通过互联网进行短视频营销的过程中，还可以整合线下活动资源和媒体进行品牌传播，进一步提升营销效果。

2. 短视频创意策略

短视频创意策略是一种具有创新性的营销策略，要求短视频的内容、形式等突破既有的思维方式，从构思、执行、宣传到发布的每一个环节都要体现创意。视频创意可以有效吸引用户的关注并引起用户的兴趣，获得裂变式的传播效果。视频的创意主要体现在两个方面：一个是内容，另一个是形式。

（1）内容。

在"内容为王"的营销时代，视频内容的质量才是视频的生存之本，大部分用户更愿意主动分享和传播经典、有趣、轻松的短视频，同时这种形式也最容易形成病毒式扩散，病毒式营销的前提是企业需要设计出好的、有价值的视频内容。此外，大多数可以脱颖而出并广为传播的短视频，通常都有一个共同的特点，那就是具有故事性。因此一个优秀的视频一定要会讲故事，设计值得品味的开头、过程和结尾，故事情节跌宕起伏，才能持续吸引用户的注意力。

在构思短视频内容时，为了快速获得关注，可以利用事件进行借势营销，也就是事件营销。事件营销不仅可以在线上发挥巨大的作用，而且能成为线下活动的热点，国内很多品牌都依靠事件营销取得了成功。在利用事件进行营销的基础上，还可以进一步实现进阶，即从利用事件发展为制造事件，主动策划有影响力的事件，创造新的营销价值。

（2）形式。

形式的创新也是短视频创意的重要组成部分，现在的短视频形式非常多元化，精彩的创意内容与恰当的短视频形式相搭配，才能获得更好的传播效果，而这就需要营销人员和制作人员根据内容去设计更合适的视频形式。比如定位为有格调的视频，可以采用电影风格的表现形式，给用户精彩的视觉享受；定位为幽默、点评的视频，可以使用脱口秀的表现形式等，以获得用户的认可。

3. 短视频连锁传播策略

短视频的传播渠道是营销中非常重要的一环，很多时候，单一的传播渠道往往无法取得良好的营销效果，此时就需要采用多渠道、多链接的形式，打造具有连续性和连锁性的传播方式，扩大视频的传播范围。

（1）纵向连锁传播。

纵向连锁传播贯穿短视频的构思、制作、宣传、发布、传播的每一个环节，精确抓住每一个环节的传播节点，配合相应的渠道进行推广。比如某企业要制作一个推广视频，制作初期可以透露短视频制作的消息，包括短视频热点、拍摄人员等信息，进行宣传预热；制作阶段可以剪辑一些片段发布到网上，利用各种媒体渠道和新闻渠道进行宣传；视频上线后，进一步对前期预热的效果进行扩展和升华，加大宣传的力度和广度，强化短视频营销的作用。

（2）横向连锁传播。

横向连锁传播贯穿整个纵向传播的过程，又在每一个环节进行横向延伸，选择更多、更热门、更合适的传播平台，不局限于某一个媒体或网站，将社交平台、视频平台全部纳入横向连锁传播体系，扩大每一个纵向环节的传播范围，扩大传播深度和广度，让营销效果进一步延伸，从而实现立体化营销。

4. 短视频互动体验策略

短视频互动体验策略是指在视频营销过程中，及时与用户保持互动和沟通，关注用户的体验，并根据他们的需求提供更多的体验方式。一般来说，用户体验越好，营销效果就越出众。

短视频互动体验营销的前提是要有一个多样化的互动渠道，能够支持更多用户参与互动，常见的具有互动功能的社交平台都可以进行沟通。同时，为了提升用户的体验、建立更牢固的关系，需要综合设计视频表达方式，比如通过镜头、画面、拍摄、构图、色彩等专业手法制作视频，为用户提供良好的视觉体验；用贴心的元素、贴近用户的角度、用日常生活中的素材制作视频，拉近用户的心理距离等。在保证短视频本身互动性的基础上，还需要通过平台与用户保持直接的互动，包括引导用户评论、转发、分享和点赞等，让用户可以通过多元化的互动平台表达自己的看法。

6.1.7 短视频营销获取流量的技巧

进行短视频营销的目的主要是促进视频的有效传播，加强与用户的沟通，增强短视频营销的效果。随着短视频营销的"走红"，如何让视频广泛传播以获得更多的流量，是营销者需要关注的问题。下面介绍短视频营销获取流量的常用技巧。

1. 正面展示

如果品牌或服务本身就有亮点和创意，或者自带话题，与同行竞争者也有很大的差异，那么可采用正面展示的方法突出自己的优势。在拍摄此类视频时，要将产品融入生活或使用场景中，不可以做成空洞的产品介绍。另外，如果产品的原料、生产工艺、运输保障等方面有特点，也可以加以展示。比如拍摄在果园采摘橘子、挤果汁直接食用的情景，突出产品"新鲜有机"等卖点，如图6-11所示。

2. 专业测评

不管在什么平台，专业测评结合广告植入都是必不可少的营销方式。这类视频适合有一定专业知识的运营人员，用知识稀缺性建立自己的优势，通过高品质的内容和稳定的视频更新频率来打造一个有说服力、可信赖的形象。但在发布视频时，不能一味扮演老师、专家的角色，还要注意调动粉丝参与的积极性，比如护肤美妆类账号运营人员就可以引导粉丝在视频下面讨论产品使用的感受，使粉丝有参与感。适合采用这种方式拍摄视频的产品包括婴幼儿产品、保健品、化妆品、生活电器等。图6-12所示即为一个以发布测评为主的账号，评测的产品包括洗发水、儿童牙膏、洗面奶、胶原蛋白、防晒喷雾等生活中的日常用品，用通俗直观的方式来表达推断和结论，最后推荐一些品牌。特别是其在视频中强调自己的测评采用的是科学、客观的成分检测方法，不同于一般的主观使用评价，使自己的结论更有说服力。

图6-11 正面展示

图6-12 专业测评

3. 夸张对比

使用夸张对比的目的是展示产品或服务本身。对产品的某个或某几个独有的特征，可以以夸张的方式呈现，给人耳目一新的感觉，便于受众记忆。夸张的手法比较适合在某一方面超出预期的产品，在拍摄时用夸张的方式展示卖点，使整个视频呈现出一种强烈的娱乐性，引发用户的转发与评论。

4．品牌植入

品牌植入的手法不是直接针对产品本身进行介绍或展示，而是将产品植入某个生活场景当中，表面上使其沦为配角，实际上用巧妙的方式将品牌 Logo、品牌名称等置于视频中醒目的位置。此类视频适合有一定品牌影响力的商家，拍摄内容一定要有趣、新奇或紧跟热点。但要注意的是，视频内容应与品牌理念相符，不能为了吸引眼球刻意炒作，要避开敏感内容，否则会损害品牌形象。图 6-13 所示即为猫咪"光临"深夜大排档的视频画面，讲述了大排档老板与猫咪之间的温情故事，清新的画面与可爱的猫咪让该视频备受好评。该视频有效结合了趣味性与推广效果，视频末尾也清楚地展示了品牌名称，突出了该手机品牌出色的拍摄效果。

图 6-13　品牌植入

5．引人注意的标题

标题是"点燃"视频传播的引线，上传到短视频平台上的视频标签是可以修改的，因此，在上传视频时可设置一个引人注意的标题，如添加"解密""曝光"等字眼。需要注意的是，设置的标题需要与产品或品牌有所关联，因为在通过设置标题来吸引浏览量时，如果不注重标题与视频和品牌的关联性，在用户清楚套路之后，就会彻底放弃观看类似的其他视频。

6.2　直播营销

网络信息的形式十分丰富，与图文相比，视频具有更加直观的表现力，特别是视频直播，可以与用户进行实时互动，快速引起用户的情感共鸣。随着直播形式的多样化发展，直播这种新兴的营销方式被各大企业关注，并快速涌现出一批直播平台，企业通过这些直播平台更加立体地展示企业文化，传递品牌信息，开展各种营销活动，与用户进行更加直观的互动。

6.2.1　认识直播营销

直播营销以直播平台为载体，通过现场展示的方式传递企业品牌或产品信息。直播营销的形式主要有两种，一是直接在计算机上进行直播，二是通过手机摄像头进行直播，以方便用户观看并互动。

电视或广播等传统媒体平台的现场直播是最早的直播方式，如体育比赛直播、新闻直播等。随着移动互联网和智能手机技术的快速发展，基于互联网的直播方式开始兴起，它们通过在互联网设备上安装直播软件来进行直播，以达到信息传播的目的。图6-14所示为虎牙直播平台中的户外直播，主播直播捕鱼，同时也通过直播售鱼。

图6-14　虎牙直播平台

目前的直播营销默认为基于互联网的直播，从广义上讲，可以将直播营销看作以直播平台为载体，以提升品牌形象或增加销量为目的的一种网络营销方式。它与传统媒体直播相比，具有不受媒体平台限制、参与门槛低、直播内容多样化等优势。直播营销包括场景、人物、产品和创意4个要素。

- **场景**：场景是指营造直播的气氛，让观众身临其境。
- **人物**：人物是指直播的主角，可以是主播或直播嘉宾，在展示内容的同时与观众互动。
- **产品**：产品要与直播中的道具或互动有关，以软植入的方式来达到营销产品的目的。
- **创意**：创意是提升直播效果、吸引用户观看的方式，如明星访谈、互动提问等形式就比简单的表演直播更加吸引观众。

6.2.2　直播营销的主要特点与优势

直播营销是目前比较主流的渠道营销方式，掌握其特点和优势，再结合自己的企业营销属性，就能帮助企业灵活地开展营销活动。

1. 直播营销的主要特点

随着互联网的发展，直播营销以其直观即时、设备简单、直达受众等特点广受企业的青睐，下面分别对这些特点进行介绍。

- **直观即时**：顾名思义，直播可以让用户同步看到事件的发生过程与结果，可以第一时间反映现场的状况。特别是对投票、资讯、发布会等形式的直播来说，主播可以在反映最新进展的同时，邀请观众同步参与互动。
- **设备简单**：直播营销的设备很简单，常见的有手机、电视机、计算机等。而基于互联网的直播营销，可以直接通过手机来接收与传播，营销的传播范围更广、传播速度更快，营销所取得的效果也更明显。
- **直达受众**：直播营销不会对直播内容进行剪辑和加工，播出的内容与用户所看到的内容是完全一致的。真实、直观的展示方式更容易打动用户，激发其购物欲望。因此，直播营销还要注重直播流程与设备的维护，避免出现直播失误，给用户留下不好的印象。

2. 直播营销的优势

在传统营销模式下，企业主要通过户外广告、新闻报道和线下活动等方式来进行营销。而在互联网环境下的直播营销，则通过更低的营销成本、更广的营销覆盖范围、更直接的营销方式、更有效的营销反馈机制来获取更佳的营销效果。

- **更低的营销成本**：传统营销的渠道主要有电视、广播、展位等，投放成本从几万元到上百万元不等，资金不充足的中小企业在这方面并不具备竞争优势。而直播营销的直播设备简单，直播场景可由企业自己搭建，是目前成本较低的营销方式之一。对个人来说，仅靠一部手机就能完成直播营销。
- **更广的营销覆盖范围**：在传统的营销中，用户在查看信息的同时需要自己在脑海中构建场景，而直播营销可以将产品的形态、使用方法等直观地展现给观众，将其带入营销的场景中，达到全方位覆盖用户认知的效果。
- **更直接的营销方式**：不管是哪种营销方式，都是为了获得更好的销售效果。直播营销可以通过主播的描述更加直观地传递各种优惠信息，同时开展现场促销活动，极大地激发观众消费的欲望，增强营销的效果。
- **更有效的营销反馈机制**：在确定目标产品的前提下，企业开展营销活动的目的是展现产品价值，实现盈利。在这个过程中，企业需要不断优化产品和营销策略，对产品进行升级，使营销效果最大化。而直播营销强有力的双向互动模式使企业可以在主播直播内容的同时，接收观众的反馈信息，如弹幕、评论等。这些反馈不仅包含对产品信息的反馈，还包含直播观众的现场反应，这也为企业下一次开展直播营销提供了改进的方向。

6.2.3　直播营销的常见方式与主流平台

直播方式在很大程度上决定着直播的效果，企业要根据营销的目的、前期策划选择合适的营销方式。下面先对直播营销的常见方式进行介绍，再对直播营销的主流平台进行讲解。

1．直播营销的常见方式

直播营销的方式主要有5种，包括颜值营销、明星营销、利他营销、对比营销和采访营销，下面分别进行介绍。

- **颜值营销**：颜值营销对主播的形象要求较高，是通过主播的容貌来吸引大量用户观看直播，从而带来大量的流量，是进行前期引流的有效手段。
- **明星营销**：明星本身就带有流量与话题，通过明星进行营销可以充分调动明星自身的粉丝群体，这些粉丝数量庞大、互动性强，可以为直播营销带来较高的热度。但邀请明星需要一定的资金，企业需要在保证预算充足的前提下选择与自身产品和品牌形象相符的明星。
- **利他营销**：利他营销主要是指借助主播或嘉宾的分享来推广产品，通过分享知识或生活技能提高用户技能，如护肤步骤直播、化妆技巧直播等。
- **对比营销**：对比营销是指通过与其他同类型的产品进行对比，展现营销产品与其他产品的差异、优势，以增强说服力。这种方式适用于产品性能测评直播，但不建议在直播中诋毁被对比的产品。
- **采访营销**：采访营销是指以采访的方式，第三方的角度来阐述观点和看法，如采访嘉宾、专家、路人等。

2．直播营销的主流平台

主流的直播平台有虎牙直播、一直播、斗鱼直播、花椒直播、映客直播等，下面分别对这些直播平台进行介绍。

- **虎牙直播**：虎牙直播是致力于技术驱动娱乐的弹幕式直播互动平台，可同时提供1 000万人在线高清观看直播，其直播内容以游戏为主，同时涵盖美食、秀场、电视、演唱会、发布会、体育等多种直播内容，其界面如图6-15所示。
- **一直播**：2016年5月13日，新浪微博与秒拍宣布共同推出移动直播应用一直播，并开通了微博直播功能。微博用户可以通过一直播在微博中直接发起直播，也可以通过微博直接实现观看、互动和送礼，其界面如图6-16所示。

图 6-15　虎牙直播

图 6-16　一直播

- **斗鱼直播**：斗鱼的前身为生放送直播，于 2014 年 1 月 1 日正式更名为斗鱼。目前，斗鱼以游戏直播为主，涵盖了体育、综艺、娱乐等多种直播内容，其界面如图 6-17 所示。

图 6-17　斗鱼直播

- **花椒直播**：花椒直播定位为手机直播社交平台，于 2015 年 6 月 4 日正式上线。花椒直播主要直播娱乐新闻、明星发布会、生活趣闻等内容，其界面如图 6-18 所示。
- **映客直播**：映客直播定位为全民生活视频移动直播平台，于 2015 年 5 月正式上线，是为用户提供娱乐、时尚及生活类直播内容的实时互动平台，其界面如图 6-19 所示。

👤 **知识补充**

其他电商直播平台

除了上述专注于直播的直播平台外，还有一种直播是嵌入电商平台中的，如淘宝直播、京东直播等，它们可以实现在不离开直播界面的同时无缝购物。淘宝直播的入口在手机淘宝的首页，点击进入后即可查看淘宝达人发布的直播，一般美妆、潮搭、母婴、美食、旅游等相关的内容较多。点击某个直播即可进入直播间观看直播内容，与主播互动或点击产品进行购买。京东直播是京东商城重点打造的引流入口，商家可以通过京东 PC 端进行操作，但买家需要在手机中安装京东 App 才能观看直播内容。

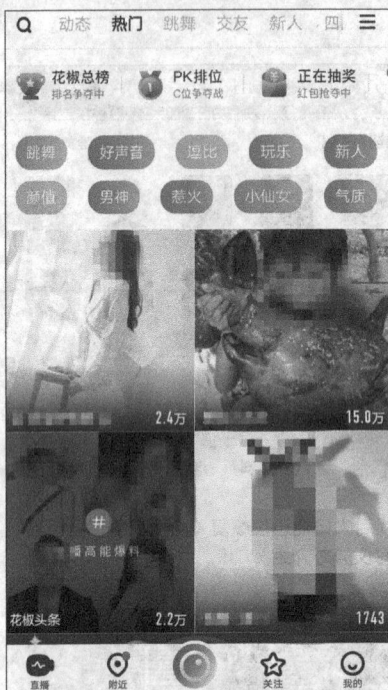

图6-18　花椒直播

图6-19　映客直播

6.2.4　直播营销的常用模式

直播营销是目前主流的网络营销方式之一，其模式不仅有唱歌、跳舞等，各大企业也以如专家访谈直播、企业创始人谈企业愿景直播等方式加入了直播营销的阵营。此外，随着互联网的发展和科技的进步，一些新的直播营销形式纷纷涌现出来，如小米的无人机直播发布等。

综合以上内容，目前直播营销的常用模式主要有"直播＋电商""直播＋发布会""直播＋企业日常""直播＋广告植入""直播＋活动""直播＋访谈"等。选择的不同模式在很大程度上决定了直播的效果，下面对常用模式分别进行介绍。

- **直播＋电商：**"直播＋电商"是常见的直播营销方式，在网上店铺中应用广泛。电商平台用户众多、流量集中，观看直播的用户目的明确，因此，"直播＋电商"能够快速实现流量变现，提升产品销量。
- **直播＋发布会：**"直播＋发布会"已经成为众多品牌抢夺人气、制造热点的营销法宝。直播平台上的发布会地点不再局限于会场，互动方式也更加多样和有趣，能够为宣传企业产品和品牌带来更多的流量和人气。如小米的无人机发布会放弃了专用的发布会场地——新云南皇冠假日酒店，而是举办了一场在线直播的新品发布会，小米通过十几家视频网站和手机直播 App，发布了其宣传已久的无人机。在小米直播 App 中，同时在线人数一路飙升，到发布会临近结束时，同时在线人数已经超过 50 万人。

- **直播＋企业日常**：在社交时代，营销强调人性化。如企业分享自己日常做的事，也成为企业与公众建立密切关系的社交方式。相较于精美包装的宣传，用户有时反而对企业日常更感兴趣。例如，为了宣传新一代 Mini Clubman，宝马 Mini 联手《时尚先生 Esquire》杂志在映客直播平台上连续直播了 3 天的时尚大片拍摄现场。直播的主角是几位当红明星，通过明星效应吸引了众多年轻用户，最终，此次活动在映客直播平台上有 530 多万人次的在线观看量。

- **直播＋广告植入**：直播中的广告植入能够摆脱插入广告的生硬感，而原生内容的形式更能获得用户好感，在直播场景下，可以自然而然地进行产品或品牌的推荐。如很多主播通过直播与粉丝分享化妆秘籍，植入面膜、去油纸、保湿水、洁面乳等护肤产品的广告；同时，导入购买链接，获得购买转化。

- **直播＋活动**：直播最大的优势在于可以带给用户更直接的使用体验，甚至可以做到零距离互动。"直播＋活动"的最大魅力在于通过有效互动将人气连接到品牌，实时互动问答为用户进行多角度的产品卖点解读，使品牌得到大量曝光。直播互动的活动形式多种多样，如弹幕互动、产品解答、粉丝打赏、分享企业的独家情报等。通过专属折扣链接、"爆款"产品提前购、红包口令、新品预购等形式与用户互动，用户能感受到企业对用户的重视，从而对企业会更加忠诚。为了实现企业产品与品牌的宣传与销售转化，在直播活动中应引导用户进入购买页面；同时，可通过打折、优惠或限量促销等方式促进销售转化。

- **直播＋访谈**："直播＋访谈"是指通过访谈的方式，以第三方的角度来阐述观点和看法，如采访行业意见领袖、特邀嘉宾、专家、路人等。这种方式对于传递企业文化，提升品牌知名度，塑造企业良好的市场形象有着促进作用。采用这种直播方式时切忌作假，在没有专家和嘉宾的情况下可选择采访路人，以拉近与用户的距离。

6.2.5 直播活动的内容安排

与简单地对着摄像头聊天的直播营销方式不同，企业直播营销需要在营销目的、目标用户的基础上进行设计，策划专门的营销活动方案，并根据方案来执行。一般来说，直播营销活动的过程可以分为直播活动开场、直播活动过程、直播活动结尾 3 个阶段。其中，直播活动开场，即帮助观众判断该直播是否值得观看；直播活动过程，提升观众的兴趣；直播活动结尾，促使观众接受营销内容。每个阶段的内容安排与营销技巧不同，下面分别进行介绍。

1．直播活动开场

开场的目的是让观众了解直播的内容、形式和组织者等信息，给观众留下良好的第一印象，帮助观众判断该直播是否具有可看性。开场的观众主要来自前期宣传所吸引的用户、在直播平台随意浏览的用户，这些观众一般在进入直播间的 1 分钟内就会对直播效果做出判断，因此要做好直播活动的开场设计。直播活动的开场主要有 6 种，下面分别进行介绍。

● **直接介绍**：在直播开始时直接告诉观众本次直播的相关信息，包括主播自我介绍、主办方介绍、直播话题介绍、直播时间、直播流程等。需要注意的是，这种开场方式比较枯燥，容易使部分观众产生不耐烦的情绪，因此建议添加一些吸引观众的活动环节，如抽奖、发红包、采访特约嘉宾等，以最大程度保留已有观众。

● **提出问题**：提问可以引发观众思考，带动主播与观众之间的互动，使观众有一种参与感；同时，又能通过观众的反馈预测本次直播的效果。

● **数据引入**：专业性较强的直播活动可以通过展示数据的方式来开场，增加观众的信服度。这种开场方式要求数据必须真实可靠，否则容易引起观众的质疑，为直播带来负面影响。

● **故事开场**：趣味性、传奇性的故事可以快速引起消费者的讨论与共鸣，为直播活动营造一个良好的氛围。注意不要选择争议性较大的故事，否则容易引起观众的激烈讨论，无法快速进入主题，反而得不偿失。

● **道具开场**：营销产品、卡通娃娃、礼品、场景工具等都可作为辅助开场的道具，可以通过对道具的简单说明来进入主题。

● **借助热点**：参与直播营销的观众大都为喜爱上网的用户，这些观众对目前的热门事件非常熟悉，借助热门事件可以快速拉近主播与他们之间的距离。

2．直播活动过程

直播活动过程主要是对直播内容的详细展示，除了全方位、详细地展示商品信息外，还可以开展一些互动活动，如弹幕互动、参与剧情、直播红包、发起任务等，在增加用户兴趣的同时引爆活动。

● **弹幕互动**：弹幕是以字幕形式出现的评论，它以飘在直播画面中的形式密集出现，所有观看的用户都可以看到这些内容。直播时用户的评论会以弹幕的形式出现，主播在直播过程中要关注弹幕的内容并挑选一些与用户互动，特别是用户的一些提问、建议等内容，如"能介绍一下这个产品的原材料吗？""主播姐姐皮肤真好，是用的介绍的这个护肤品吗？""什么时候抽奖呀？"等。

● **参与剧情**：参与剧情适用于户外直播，通过邀请网友参与，加强用户的参与感，同时还能借助用户的创意增加直播的趣味性。若采纳了用户的意见，可以给参与的用户一些奖励，提高用户的积极性。如第 31 届夏季奥运会期间，咪咕直播与凤凰网联合推出的"走着！看里约"直播，就采纳了网友的意见，以采访里约街头不同国家、不同肤色的奥运观赛人群为主题来进行直播。

- **直播红包**：观看直播的用户可以通过直播平台打赏主播，如赠送虚拟礼物。同样，主播也可以用发红包或赠送礼物等方式来回馈用户，增加直播的人气并加强互动。主播发放红包要提前告知用户发放的时间，如"10分钟后有一大波红包来袭""20:00准时发红包"等，这是为了让用户知道抢红包的时间，在让用户做好准备的同时，暗示用户邀请更多人加入直播间等待红包，以提高直播的人气。

- **发起任务**：在直播中发起任务是指让用户按照指定的方式，在指定的时间内完成一系列任务的行为。比如邀请用户进入一个微信群，在微信群中聊聊自己的糗事；邀请用户在某个帖子或微博下评论；号召用户一起做出与主播相同的动作，并分享到社交网站上等。发起任务可以快速凝聚用户，形成团体力量，使用户有一种成就感和满足感。

3. 直播活动结尾

从直播开始到结束，观看用户的数量会一直发生变化，而到结尾时还留下的用户，在一定程度上都是本次营销活动的潜在目标客户。因此，一定要注重直播活动的结尾，最大程度引导直播结束时的剩余流量，实现企业产品与品牌的宣传与销售转化。

- **引导关注**：在直播结尾时可以将企业的自媒体账号和关注方式告知用户，引导用户关注，使其成为自己的粉丝，便于后期的粉丝维护。

- **邀请报名**：在直播结尾时告知用户加入粉丝平台的方式，并邀请其报名。加入粉丝平台的这部分用户对直播内容的认可度较高，能够快速参与直播互动，具有转化为忠实粉丝的潜力。

- **销售转化**：在直播结尾时告知用户进入官方网站或网店的方法，促进购买与销售转化。另外，也可以给用户留下一些有利于他们的信息或营造一种紧迫感，如打折、优惠等。

📈 课堂实训

实训 1 制作一个防晒霜的营销短视频

🎯 实训目标

假如你是某护肤品品牌的营销人员，当前公司推出了一款敏感肌专用的防晒霜，请试着制作一个短视频进行营销。

实训思路

制作短视频并不复杂，但是为了更好地进行营销，还需要遵循以下制作流程。

（1）构思内容。短视频内容的好坏直接决定了视频的传播范围和影响力。例如，营销人员可以选择几款常见的敏感肌专用的防晒霜进行专业测评，通过对比的方式进行营销。

（2）剧本设计。最好提前设计一个完整的剧本，通过对人物、对白、背景、音乐等元素的设计，准确地向用户传达视频的视觉效果和情感效果。

（3）视频拍摄。在拍摄短视频时，要注意内景和外景的选择，场景风格以适合短视频内容为前提。

（4）剪辑制作。拍摄完成后，即可进行声音、特效等后期制作。在剪辑过程中，还应当考虑将产品和品牌的推广信息添加到短视频中。

实训 2　分析戛纳国际电影节上巴黎欧莱雅的直播营销

实训目标

试着了解巴黎欧莱雅在第 69 届戛纳国际电影节上通过美拍平台进行的直播，分析直播营销的优势。

实训思路

在第 69 届戛纳国际电影节上，巴黎欧莱雅通过美拍这个直播平台全程记录了众多明星在戛纳现场的台前幕后，在直播中直击明星的化妆间、酒店房间，追踪他们的化妆过程以及准备过程，第一时间向粉丝揭示了明星们的红毯造型。此外，还一路跟车直播，将明星前往戛纳的过程还原，给粉丝带来更强烈的现场感。整场直播下来，获赞超过 1.6 亿次，总评论数超过 72 万，带动了巴黎欧莱雅的套装销售。

从上述直播营销的案例中可以看出，与传统营销相比，直播营销可以更加直观地将产品或者服务展现给用户，将其带入营销的场景，达到全方位覆盖用户的效果。

课后练习

练习 1　分析热门短视频获取流量的技巧

在主流的短视频平台中查看比较热门的短视频和相关评论，分析这些短视频比较热门的原因，并试着列举其获取高流量的技巧。

练习2 总结直播营销的操作过程

下载一个直播平台并观看一场直播，试着总结直播营销的操作过程，并以发布弹幕、加群等方式参与直播互动，分析直播互动的方式都有哪些。

练习3 分析热门直播活动的推广和宣传

以"虎牙""斗鱼"直播平台为例，分析其热门的直播类型，了解这些直播是怎样实现宣传推广的。

💡 拓展知识

1. 直播营销的注意事项

直播营销虽然门槛低，有一个可以录像的智能手机，再将网络接入，就可以开始直播了，但是要做一场有效的直播营销，除了过硬的产品、良好的方案、丰富的内容等，品牌是否适合直播营销与主播的选择这两个因素将对最终的营销效果产生很大的影响。

（1）品牌是否适合直播营销。

年轻群体占据了直播用户的主导地位，他们为直播贡献了巨大的流量，但其消费能力普遍不高。基于直播常规用户以中低龄男性网民为主的常态，品牌需要考虑自身是否适合直播营销这种方式。如果是定位较高的奢侈品品牌，或是高端产业，如汽车等行业，直播带来的效果则不明显。

（2）主播的选择。

除了本身具有较多粉丝的大型平台如淘宝、京东外，自带社交讨论属性的互联网品牌，如小米，也可直接推出直播功能展开直播营销。主播的选择会对直播营销产生巨大的影响，可选择的主播包括明星、"网红"达人和颜值主播，不同的主播对象，能够带来不同的用户群体，同时主播的选择对企业的能力和条件有所要求。

2. 直播营销中，粉丝的发展和维护方法

直播活动吸引的粉丝需要进行维护才能使他们从粉丝变为客户，再成为忠实客户。可以在直播结束后通过线上活动、信息分享、邀请粉丝参与活动策划、线下活动等方式对直播活动吸引的粉丝进行维护。

- **线上活动**：刚刚加入群内的粉丝可以通过线上活动使其迅速融入群体，与群内其他成员熟悉起来，获得归属感。此时的线上活动主要以折扣、促销、抽奖、有奖问答等为主。
- **信息分享**：粉丝比普通用户具有更强的消费与互动能力，企业要第一

时间让粉丝知晓各种营销信息并提供一些只有粉丝才能享受的特殊服务，因此企业可在粉丝群中定期分享最新资讯，如专属折扣链接、"爆款"产品提前购、红包口令、新品预购、限量抢购等，让粉丝感受到企业对他们的重视，提高粉丝对企业的忠诚度。

- **邀请粉丝参与活动策划**：邀请粉丝参与下一场直播的策划，将粉丝的意见与创意融入营销计划，既可以缓解企业运营人员的压力，又可以让粉丝产生充分的荣誉感、归属感，形成企业的凝聚力。一般来说，粉丝可在直播的筹备阶段参与选题、场地布置、文案策划、海报设计、主持人推荐等，在直播过程中进行互动，直播结束后分享内容、转发信息等。

- **线下活动**：虽然直播是基于互联网进行营销的，但线下活动仍不可缺少。结合线上和线下的活动可以更好地凝聚粉丝，培养粉丝对企业的忠诚度。常见的线下活动主要有聚会、观影、表演等，在开展线下活动时可以给参加活动的粉丝一些特殊的福利，如新品试用装、优惠券等，同时利用这种面对面的交流获取粉丝的反馈意见，为企业下一阶段的直播营销活动做好准备。

第7章 写作营销与知识问答营销

案例导入

奥迪在知乎发布的一篇标题为"用汽车发动机煎牛排这事靠谱吗？"的问答引起了"知友"们的热议。在这个问题的回答中，奥迪选用奥迪 R8 V10 Performance 作为厨具，分别烹制了牛排和芝士烤龙虾；还用奥迪 RS6 Avant 做了烤鸡翅、低温牛小排和伊比利亚 BBQ 猪肋排；最后用奥迪 A3 做了一个酸辣牛尾汤。奥迪不但用这次品牌营销赚到了好口碑，更用事实证明了可以用汽车发动机煎牛排，评论者纷纷感叹奥迪别出心裁的创意，更为奥迪性能车以"史上最贵厨具"为噱头的行为纷纷点赞。

近年来，许多个人和企业除了选择微信、微博等平台进行营销外，还会采用更"软"的营销方式——写作营销与知识问答营销。写作营销与知识问答营销可以让受众走近品牌，了解品牌，给予品牌与用户像挚友般聊天、交流的机会，让品牌以知识为驱动力做营销，收获用户对品牌的高度认可。那么到底应该如何进行写作营销与知识问答营销呢？下面分别对其进行介绍。

学习目标

- 了解新媒体写作的营销价值
- 了解主流推广类写作平台
- 掌握新媒体写作的营销策略
- 掌握主流知识问答营销平台的相关知识

技能目标

- 能够在不同的新媒体写作平台上进行营销
- 能够掌握新媒体写作的营销策略
- 能够在主流的知识问答平台上开展营销
- 能够掌握知识问答营销的策略

7.1 写作营销

随着新媒体时代的到来，新媒体写作营销也如同雨后春笋般涌现，但是究竟什么是新媒体写作呢？将过去"旧媒体"上的写作内容搬到新媒体平台上就是新媒体写作吗？还是说在新媒体平台上的写作就是新媒体写作？又或是增加一些 GIF 动图、穿插一些网络用语就是新媒体写作？下面围绕这些问题对新媒体写作营销的相关知识进行介绍。

7.1.1 新媒体写作的营销价值

互联网在人们生活和工作中的普及，使新媒体逐渐变成信息接收和传播的主流媒体。与传统媒体相比，新媒体覆盖面更广、流量更大，并且新媒体写作建立在深度分析用户特点的基础上，针对特定内容持续挖掘，除此之外，新媒体写作还可以通过一些特殊的写作技巧，吸引用户的关注，保持用户的阅读黏性。下面将对新媒体写作的营销价值分别进行介绍。

1．打造个人品牌

用户在互联网背景下进行网络营销，依靠新媒体写作创造了不少价值，如同道大叔等。他们依靠新媒体写作不断提升个人影响力，再通过不断的内容输出打造具有鲜明标志的个人品牌，积累庞大的粉丝群体，最终实现营销变现。只要能够坚持提供高质量的内容，不管用户是在哪一个新媒体写作平台上进行写作，都能够打造出个人品牌。

2．导入电商平台

很多创作者通过新媒体写作积累了一定的人气后，都会选择创建网上店铺，走上电子商务运营的道路，如经营与自身定位相符的产品，利用自身在行业或圈子里的知名度引导粉丝购买，实现高效的价值产出，直接产生经济效益。如"罗辑思维"的罗振宇，就是利用新媒体写作积累粉丝，再通过网上店铺出售自己的产品。

3．实行内容付费

现在主流的新媒体写作平台几乎都开通了"打赏"模式，当内容创作者为用户产出了有价值的内容时，喜欢该内容的用户可通过打赏的方式付费。粉丝打赏可以使创作者保持创作热情，知名度、专业度高的创作者甚至可以开设专栏，供用户订阅并付费。

7.1.2 主流推广类写作平台

选择一个合适的新媒体写作平台进行写作，能够获得事半功倍的营销效果，下面对当前主流的新媒体写作平台进行介绍。

1. 简书

简书是一个优质的创作社区和内容输出平台，任何人都可以在简书上创作并发表自己的作品。简书界面简洁、体验效果较好，深受用户的青睐，图 7-1 所示即为简书首页。需要注意的是，简书对文稿的原创性要求较高，要想入选首页推荐，文稿必须为原创，且具有一定质量。

图 7-1 简书首页

（1）简书的功能。

简书是一个优质的创作社区。用户可以在简书上记录生活中发生的趣事，也可以专注于研究某一领域的知识，还可以写下每一部电影的观后感，内容不限。那么，简书到底有哪些功能呢？下面分别进行介绍。

- **阅读文章**：用户可以在简书中阅读文章，遇到自己喜欢、感兴趣的文章，可以在登录后进行收藏。
- **创作文章**：简书界面非常简洁，它支持 Markdown（即一种可以使用普通文本编辑器编写的标记语言，通过简单的标记语法，可以使普通文本内容具有一定的格式）功能，同时支持写作模式（撰写窗全屏化），可为用户提供沉浸式的写作氛围。
- **专题文集**：在简书中，用户可以创建自己感兴趣的专题，用来收录同一类文章（可以是不同作者创作的）。此外，用户还可以创建个人的文集，用来存放自己不同类型的文章。
- **搜索功能**：用户可以在简书中根据单个或多个关键词（多个关键词间用空格隔开）搜索相关文章，查找自己需要的内容。

（2）简书账号的设置。

申请简书账号成功后，用户还需要对账号的基本信息进行设置，其需要设置的内容如图 7-2 所示。

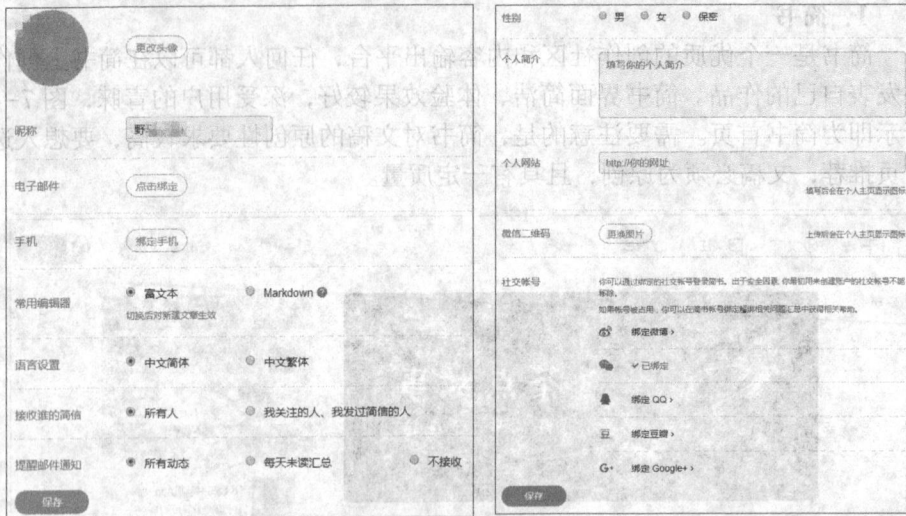

图 7-2 简书基本信息的设置

- **头像**：在简书中，头像的设置方式与微信、微博相同，如果已经在其他平台注册了账号，建议使用一致的头像，便于打造个人品牌，利于个人影响力的提升。此外，简书中的头像是以圆形展示的，在设置简书头像时还应当谨防头像中的文字遗失，尽量保持头像完整和清晰。
- **昵称**：在简书中昵称也应当保持与已入驻的其他平台一致，如果系统提示该昵称已被占用，用户可以自行选择其他昵称。若尚未注册任何平台，则可以选择一个突出个人特色、便于识别、利于粉丝搜索的昵称。
- **个人资料**：个人资料主要包括性别、个人简介、个人网站、微信二维码和社交账号 5 项。其中，个人简介应当清晰表达账号能给用户提供的价值和服务；个人网站可以输入简书主页的网址，也可以输入其他平台上的主页链接，便于吸引用户关注。另外，作者还可以将微博、微信等社交账号与简书进行绑定，便于管理账号。

2. 今日头条

今日头条是一款基于数据挖掘的推荐引擎产品，它具有个性化推荐引擎技术，今日头条的推荐内容包括新闻、音乐、电影、游戏、购物等。如可以根据每个用户的兴趣、位置等多个维度进行个性化的信息推荐，也可以根据社交行为、阅读行为、地理位置、职业、年龄等挖掘用户兴趣，提取用户高维特征，还可以根据用户特征、环境特征、文章特征的匹配程度快速完成资讯的推荐。

（1）今日头条的入驻类别。

今日头条精准的推送能力和丰富的资讯形式，为其赋予了较高的营销价值。同时，今日头条具有的用户多、流量大等特点，也吸引了越来越多的用户入驻。申请入驻今日头条时，主要有以下 6 个类别可供选择。

- **个人**：主要是以个人身份入驻，适合垂直领域的专家、意见领袖、评论家等。

- **企业：**公司、分支机构、企业相关品牌、产品以及服务等能够申请入驻。
- **群媒体：**以内容生产为主要产出的机构能够申请入驻，如36氪、果壳网等。
- **新闻媒体：**正规新闻媒体、报纸、杂志、广播电视等相关单位能够申请入驻，如时尚芭莎、北京青年报等。
- **国家机构：**正规国家机构能够申请入驻，如最高人民检察院、中国地震台网速报、上海发布、平安广州等。
- **其他组织：**各类公益机构、学校、公立医院、社团、民间组织等机构团体能够申请入驻，如天津市曲艺团等，但是不支持民营医院申请入驻。

（2）今日头条的入驻资料。

选择入驻类别后即可根据申请的类别填写对应的入驻资料，如图7-3所示。

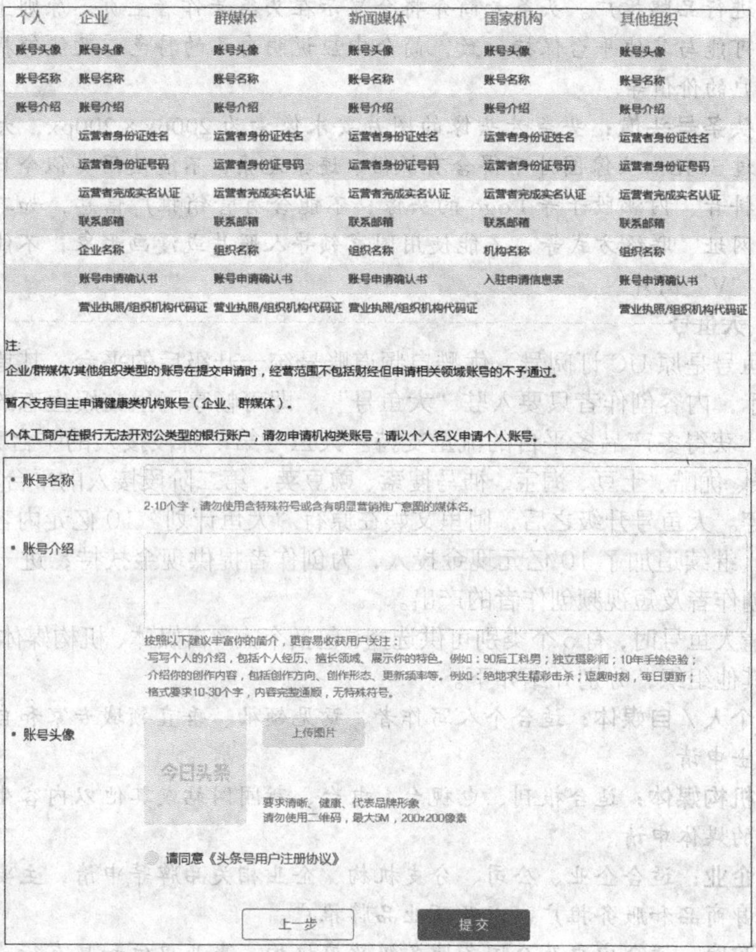

个人	企业	群媒体	新闻媒体	国家机构	其他组织
账号头像	账号头像	账号头像	账号头像	账号头像	账号头像
账号名称	账号名称	账号名称	账号名称	账号名称	账号名称
账号介绍	账号介绍	账号介绍	账号介绍	账号介绍	账号介绍
	运营者身份证姓名	运营者身份证姓名	运营者身份证姓名	运营者身份证姓名	运营者身份证姓名
	运营者身份证号码	运营者身份证号码	运营者身份证号码	运营者身份证号码	运营者身份证号码
	运营者完成实名认证	运营者完成实名认证	运营者完成实名认证	运营者完成实名认证	运营者完成实名认证
	联系邮箱	联系邮箱	联系邮箱	联系邮箱	联系邮箱
	企业名称	组织名称	组织名称	机构名称	组织名称
	账号申请确认书	账号申请确认书	账号申请确认书	入驻申请信息表	账号申请确认书
	营业执照/组织机构代码证	营业执照/组织机构代码证	营业执照/组织机构代码证		营业执照/组织机构代码证

注：

企业/群媒体/其他组织类型的账号在提交申请时，经营范围不包括财经但申请相关领域账号的不予通过。

暂不支持自主申请健康类机构账号（企业、群媒体）。

个体工商户在银行无法开对公类型的银行账户，请勿申请机构类账号，请以个人名义申请个人账号。

图7-3 注册需要填写的资料

（3）今日头条号的设置。

入驻今日头条后即可进行今日头条号的设置，主要包括头条号名称、头条号简介、头条号头像的设置。

- **头条号名称：** 头条号的名称为2～10个中文字符，设置的名称应当清晰、直观地反映头条号特点，不能含有联系方式。设置的头条号名称，应当与其他平台一致，以减少用户的认知成本。此外，名称中不能含有今日、头条等文字，如今日美食、今日体育等；名称中不能涉及国家领导人或带有时政、敏感倾向（国家机构、新闻媒体除外）；名称中不能含有明显的营销推广目的的文字。

- **头条号简介：** 头条号简介为10～50个字符（25个字以内最好），主要用于描述头条号定位。要求语句完整通顺，不能含有网站链接、微博、邮箱或其他联系方式，不能出现营销推广信息，非企业类别的账号不能进行品牌推广。头条号简介将会显示在头条号作者主页，原则上应当尽可能与其他平台保持一致，简介中应说明自己的特色以及能够提供给用户的价值等。

- **头条号头像：** 头条号头像的图片要求像素为200px×200px，大小不超过5MB。头像图片不得含有低俗、违禁元素；不能使用类似今日头条、抖音、内涵段子等Logo的头像；不能含有营销推广信息，如二维码、网址、联络方式等；不能使用国家领导人照片或漫画形象；不能使用加"V"图片。

3. 大鱼号

大鱼号是原UC订阅号、优酷自频道账号统一升级后的平台，其首页如图7-4所示，内容创作者只要入驻"大鱼号"，即可畅享阿里文娱生态的多点分发渠道，获得多产品多平台的流量支持。大鱼号第一阶段接入的平台为UC、UC头条、优酷、土豆、淘宝、神马搜索、豌豆荚，第二阶段接入的平台为天猫、支付宝等。大鱼号升级之后，阿里文娱在原有"大鱼计划"10亿元内容扶优基金之上，继续追加了10亿元现金投入，为创作者提供现金扶持，进一步激励优秀原创作者及短视频创作者的产出。

申请大鱼号时，有5个类别可供选择，包括个人/自媒体、机构媒体、企业、政府和其他组织，分别介绍如下。

- **个人/自媒体：** 适合个人写作者、意见领袖、垂直领域专家和自媒体人士申请。

- **机构媒体：** 适合报刊、电视台、电台、新闻网站或其他以内容生产为主的媒体申请。

- **企业：** 适合企业、公司、分支机构、企业相关品牌等申请，主要用于自身商品和服务推广，以及商业品牌推广。

- **政府：** 适合中央及全国各地各级政府机构、事业单位和具有行政职能的社会组织等申请。

● **其他组织**：适合各类公共场馆、公益机构、学校、社团、民间组织等不属于媒体、企业、政府的其他组织申请。

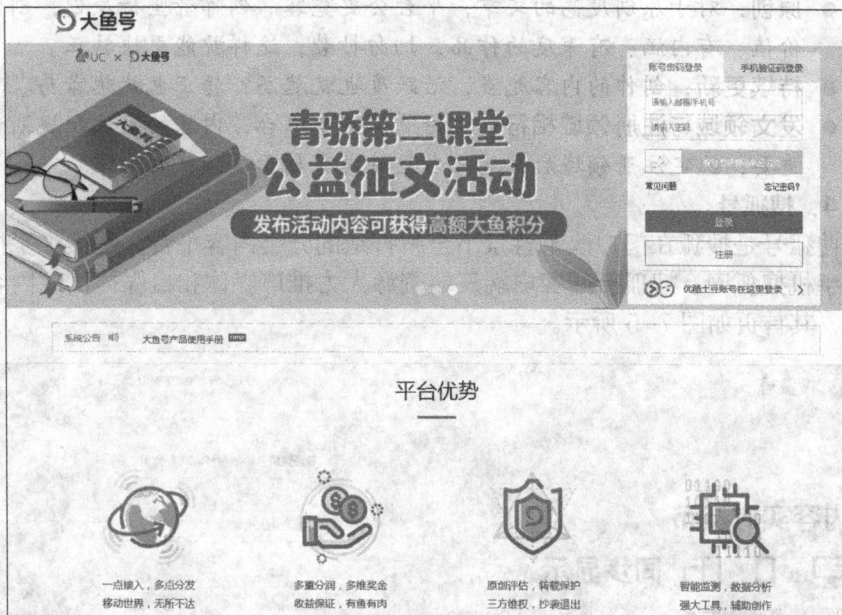

图7-4　大鱼号首页

（1）大鱼号的资料。

选择入驻类别后，即可进行资料的填写，填写内容主要包括名称、介绍、领域、头像等，下面分别进行介绍。

● **名称**：根据规定，大鱼号名称为 2 ~ 10 个字符，不可以使用任何含有明显营销推广意图的文字作为名称。

● **介绍**：大鱼号介绍为 1 ~ 25 个字符，主要介绍其功能和特色，不可以添加任何含营销推广意图的信息和微博网址等联系方式，可与其他写作平台的信息保持一致，如吴晓波的大鱼号介绍为"财经作家，曾任EMBA课堂教授，中国青年领袖"，就与今日头条号的介绍保持一致。

● **领域**：大鱼号可供选择的领域较多，包括科技、财经、体育、娱乐等38 个领域。在选择领域时，可以从用户群体的性别入手，也可以根据自身的特长选择相应的领域。但是当申请人填写的领域与大鱼号的名称、辅助材料等不一致时，申请将无法通过审核。

● **头像**：大鱼号头像要求图片清晰，不带有水印或二维码，图片大小不超过 2MB。头像属于个人标识，应当与其他平台保持一致。

（2）大鱼号的试运营期。

入驻大鱼号后，首先要面临的问题就是转正，刚注册的账号会有试运营期，在试运营期账号评分达到 75 分后就可以自动发起考核,达到 100 分后即可转正,转正速度与发文的数量和质量密切相关。只要坚持下面3点，就可以在短时间内顺利通过试运营期并转正。

- 原创：对于原创度高的文章，平台会更宽容。创作者坚持原创，创作有价值、有内涵、有深度的作品，切勿抄袭，这样就能更快转正。
- 持续更新：创作的内容越多，活跃度也就越高，转正也就越容易。
- 发文领域与注册领域相符：无论选择哪个平台，内容的定位和规划都很重要，选定注册领域后，就应当坚持发布属于该领域的文章。

4. 搜狐号

搜狐号是搜狐在门户改革背景下全新打造的分类内容平台，是集中了搜狐网、手机搜狐网、搜狐新闻客户端三端资源大力推广媒体和自媒体优质内容的平台，其首页如图7-5所示。

图7-5 搜狐号首页

在搜狐号中，各个行业的优质内容提供者，如个人、媒体、机构等均可以免费入驻。一方面为搜狐自媒体平台提供内容；另一方面利用搜狐号强大的媒体影响力，获取可观的阅读量，提升自己的行业影响力。搜狐号的特点主要如下。

- 搜狐号集中了搜狐网、手机搜狐网，以及搜狐新闻客户端的流量，能够快速获取阅读量，文章只需要发布一次，搜狐三端就会同步显示。
- 搜狐号改进了原有的推荐机制，根据文章本身质量及流量表现进行自动化推荐，只要内容优质就有机会上头条。

（1）搜狐号的类别。

图7-6所示的5种类别可入驻搜狐号。其中，搜狐个人号面向个人，提供以文字、图片创作为主的内容管理、互动平台，帮助个人用户获取自己的粉丝，打造自己的品牌；搜狐媒体号面向报纸、杂志、广播电视台、电台、互联网等媒体开放内容发布平台，与搜狐共享亿万移动用户；搜狐群媒体适合以内容生产为主要产出的公司、创作团队、MCN申请；搜狐政府号主要面向国家各省市区的各级党政机关，为发表公开政务信息而打造；搜狐企业/机构/其他组织号面向企业、机构，以及其他提供内容或服务的组织，共享海量流量资源，扩大自身品牌影响力。

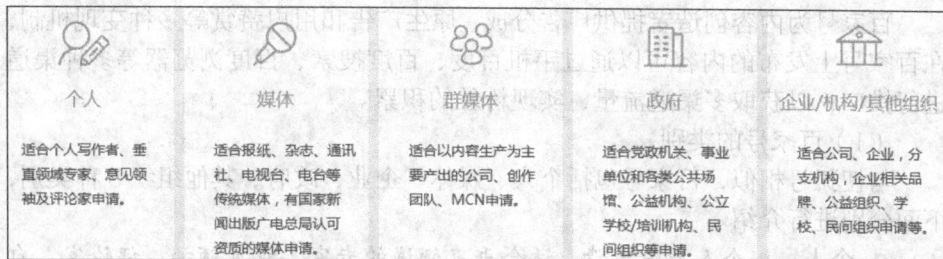

个人	媒体	群媒体	政府	企业/机构/其他组织
适合个人写作者、垂直领域专家、意见领袖及评论家申请。	适合报纸、杂志、通讯社、电视台、电台等传统媒体，有国家新闻出版广电总局认可资质的媒体申请。	适合以内容生产为主要产出的公司、创作团队、MCN申请。	适合党政机关、事业单位和各类公共场馆、公益机构、公立学校/培训机构、民间组织等申请。	适合公司、企业，分支机构，企业相关品牌、公益组织、学校、民间组织申请等。

图 7-6　搜狐号的类别

（2）搜狐号的资料。

搜狐号资料的填写主要包括主体信息和公众平台信息登记两个部分，名称、头像、简介等资料的设置与其他新媒体平台的设置方法相同，下面主要介绍搜狐号需要特别注意的事项。

- **领域**：与大鱼号、今日头条号相比，搜狐号的入驻领域较少，主要有27个领域，在注册账号时如果不清楚账号的领域，可以选择"其他"，选择领域后，不可以进行修改。
- **辅助资料**：在搜狐号中，如果已有其他平台账号，如微信公众号、头条号、一点号等，为核实是本人申请入驻搜狐号，需要使用其他平台的账号发表一篇文末含有"特定署名信息"的文章（文末特定署名信息为："本文由'某某账号'发布，××年××月××日"），然后将此篇文章链接放入辅助材料内。如果已经有微博认证账号且粉丝数达到5万人，则需要提供微博的地址，并在自己的微博上发表一条微博，内容为"（搜狐号名称）申请入驻搜狐号平台"，以便系统核实微博的真实性。如果非微博认证用户或粉丝数未达到5万人，则需要提供其他辅助材料。如果是某一领域的达人，如旅游达人、美食达人等，还需要提供能证明专业能力的资料。

5. 百家号

百家号是百度公司为内容创作者提供的内容发布、内容变现和粉丝管理平台，其首页如图7-7所示。百家号支持内容创作者发布文章、图片、视频作品，还将支持H5、VR、直播、动图等更多内容形态。

图 7-7　百家号首页

百家号为内容创造者提供广告分成、原生广告和用户赞赏等多种变现机制，在百家号上发布的内容可以通过手机百度、百度搜索、百度浏览器等多种渠道进行推广，以获取多渠道流量，实现粉丝的积累。

（1）百家号的类别。

与搜狐号相似，百家号包括个人、媒体、企业、政府、其他组织5种类别，下面分别进行介绍。

- **个人**：以个人身份申请，适合垂直领域的专家、意见领袖、评论家、自媒体人士及站长（泛指拥有个人网站的群体）等申请。
- **媒体**：适合有媒体资质的网站、报刊、电台、电视台等申请。
- **企业**：适合公司、分支机构等类型的组织申请。
- **政府**：适合国内外国家政府机构、事业单位、参公管理的社团组织等申请。
- **其他组织**：适合各类公共场馆、公益机构、学校、社团、民间组织等机构团体申请。

百家号的入驻资料主要包括名称、头像、签名、介绍、领域等，其设置原则与其他写作平台类似，此处不再赘述。

（2）百家号的功能。

百家号有原创标签、自荐、写作双标题、写作指导等功能。下面分别进行介绍。

- **原创标签**：分为图文原创标签和视频原创标签。账号成功开通原创标签能够有效地保护文章不被侵权，还可以获得众多平台权益。
- **自荐**：当前只对原创作者开放，原创作者在百家号发布一篇文章（图文、图集或视频）时，可选中编辑器最下方的"自荐"，将优质文章推荐给平台，平台会从中择优挑选文章加大推荐力度。原创作者每周拥有两次自荐机会，如果自荐成功，当周将获得一次新的自荐机会，上不封顶；如果两次自荐均失败，则当周不再拥有自荐机会。
- **写作双标题**：作者编辑文章时可以添加两个标题，用户通过这两个标题可以对文章了解更加详细，能有效提升用户的阅读体验。作者发布文章时，选中双标题后，系统会对比在系统推荐下两个标题的点击量，从中选择点击量高的标题进行推广，有效提高文章的收益。
- **写作指导**：写作指导是指在写作过程中提供实时内容查证与变更修改服务，能够有效提高作者内容精准度和权威性，赋予作者创作灵感，提高创作效率。

7.1.3 新媒体写作的营销策略

新媒体写作平台中聚集了大量的潜在用户，在其中进行营销可以达到引流、聚集人气的目的，是活动或品牌推广的不二选择，那么新媒体写作营销应当怎么进行呢？下面就对其进行详细介绍。

1．明确的个人定位

要做好新媒体写作营销，创作者首先需要具有明确的个人定位，没有目标就难有持续的行动力。在定位时，需要考虑能提供什么有价值的作品、谁会需要这些作品。通常情况下，一个人的能力、资源和潜力都是其自身的优势，但是就新媒体写作而言，还需要思考究竟哪方面的才能、知识积累能够通过写作分享转化出来。例如，某人是一个很幽默的人，比较会说段子，经常逗得大家哈哈大笑，那么创作段子就是他的优势。只有具有明确的个人定位，才能够不断输出价值，打造个人影响力。如图7-8所示，该创作者的个人定位是"历史票友，业余写手"，其文章也与个人定位相符。

图 7-8　明确的个人定位

2．选择合适的写作平台

一般情况下，选择一个合适的新媒体写作平台进行写作，往往能够获得事半功倍的效果。好的平台能将营销效果最大化，对于一个创作者而言，平台的流量、规则和曝光机会都非常重要。

- **流量**：流量是选择写作平台时首先要考虑的因素，流量大的平台通常具有更大的影响力，也会为创作者提供更多的展示机会，一般来说，百度、腾讯、阿里巴巴旗下的新媒体写作平台具有天生的流量优势和推广优势，定位精准、内容优质的作品在这些平台上更容易获得高阅读量。
- **规则**：不同的平台有不同的规则，对于一个原创型的创作者而言，平台规则是否对原创有利直接影响着内容的最终影响力。保护原创内容的平台更利于保护创作者的个人品牌，如今日头条的原创计划，就可以很大程度地保障原创作者的权益。
- **曝光机会**：一个好的平台如果不能为创作者提供更多曝光机会，其营销价值就会打折扣。现在主流的自媒体写作平台都有不同的打造和突出内容创作者个人品牌的方式。比如搜狐号的个人品牌曝光机会较大；简书上高质量的内容创作者可以与出版社合作或成为简书签约作者；今日头条的"千人计划"可以让自媒体人获得收益并进行签约，为自媒体人提供更多机会；大鱼号的"大鱼计划"可以为自媒体人带来较高的经济效益等。所以，只有选择合适的自媒体平台才能获得更多的个人品牌曝光机会。

新媒体写作平台的运营与微信公众号的运营类似，平台的选择、内容的推送等都应该与个人定位相符。现在主流的自媒体平台，因为其定位不同，吸引的用户群体也不一样。比如简书的用户中文艺青年和大学生比较多，文稿类型也以励志故事、情感故事、专业的"干货"文章为主；而今日头条的用户多为社会人群，文稿类型以新闻、娱乐类为主。

在选择入驻平台和主要营销平台时，可以先了解各平台的定位和用户人群，阅读平台推荐的热门文章，分析热门文章的类型，再根据个人定位选择合适的平台。

3．高效学习，持续输出

个人品牌的打造并不是一朝一夕的事情，这需要创作者持续不断地在用户群体心目中树立良好的形象，创作者若不能持续输出价值，那么就很难获得读者的喜爱和赞同。在写作的过程中，部分创作者可能会遇到"无话可说"的情况，此时就需要知识的输入，下面介绍3种高效学习的方法。

- 可以选择定位领域的优秀文章作为自己的学习内容，关注领域中的优秀作者，学习其写作思路，并通过分析高阅读量的文章总结优质选题。如写作护肤品相关的文章，可以关注美妆达人或者阅读关于护肤的热门文章。
- 可以关注相关领域的动态变化，如写作美妆有关的文章，就应当多关注相关领域的活动，为自己的文章积累素材。
- 要养成记录的习惯，并学会分析总结。

4．打造内容亮点

新媒体写作营销的核心就是打造亮点，创造更多的品牌或产品价值。在进行营销的过程中，要将亮点作为内容营销的重点。内容的亮点一般围绕价值、品牌、用户3个因素进行打造，下面分别进行介绍。

- **价值**：价值包含很多方面，如推送内容的价值、品牌的价值、产品的价值等。在现在的市场上，产品类型、产品价格、销售渠道等同质化现象非常严重，普通用户难以对相似的产品进行准确区分，因此应该将价值充分凸显出来，让产品可以从同类产品中脱颖而出。
- **品牌**：现在的网络营销趋势逐渐向品牌化的方向发展，品牌可以有效提高产品的辨识度、用户接受度和忠诚度，品牌化的产品也更容易被大众所接受，因此新媒体写作营销者要有意识地树立和宣传品牌，设计自己的风格，打造个性化品牌。

- **用户**：用户是营销的中心，拥有用户才可以实现最终的营销目的。而想要拥有用户，就先要了解用户，学会挖掘用户的痛点，为他们提供真正有用的信息，很多新媒体写作营销者都是站在用户的立场，从用户的角度出发进行内容策划的。

7.2　知识问答营销

人类每天都在交换大量的信息，问答就是其中一种非常重要的方式。在新媒体时代，知识问答营销主要是通过一问一答或一问多答的形式，将信息展现在用户的面前，让用户了解营销内容。

7.2.1　知识问答营销的基础知识

知识问答营销属于互动营销中的新型营销，既能与潜在用户产生互动，又能自然地植入商家广告。总的来说，知识问答营销具有两大优势：精准度高和可信度高。

- **精准度高**：在知识问答营销下，询问和作答的用户通常对问题涉及的事物有很大的兴趣，如有的用户想要了解"新上映的电影哪些比较好看？""有哪些护肤品适合敏感肌肤的人群使用？"等，那么刚好看过新上映的电影的用户就会推荐自己看过的满意的影片，敏感肌肤人群会推荐自己认为合适的护肤品，而被推荐的人通常也会接受推荐，产生购买欲望，因此营销的精准度较高。
- **可信度高**：在知识问答营销下，提问方和回答方之间的交流很少涉及利益，回答方大多根据自己的亲身经历回答问题，大多数用户不会对其产生怀疑，使得问答的可信度较高。这对企业而言则意味着可以将用户回答转化为潜力，帮助产品或品牌形成良好的口碑效应。

知识问答营销贴合了用户利用互联网寻求解答的心理，对提升品牌或产品知名度、创造企业美誉度、促进订单转化都有很好的营销意义，下面对知识问答营销的主要特点进行介绍。

- **低成本**：知识问答营销不受时间、空间的限制，发布产品和服务信息灵活自主，且成本非常低，不需要耗费大量的人力、物力和财力。知识问答营销主要通过有价值的信息影响消费者的思想和行为，这就要求营销者具备一定的能力，能为用户提供帮助，获得其信任。
- **定位准确**：知识问答营销可以实现营销者与用户的双向互动，通过日积月累的持续营销，不断提升读者和粉丝的数量，扩大影响力。知识问答营销的内容往往围绕某一个问题或主题进行。也就是说，每个问题的读者都是对该问题感兴趣的群体，这个群体是根据内容筛选出来的细分领域的目标用户，定位非常精准。

- 互动性强：在进行知识问答营销时，提问和回答的方式都非常利于用户讨论交流，提问者可以在回答区与用户互动，提出问题、解决问题，实现信息共享和双向互动。一些影响力较大或者有价值的回答，非常容易被用户转载分享，在提高传播力的同时，也可以吸引更多用户关注问答的内容，参与讨论。通过在知识问答中进行各种互动，不仅可以维护与用户的感情，还有利于培养用户的忠诚度。

7.2.2 知识问答营销的主流平台

知识问答营销能够在花费较少资金和人力成本的条件下，既做到与潜在的用户产生互动，又做到在问答中植入广告、对目标用户施加积极影响，是一种互动性较强，并且比较权威的营销方式。当前知识问答营销的主流平台主要包括知乎、在行、百度知道等，下面分别进行介绍。

1．知乎

知乎是一个信息获取、分享和传播的平台，其界面如图7-9所示。知乎连接各行各业的用户，用户分享彼此的知识、经验和见解，为平台提供不同类型的信息内容。知乎用户通常都有各自的标签，标签相似的用户可以围绕某个大家都感兴趣的话题进行讨论，也可以关注其他兴趣一致的人。在知乎上，通过提出、解答、分享问题，用户可以构建具有很高价值的人际关系网，通过交流的方式建立信任，从而打造自己的个人品牌。

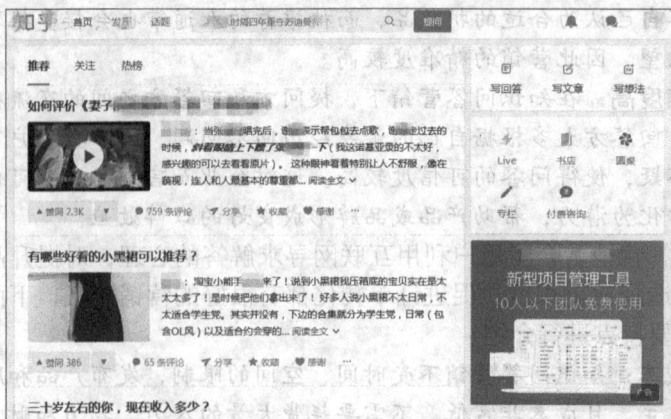

图7-9 知乎的界面

知乎以问题为聚集单元、以人为流量单元，保证了用户的高质量答案会被关心该问题的用户所发现和赞同，而其他用户的赞同则带来了高质量内容的二次传播，使高质量的答案能够被更多用户发现。在知乎中进行问答营销，需要了解其用户分布、产品功能和产品特点。

（1）用户分布。

知乎作为一个大型的中文问答社区，覆盖了各行各业的人员，他们彼此分享自己的知识和经验。图 7-10 所示为知乎用户学历分布情况，图 7-11 所示为知乎用户职业分布情况，从中可以看出知乎用户的学历较高。由此可知，知乎是一个多领域经验交汇并且可以互动的优质平台。

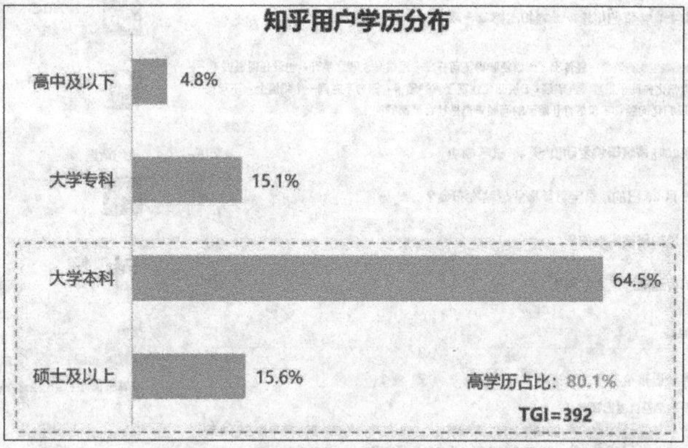

图 7-10　知乎用户学历分布

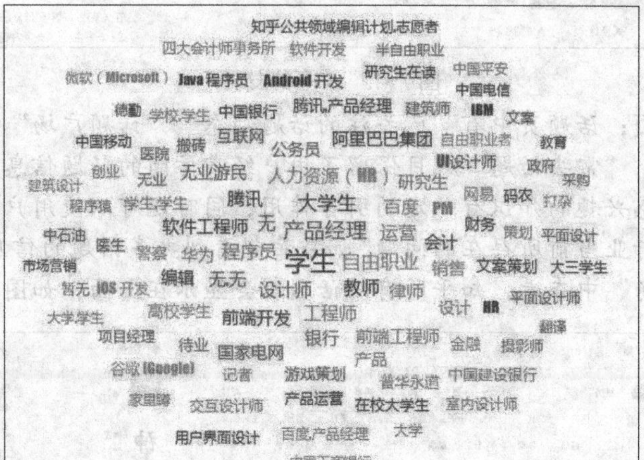

图 7-11　知乎用户职业分布

（2）产品功能。

通过图 7-9 可知，知乎主要分为首页、发现页、话题页和消息页，每个页面的功能各不相同，下面分别进行介绍。

- **首页**：知乎首页主要显示用户关注的人的最近动态、推荐问题和热门问题，用户可以在其中选择相关问题进行关注、评论、感谢和收藏等，这在一定程度上保证了内容的话题性。在首页右边板块中，用户可以通过"我的收藏""我关注的问题"快速查阅已收藏和已关注的内容。
- **发现页**：图 7-12 所示为知乎的发现页，该页面中包括"编辑推荐""今日最热""本月最热""热门圆桌""热门话题""热门收藏"等栏目。这些栏目既可以保证知乎最有价值的内容和当前最值得探讨的内容被用户获取，又能保证用户了解当前最热话题。发现页是一个互惠互利的板块。

图7-12　知乎的发现页

- **话题页**：话题页中有"已关注的话题动态""话题广场""常去话题"栏目。"常去话题"栏目保留了用户经常访问的话题信息，对用户获取自己感兴趣的知识有一定的引导作用，同时还可以使用户快速了解感兴趣的行业当前所存在的问题。如果希望看到更多话题的信息，可以在"话题广场"中查看，知乎所有的话题都会显示在上面，如图7-13所示。

图7-13　知乎的话题广场页面

- **消息页**：知乎的消息分为4类，分别为关注的人、问题和专栏有了新回答，新关注我的人，获得的赞与感谢以及私信。一般情况下，知乎默认接收所有人的消息，这样的消息机制可以让用户关注到其感兴趣的问题的新回答，也给予了新回答更多的曝光机会。

（3）产品特点。

在知乎中，通过提出不同的问题，可以吸引相关行业的人发布优质的答案；通过关注功能寻找自己感兴趣的人，让互不认识的人产生联系和互动，从而衍生出更多的优质内容，形成良性循环。下面对知乎的产品特点进行介绍。

- **评价机制**：在大多数平台中，用户对于其他用户的评论都是可以进行操作的，如回复、赞同、不赞同、收藏、感谢、分享、没有帮助、举报回答等。在多样的评价机制下，优秀的答案可以得到大量曝光，而那些质量不高或者涉嫌广告等内容的回答则会被直接折叠。

- **邀请回答机制**：在知乎中，发布问题后除了等待其他用户回复外，还可以邀请其他用户回答。这种模式一方面可以减少用户等待的时间，让用户在比较短的时间内得到回复；另一方面也能够让合适的人回答合适的问题，提高回答的准确性。对于被邀请的用户而言，这也能够激励他们产出优秀的内容。因此，邀请回答机制对于回答者和提问者而言都是非常有利的。

- **付费栏目**：随着知识付费浪潮的来临，很多平台都在这方面取得了成功，知乎也不例外，知乎本身就拥有大量的高质量用户，而这些用户对知识付费的接受程度显然要远远高于其他用户。在知乎中，付费的栏目主要包括Live小讲功能、付费咨询等。其中，知乎Live小讲功能的覆盖范围较广，几乎包括了所有可以在线谈论的内容，价格有高有低，符合不同消费层次用户的需要。在这种模式下，一方面可以让知识的创造者获得一定的收益以激励其创作出更多有质量的内容，另一方面也可以让知识的接受者付出较少的代价获得他人多年的经验以及见解。

知识补充

知乎书店

除了以上介绍的功能外，用户还可以通过知乎书店板块购买图书。该书店拥有知乎自己出品的一些图书，用户可以直接在知乎中阅读免费的知乎周刊，也可以购买其他系列的付费电子书。此外，购买书籍后，用户可以通过社区的问答功能进一步就书中内容进行拓展讨论，浏览作者的专栏，进行文章延伸阅读，参与作者的Live进行实时互动。

---

2. 在行

在行是由北京我最在行信息技术有限公司开发的一款领先的知识技能共享平台，其首页如图7-14所示。在在行中进行营销需要用户先成为行家或顾问，以行家的身份来进行知识营销，带动线上线下的产品升级，成功打造自己的品牌。下面分别从用户分布、行家分类、产品特点3个角度对在行进行介绍。

图 7-14　在行首页

（1）用户分布。

在行的用户人群年龄集中在 19 ~ 34 岁，多为愿意付费解决困惑、问题的人，其用户人群主要集中在以北京和广东为主的一二线经济比较发达的城市。总的来说，在行的目标人群主要包括以下 4 类。

- **学生**：主要包括处于学前教育、义务教育和高等教育阶段的学生，以及需要进行语音学习、专业技能提升和面试辅导等方面培训的学生。
- **职场人士**：包括需要进行职业规划、职场转型和职场晋升规划的群体，以及需要学习或分享项目管理经验、经营管理经验、行业经验等的群体。
- **创业人士**：包括需要学习如何搭建团队，如何进行市场推广、数据分析、人才招募、股权分配、融资等，以及如何写好一份商业计划书的创业群体。
- **普通用户**：包括关注吃喝玩乐、健身营养、个人形象、医疗保健、旅行、运动、家具、摄影、心理咨询等领域的群体。

（2）行家分类。

在行的行家分类板块比较简单，主要展示了各种类型的行家，如职业发展、行业经验、"互联网＋"等领域行家，在大的行家类目下还进行了细分，如图 7-15 所示。

用户选定符合自己需求的行家后，即可预约行家，大致流程为选择话题→填写个人简介和问题→预约→行家确定→付款→确认时间地点→进行约见→行家确认见过→评价并进行反馈。在行是国内比较具备创新力的知识技能共享平台，其致力于用分享经验的理念让每个用户各尽所能。用户在任何领域有问题或者有个性化的服务需求，在这里都可以找到行家为其答疑解惑、出谋划策、定制服务。

（3）产品特点。

在行在传统面对面咨询方式的基础上进行了优化与改进，让用户在线上填写需求，由用户自由选择获得答案的方式，如一对一面谈、远程通话、小班组团课或个性化定制服务等，下面从 3 个方面对产品特点进行介绍。

图 7-15　行家分类

- **线上预约，线下服务**：在该平台中，只需要在线上简单填写需求，就可以进行线下面对面约见，而且现在开通了远程语音服务，全国的用户都可通过远程通话进行交谈。
- **丰富的约见方式**：行家会根据用户的具体需求，给出比较优化的解决方案，如一对一面谈、远程通话、小班组团课等方式。
- **私人定制**：用户可根据自身需求定制个性化的行家服务，如寻找心理咨询师，拍摄职业照、结业照或定制符合职业身份的职业发型等。

3．百度知道

百度知道是由百度搜索引擎自主研发的、基于搜索的互动式知识问答分享平台，其首页界面如图 7-16 所示。在该平台中用户可以根据自身的需求有针对性地提出问题、寻求答案；同时，这些答案又将作为搜索结果，满足有相同或类似问题的用户的需求。百度知道不仅可以通过回答问题来分享经验与知识，还能在企业的专属问题页面中传播企业的具体业务范畴，通过专属的广告位增加企业曝光，百度知道能更加精确地定位用户群体，并形成转化。

图 7-16　百度知道首页

（1）用户分布。

通过图 7-17 可知，百度知道的用户年龄主要集中在 20 ~ 49 岁，并且男性用户的比例明显高于女性用户。

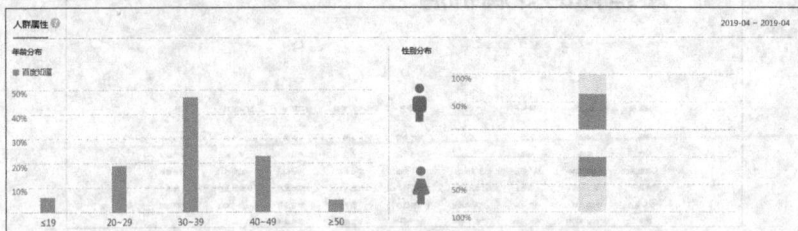

图 7-17　百度知道用户分析

（2）产品功能。

通过图 7-16 可知，百度知道主要包括首页、问题分类、栏目、用户、我的知道等界面，现将各界面的功能分别进行介绍。

- **首页**：百度知道的首页直观地给出了用户可能想要浏览的内容，弱化了问题和分类的比重，减少了用户非必要的操作，将更多的版面用来突出有效的信息，如大家热议的问题、精彩推荐以及活动公告等。用户进入首页后，看到的都是推送的优质信息，这样既方便了用户，又提升了品牌专业度。
- **问题分类**：通过图 7-18 可知，百度知道的问题栏有很多种类的问题，如经济金融、企业管理、法律法规、社会民生等。用户可选择自己感兴趣的问题，查看问题的回答。

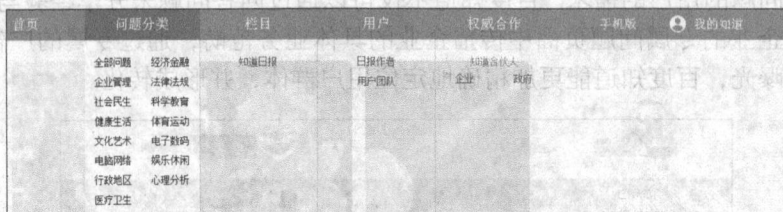

图 7-18　百度知道的问题分类

- **栏目**：知道日报是百度知道重磅推出的品牌内容栏目。知道日报甄选了广大用户深感兴趣的问题，涉及生活、互联网、健康、环境、天文等几十个分类，邀请专业机构、专家学者向用户提供专业优质的回答。
- **用户**：在百度知道中，用户可以申请成为个人作者或者机构作者。个人作者面向个人，适合某一个领域的专业人士或者研究爱好者，可为用户提供专业知识或专业建议；机构作者面向政府、事业单位、媒体机构等，能提供专业、权威的知识分享，扩大组织的品牌影响力。
- **我的知道**：我的知道即用户个人中心，包括问答、我的团队、我的任务、我的历程、我的物品等栏目。

芝麻、芝麻将和芝麻团

芝麻即百度知道中乐于分享、传播知识的用户。芝麻将即百度知道管理员，是由从百度知道的热心用户中选拔出来的核心成员所组成的管理队伍，由百度知道官方工作人员直接领导。芝麻将分为初级、中级和高级3个级别，级别越高，拥有的权限越多。芝麻团即百度知道中的团队，用户可以申请加入自己感兴趣的团队，也可以和拥有共同爱好、专长和理想的"芝友"组建团队。芝麻团的成员一方面可以通过分享专业知识帮助数亿网友，另一方面还能通过集体答题获得专属翻倍奖励。

（3）产品特点。

百度知道作为问答平台中的一个大规模、高质量的知识库，已解决超过5.5亿个问题，近几年广受营销人员的青睐，总的来说，其特点主要如下。

- **用户基数大，潜在客户多**：百度知道和百度搜索完美结合，百度的庞大用户群体为其提供了流量支持。同时社区及团队的形式使得用户之间的互动性更强。

- **激励体制完善**：百度知道鼓励用户积极参与回答，它根据一段时间内社会的热点问题，推出知道任务，用户一旦领取任务，就可以按照任务的要求回答问题，而提交问题后就会有相应的任务奖励，被采纳的回答越多，任务奖励越大。另外，百度知道还设置了悬赏分，如果提问者采纳某个回答，那么回答者就可以获得提问者的悬赏分。百度知道通过以上激励机制充分调动了用户的积极性。

7.2.3　知识问答营销的策略

一般来说，灵活运用知识问答营销策略，可以取得更好的营销效果，下面对知识问答营销的策略进行介绍。

1. 筛选优质的问答平台

知识问答营销基于问答平台展开，因此选择功能完善、稳定、适合开展营销活动的问答平台十分重要。原则上说，应该选择访问量大、知名度高、用户数量多的平台，这种类型的平台影响力更大、流量更多，也更容易获得用户的信任和关注。

2. 个人设置

恰当的个人设置是开展知识问答营销工作的第一步，能给用户留下良好的第一印象。一般来说，头像、昵称、个人资料等都是需要重点关注的设置项。

- **头像**：头像是与用户接触的第一道关卡，能否快速获得用户的信任并顺利展开话题，与头像的设置息息相关。头像的设置通常遵循专业、正规的原则，头像可以是用户的正式照片，也可以是公司Logo或具有代表性的产品图片等。

- **昵称**：昵称设置以简洁易记为基本原则，可以直接使用自己的名字或者公司名称，方便用户记忆，同时还能体现个人或公司的专业度。昵称设置后，建议不要随意更改，更改昵称后容易出现被好友遗忘或让好友感到生疏的情况，需要花费更多的时间让好友记忆，甚至可能需要重新推广产品、建立关系。
- **个人资料**：个人资料可以有效地对自己进行展示和说明，资料设置得越详细，越能拉近与用户间的距离，给人以真实感和信赖感。设置的资料最好能够契合产品信息，即通过资料来表述产品、品牌等信息，让用户能够快速了解其基本信息。

3. 站在用户角度提出、回答问题

对于知识问答营销而言，用户更想看到对自己有价值的内容，因此应当站在用户角度去提出、回答问题。例如，你在北京开了一个会计培训机构，想通过知识问答做营销，那么提出的问题可以是“北京哪个会计培训机构比较好？”，而不是“北京 ×× 会计培训机构怎么样？”。就提出的问题而言，前者完全是站在用户的角度去考虑的问题，营销效果也会更好。

另外，就回答问题而言，用户一般比较倾向于相信资深人士的回答，因此，在回答问题时，还应当体现出权威性，如“作为一位在互联网培训领域摸爬滚打了 10 多年的人士”等，然后再结合案例和数据，逻辑严谨地说出自己的观点。图 7-19 所示为芬必得在知乎平台上的一篇标题为“世间有千百种疼痛，你对痛有多少领悟？”的回答，该回答站在用户的角度先给大家分享了有关身体疼痛的健康知识，让用户了解疼痛的类型，然后全面讲解了布洛芬治疗身体疼痛的药理知识，在树立芬必得的权威形象的同时，提升了与用户的亲密度。

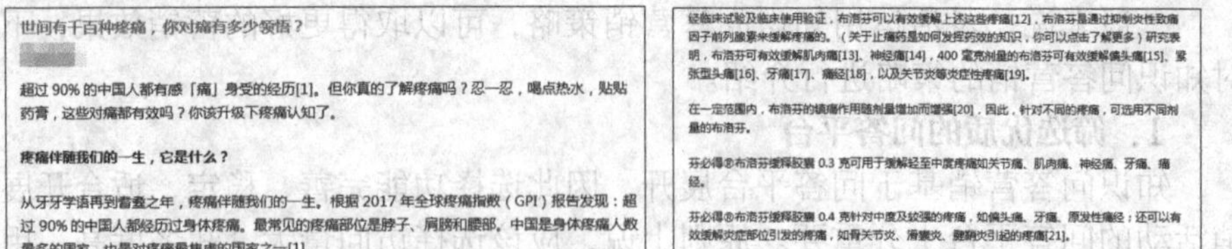
世间有千百种疼痛，你对痛有多少领悟？

超过 90% 的中国人都有感「痛」身受的经历[1]。但你真的了解疼痛吗？忍一忍，喝点热水，贴贴药膏，这些对痛都有效吗？你该升级下疼痛认知了。

疼痛伴随我们的一生，它是什么？

从牙牙学语再到耆耋之年，疼痛伴随我们的一生。根据 2017 年全球疼痛指数（GPI）报告发现：超过 90% 的中国人都经历过身体疼痛。最常见的疼痛部位是脖子、肩膀和腰部。中国是身体疼痛人数最多的国家，也是对疼痛最焦虑的国家之一[1]。

疼痛如此常见，那么疼痛是什么？国际疼痛研究协会（International Association for the Study of Pain，IASP）定义疼痛：疼痛是一种与组织损伤或潜在的损伤相关的不愉快的主观感觉和情感体验[2]。事实上，疼痛是一种主观感受，每个人对同一伤害所感受到的痛感是不一样的。举个例子，关羽刮骨疗伤能谈笑风生，但换作是你可能早已痛不欲生了。

既然疼痛是一种主观感受，没办法用精准的仪器测量，那么疼痛该如何被评估呢？临床上常用的疼痛分级方法如主诉疼痛分级法（verbal rating scale, VRS），将疼痛进行分级。VRS0 级即无痛；VRS1 级即轻度疼痛，有痛感但可忍受，能正常生活，睡眠不受干扰；VRS2 级即中度疼痛，不能忍受疼痛，睡眠受干扰；VRS3 级即重度疼痛，疼痛剧烈，可伴有自主神经功能紊乱，睡眠严重受干扰[2]。

痛有那么多种，你对痛有多少领悟？

经临床试验及临床使用验证，布洛芬可以有效缓解上述这些疼痛[12]，布洛芬是通过抑制炎性致痛因子前列腺素来缓解疼痛的。（关于止痛药是如何发挥药效的知识，你可以点击了解更多）研究表明，布洛芬可有效缓解肌肉痛[13]、神经痛[14]，400 毫克剂量的布洛芬可有效缓解偏头痛[15]、紧张型头痛[16]、牙痛[17]、痛经[18]，以及关节炎等炎症性疼痛[19]。

在一定范围内，布洛芬的镇痛作用随剂量增加而增强[20]，因此，针对不同的疼痛，可选用不同剂量的布洛芬。

芬必得®布洛芬缓释胶囊 0.3 克可用于缓解轻至中度疼痛如关节痛、肌肉痛、神经痛、牙痛、痛经。

芬必得®布洛芬缓释胶囊 0.4 克针对中度及较强的疼痛，如偏头痛、牙痛、原发性痛经；还可以有效缓解炎症部位引发的疼痛，如骨关节炎、滑囊炎、腱鞘炎引起的疼痛[21]。

以下是华丽的广告图

图 7-19　芬必得在知乎平台上的经典回答

4. 问答答案关键词策略

知识问答营销通常也是按照关键词来确定相关问题的主题，当用户搜索触

发关键词时问题才有可能被展示。关键词不仅要合理地出现在问题标题中，还要适当地出现在问题的答案中。以下提供5种关键词选择策略。

- **产品词**：根据所提供的产品或服务的种类或者细分类型来确定关键词，可以具体到产品类目、型号和品牌等，如英语培训、皇家猫粮等。一般来说，不同的行业，产品种类和细分类目的关键词是不一样的，这就需要了解用户的搜索习惯。产品类型的关键词具有明显的定位意向，因此需要在问题中着重突出自己的产品特色，抓住潜在客户的需求点，促成最终的转化。

- **通俗词**：很多用户在使用搜索引擎搜索信息时，会使用一些比较口语化的表达方式，如"怎样学好英语"，这类用户一般以获取信息为目的，对商业推广的关注度不高，因此在使用该类型关键词吸引用户时，应该以为用户提供有价值的信息为目的，解决了用户的问题后，再引导用户关注。

- **地域词**：将产品词、通俗词、地域词相结合，针对某个地域的用户进行推广，如"上海英语培训班""上海哪个英语培训班好"，搜索这类关键词的用户通常有较强的目的性，希望在搜索的地域内获得服务，因此在营销时需要突出产品或服务在地域上的便利性。

- **品牌词**：在拥有一定的品牌知名度后，就可以使用品牌词，如"海尔""樱花日语"等，此外如果拥有专业技术或专利名称，也可以使用一些专有品牌资产名称吸引潜在用户。

- **人群相关词**：很多用户在搜索问题时，可能不会直接表达出对产品或服务的需求，但是其搜索行为会传达出特定的信息，这些信息也可能与营销信息产生重合，将用户变成潜在消费者，如搜索绘画技巧、绘画基础的用户，可能对绘画培训有需求。

📊 课堂实训

实训1 在简书上进行新媒体写作营销

💿 实训目标

假如你的公司最新推出了一款吹风机，并且具有气流强劲、不伤发质、防止头发干枯毛躁的特点，当前需要在简书上进行新媒体写作营销，试着分析如何进行营销。图7-20所示为一篇新媒体写作营销范文，可以借鉴其思路。

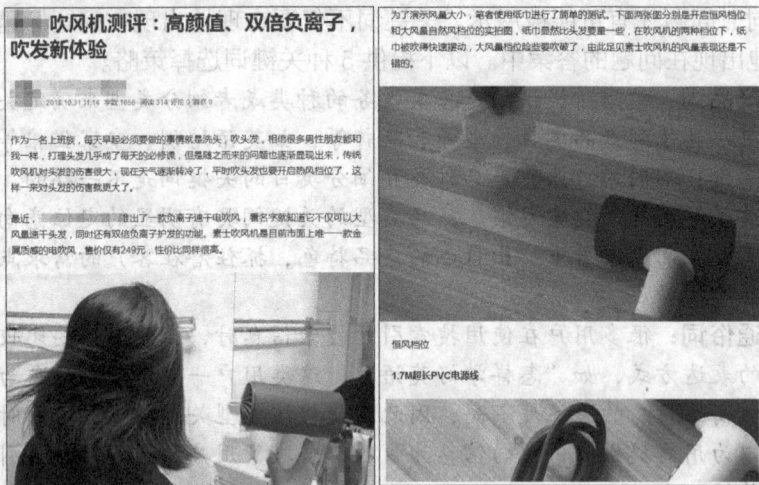

图 7-20　新媒体写作营销范文

实训思路

新媒体写作营销的思路与微博头条文案的营销思路类似，主要是对写作内容的策划，具体策划思路如下。

（1）标题。标题是用户最先看到的营销内容，标题是否具有吸引力是决定用户是否会查看营销内容的关键，因此在进行新媒体写作营销时应当撰写一个具有吸引力的标题。本例中范文的标题以产品卖点为主，开门见山、简单明了。

（2）内容。新媒体写作的内容要能够引起读者的共鸣，激发用户的购买欲望。文案以内心独白开头，给人以真实的感受，并且从不同的方面图文并茂地介绍了这款吹风机的使用体验，能够激发用户的购买欲望。

实训 2　在知乎上进行知识问答营销

实训目标

假如你是某电子产品公司的营销人员，公司新推出了一款电动牙刷，需要在知乎上进行知识问答营销，试着分析应该如何进行营销。

实训思路

用知识吸引用户的注意力是知识问答营销的基本法则，在对电动牙刷进行营销时，可通过问答的形式为用户带来前所未有的品牌体验。在采用知识问答营销对电动牙刷进行营销时，策划思路如下。

（1）提出问题。采用知识问答营销，首先需确定要回答的问题，可以选择在知乎已有的关于电动牙刷的问题下方进行营销。在提出问题时，需要从用户的角度出发，例如"什么牌子的电动牙刷性价比比较高？""××牌子的电动牙刷怎么样？"等。

（2）回答问题。回答问题时也应当站在用户的角度，要让用户有所收获、能够解决用户的难题等。如可以对不同的电动牙刷进行评测，描述自身产品的优点。此外，还可以使用情感来包装内容，使内容富有感染力，如可以从亲身体验的角度描述该款电动牙刷对生活的改变等。

课后练习

练习1　总结新媒体写作营销的盈利模式和优缺点

查找关于新媒体写作营销的案例，试着总结新媒体写作营销的盈利模式和优缺点。

练习2　比较知乎和百度知道对问题的解答方式

在知乎、百度知道中搜索以下几个问题，比较两个问答平台的解答方式，说说你对它们的看法。

（1）在深圳工作体验如何？

（2）怎样和吵架的亲人道歉？

（3）哪本书成了你的枕边书，为什么？

拓展知识

1．定位热点内容的方法

在新媒体写作营销中，根据热点内容来快速吸引用户关注是营销前期引流的重要方法。下面介绍一些寻找热点内容的方法，营销人员可以此为依据来进行新媒体营销内容的定位。

● **在百度指数中查看**：百度指数是以百度海量网民行为数据为基础的数据分享平台。在该平台中可以进行关键词趋势研究、网民需求变化观测、媒体舆情趋势监测、用户特征定位等数据分析。也可以以行业为切入点，分析市场特点、洞悉品牌表现情况。要在百度指数中查看热点内容，可在"大家都在搜"板块中查看。

● **在微博热门话题中查看**：微博永远不缺乏热点内容，单击微博首页底部的"发现"，在打开的页面中可查看各种热门内容。在"发现"页面中单击"话题"，可查看最近的热门话题。

- **在百度搜索风云榜中查看**：百度搜索风云榜以数亿网民的搜索行为为数据基础，建立权威的关键词排行榜与分类热点门户，能够直观地体现网民的兴趣与需求，为新媒体营销与运营提供内容。

- **在其他渠道中查看**：在其他一些平台中也可查看热点信息，如网评排行、搜狐、知乎等。如要查看电商热销产品，可在淘宝排行榜中查看；如要查看热播视频，可在爱奇艺指数中查看。

2. 保证新媒体写作内容质量的方法

新媒体写作营销要想获得较好的营销效果，还需要在内容上做文章。能否留住用户，让用户对营销内容产生兴趣，直接受内容质量的影响。为了保证内容质量，通常需要遵循以下 4 个原则。

- **提高内容与用户的联系**：内容与用户之间的联系是营销信息得以推广的前提，富有乐趣且与用户联系更紧密的内容往往更容易感染用户，引发用户共鸣，方便用户与他人分享，甚至改变用户的认知，让用户主动参与到创造内容的过程中来。

- **为内容营销寻找人性化的素材**：人性化是贴近用户、拉近与用户之间距离的非常有效的一种手段。一般来说，人性化的素材主要包括社交人格化、叙事社会化、内容及时性、科普娱乐性 4 个方面的内容。社交人格化是指为品牌或产品赋予人的形象，通过互动的方式创造内容；叙事社会化是指用故事来创造内容，用好的故事来引发用户的感情投入，优质的故事甚至可以刺激用户主动补充和创建故事内容；内容及时性是指内容可以快速引起用户兴趣，同时方便其阅读，如精练、搞笑、娱乐、竞争等性质的内容可以快速吸引用户，提高内容阅读量、加深传播深度、提升知名度；科普娱乐性是指内容应该以大众熟悉和喜欢的方式进行推广，将复杂议题简单化，用娱乐诙谐的手法将内容普及给用户，有效地进行产品和品牌价值的传递。

- **策划更多的用户共同参与**：互动是营销的一个重要因素，要让更多用户一起参与，就需要注重内容的发布和活动策划。

- **重视内容的创意**：新媒体写作营销需要先明确营销目的和想要实现的营销效果，然后根据目的的有的放矢，用最合适的方式与创意机制来创造内容。

第8章 新媒体数据分析

7月7日，某微信公众号的工作人员为了了解公众号近来的用户增长情况，便通过微信公众号后台查询了6月和7月的部分用户数据。6月1日—7日，公众号新增关注人数累计为5 200人，6月8日—14日，公众号新增关注人数累计为6 215人。7月1日—7日，公众号新增关注人数累计为4 300人。通过分析上述数据发现，6月8日—14日的累计新增关注人数约比6月1日—7日增加20%，而7月1日—7日的累计新增关注人数约比6月1日—7日减少17%。在进行数据分析后，该微信公众号的工作人员立即对比了7月初和6月初推出的文章，发现7月初的内容选题没有做好，导致数据下降，而后对6月初微信公众号的营销方法和技巧进行了总结，及时优化了7月8日—14日的营销策略。

从上述案例中可以看出，在新媒体时代，数据分析与营销密切相关，工作人员只有不断根据数据分析的结果了解营销质量、优化营销内容，才能达到事半功倍的效果。下面就对新媒体数据分析的相关内容进行介绍。

学习目标

- 了解新媒体数据的类型和来源
- 掌握新媒体数据分析的基本方法
- 掌握微信公众号的数据分析方法
- 掌握微博的数据分析方法

技能目标

- 能够掌握新媒体数据分析的步骤和方法
- 能够对微信公众号的图文、用户数据进行分析
- 能够对微信公众号的菜单、消息数据进行分析
- 能够对微博的基本数据、内容数据、粉丝数据进行分析

8.1 新媒体数据分析概述

随着新媒体营销队伍的不断扩大，早期通过付费购买广告位进行营销的模式已经不再适合如今的新媒体环境，精细化运营成为当今新媒体营销的主要模式，只有立足于数据分析才能更好地掌握用户需求，发现营销过程中的问题与商机，及时调整营销方向、控制营销成本、提升营销效果。因此全面了解和分析新媒体数据，是新媒体营销过程中必须掌握的技能。

8.1.1 新媒体数据的类型

新媒体数据主要包括数值型和图文型两种类型。顾名思义，数值型数据主要由数字组成，图文型数据主要由文字和图片两种形式组成。

1. 数值型数据

利用数值型数据可以直观地通过数字对营销情况进行对应的统计和分析，可以很好地总结并评估营销的结果。常见的数值型数据包括阅读数据（阅读量）、粉丝数据（粉丝量）、网店销售数据、网站浏览数据以及各种活动的用户参与情况统计数据等。图8-1所示的某微信公众号的微信菜单点击数据就是典型的数值型数据。

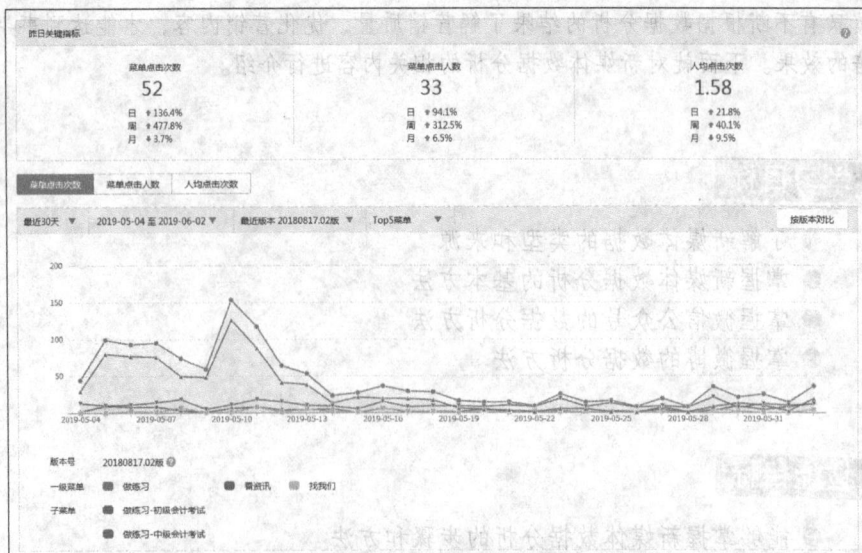

图 8-1　数值型数据

2. 图文型数据

对于图文型数据来说，了解它并非为了制定考核指标的量化结果，而是其可以帮助我们找到正确的营销方向。图文型数据主要通过问卷调查、结构化比较、分析汇总等形式获得。网站栏目分类、账号粉丝分类、消费者反馈以及各种平台矩阵分布等都是比较常见的图文型数据。图8-2所示即为某游戏的用户画像分析，是比较典型的图文型数据。

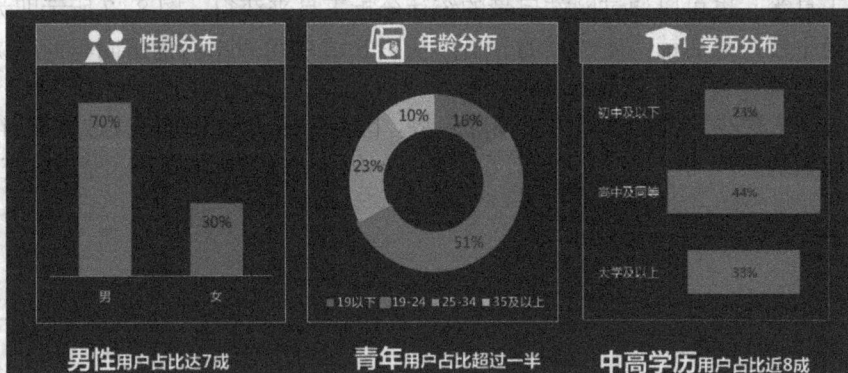

图8-2　图文型数据

8.1.2　新媒体数据的来源

新媒体数据因为营销平台的不同而有不同的数据来源，目前使用率最高的数据来源主要有网站数据、微信数据、微博数据和今日头条数据4种，下面分别进行介绍。

1. 网站数据

网站作为新媒体营销的常用平台是数据来源最基本的途径，其数据主要表现为UV统计、PV统计、用户来源、关键词分析、用户地区分析、浏览路径、着陆页分析等，各数据的含义介绍如下。

- **UV统计**：UV即网站的独立访客数，只对唯一IP访问数量进行统计，一天内同一访客多次访问网站只计算为1个访客，UV统计等同于访问网站的用户数量。
- **PV统计**：PV即页面浏览量。用户每打开网站上的一个页面就会被统计工具记录为1次PV。用户多次打开同一页面，则对页面浏览量的值进行累计，即使只是刷新页面，该页面的页面浏览量也会增加1次。
- **用户来源**：用户来源是指用户进入网站的路径，如来自百度、搜狐等搜索引擎，来自其他网站或直接访问等。
- **关键词分析**：关键词分析是指对用户访问的关键词进行统计，即分析用户是通过哪些关键词进入网站的。
- **用户地区分析**：用户地区分析主要用于统计用户所处地区、不同地区用户数量及不同地区的用户比例等。
- **浏览路径**：浏览路径是指用户在网站的浏览路径，如浏览了什么网页、在某网页停留的时间以及从什么网页离开等。

● **着陆页分析**：记录用户进入网站的第一个页面，通过着陆页分析可统计出用户的进入数量和比例。

这些数据可以通过各种网站分析工具来获得，如百度统计、CNZZ统计、站长工具等，也可以通过网站自带的统计分析工具来获得，图8-3所示即为淘宝电商平台对某店铺网店数据的分析。从图8-3中可看出店铺访问与商品访问数据情况都较差，且较前日同时段下降34%左右；成交转化较低，仅有10，店铺关注人数少，浏览量整体呈下降趋势。因此，该店铺现阶段应该注重引流，增加店铺的人气与粉丝；同时，做好详情页的优化，以增加转化率，提高成交量。

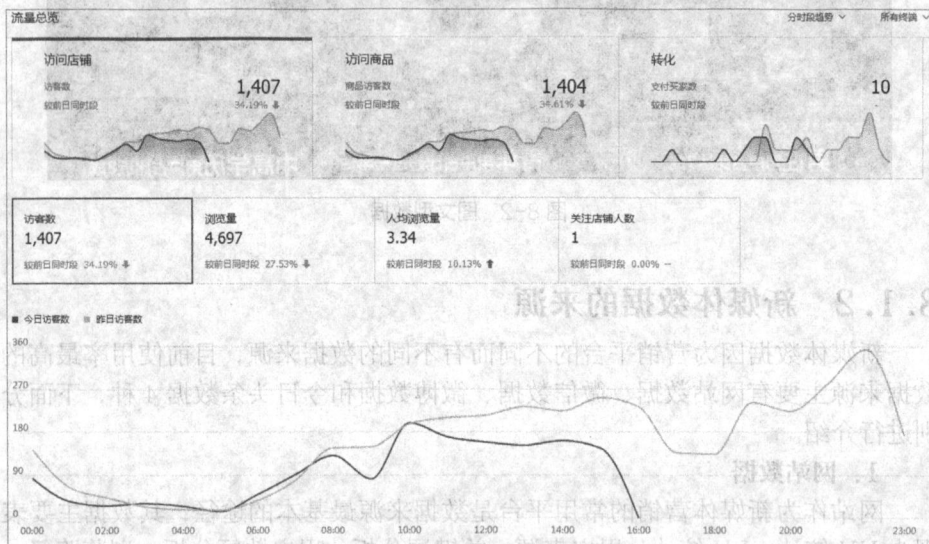

图8-3 某店铺的网店数据分析

2．微信数据

根据微信营销类型的不同，微信数据分为个人微信号营销数据与微信公众号数据两种类型，下面分别进行介绍。

● **个人微信号营销数据**：以个人微信号作为新媒体营销的主要平台，主要是电商、微商等群体，常以"社群+朋友圈"的形式进行产品或品牌推广。个人微信号营销数据主要是指微信朋友圈的数据，其分析指标主要有好友数量、点赞数量、购买数量、文章转化率等。图8-4所示即为某个人微信号3月朋友圈好友统计。

● **微信公众号数据**：微信公众号数据对于微信公众号的营销具有非常重要的指导意义。例如，通过分析后台粉丝数量的增减，可以分析出营销的有效性。微信公众号数据通过变换内容分析阅读的数据，可以分析出粉丝的浏览情况。微信公众号数据主要包括新增关注人数、取消关注人数、单篇图文阅读量、全部图文阅读量等。图8-5所示为某微信公众号在5月的取消关注人数分析。

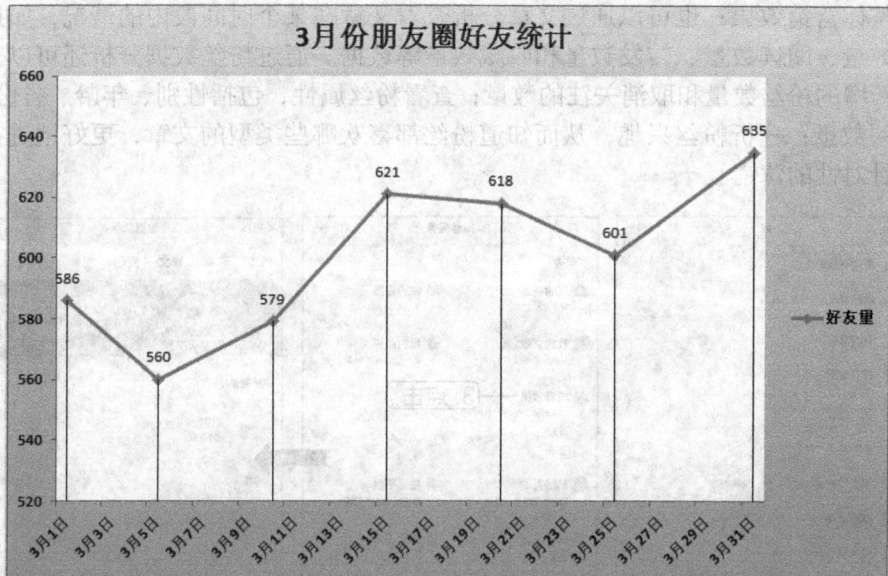

图 8-4　某个人微信号 3 月朋友圈好友统计

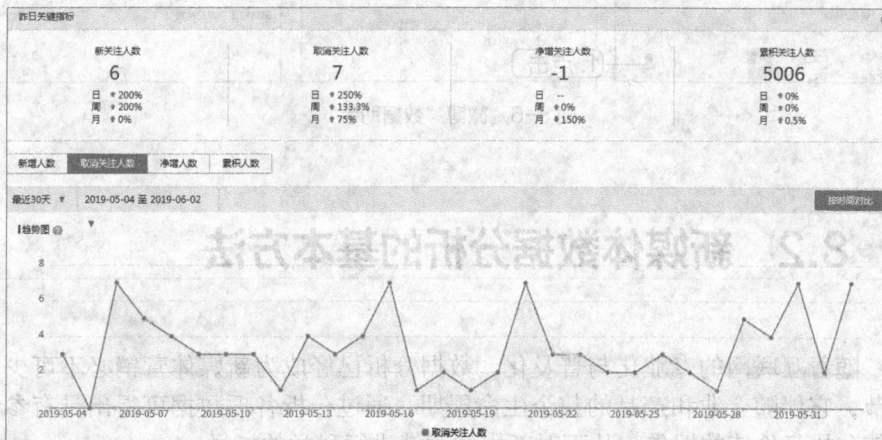

图 8-5　某微信公众号在 5 月的取消关注人数分析

3．微博数据

在微博平台中进行新媒体营销可通过微博"数据助手"来获取数据并进行分析。在微博客户端中依次点击"我"→"粉丝服务"→"内容效果"，可打开"数据助手"页面，在其中可查看微博粉丝、博文、互动、相关、文章、视频等数据，根据这些数据可进行微博营销效果的分析，如图 8-6 所示。

4．今日头条数据

今日头条作为目前较为主流的新媒体营销平台，也可以通过后台获得丰富的营销数据。在今日头条的后台首页可以直接查看文章的订阅数量，了解文章的整体营销效果；也可以通过文章分析查看文章在某个时间段内的情况，如推荐数量、阅读数量、转发数量和收藏数量等数据。通过粉丝数据分析还可以查看新增的粉丝数量和取消关注的数量；查看粉丝属性，包括性别、年龄、省份、订阅数量；分析粉丝兴趣，从而知道粉丝都喜欢哪些类型的文章，更好地进行有针对性的营销。

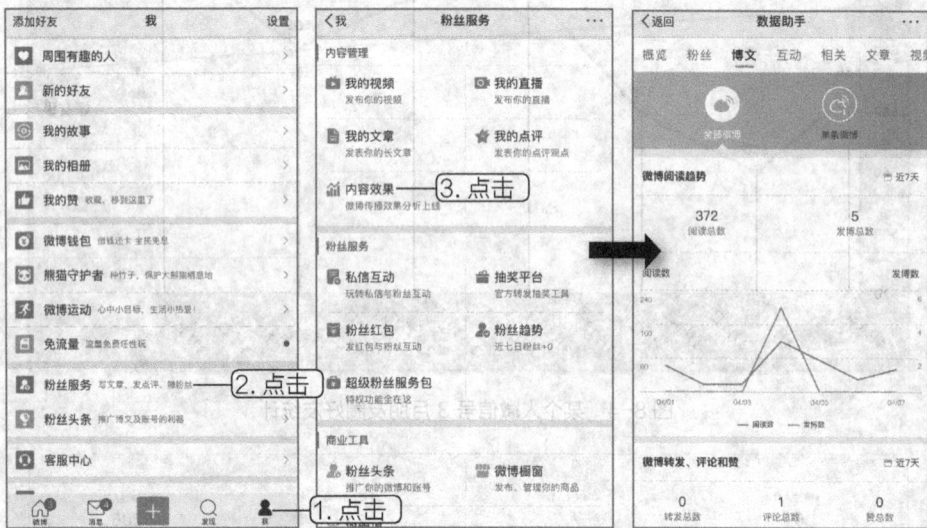

图 8-6　微博"数据助手"

8.2　新媒体数据分析的基本方法

随着互联网的专业化与普及化，数据分析已经成为新媒体营销必不可少的环节，它伴随企业和产品的整个生命周期，通过分析各项数据可得出具有参考价值和执行价值的报告，从而对新媒体营销进行科学的指导。

8.2.1　新媒体数据分析的步骤

新媒体数据分析通常需要 5 个步骤，包括制定目标、挖掘数据、处理数据、分析数据、总结数据，下面分别进行介绍。

1．制定目标

对于数据分析人员而言，新媒体数据分析是为了能够更科学地制订营销计划、更精准地评估营销效果。在进行数据分析前，首先应当制定目标，即先要知晓进行数据分析的原因。是想了解运营情况，还是想了解销售情况。如果没有制定目标，那么做出的数据分析将会不精准。例如，某微信公众号运营人员想要了解近期微信公众号为什么涨粉比较缓慢，通过这个需求可以进一步得出近期微信公众号推广没有做好的结论，那么只需要针对近期推广微信公众号的渠道查找原因，查找哪个渠道出了问题即可。

2．挖掘数据

在制定了分析目标后，数据分析人员就需要根据目标有针对性地挖掘数据。挖掘数据前首先需要进行数据来源分析。例如，要想找到微信公众号营销失误的环节，其对应的数据即为粉丝来源数据、粉丝取消关注数据等；想要确定适合在网上售卖的产品，其对应的数据即为产品页面的浏览量、产品的销量、产品的评价数据等。

数据来源分析完成后，数据分析人员就可以进行新媒体数据的挖掘。挖掘数据可以从后台数据、第三方数据以及手动统计3方面入手。

- **后台数据**：如果需要分析的数据在新媒体平台的后台可以找到，就无须花费过多的时间进行挖掘，可以直接在后台下载、复制。常见的可以直接获取的数据包括微信公众号数据、微博阅读数据等。
- **第三方数据**：当在新媒体后台无法获取某项数据时，就需要借助相关工具，在授权后利用第三方工具（如新榜数据、西瓜助手、考拉新媒体助手等）进行数据的挖掘。目前可获取的第三方数据主要包括网站的点击数据、访问来源数据以及用户属性数据等。
- **手动统计**：如果需要分析的数据在新媒体后台和第三方数据中都无法获取，就需要数据分析人员进行手动统计，如多平台的阅读总量数据等。

3．处理数据

在挖掘新媒体数据后，往往不能直接使用挖掘的数据，还需要数据分析人员对数据进行处理。处理数据主要包括删除无效数据、合并重复数据、组合相关数据3个部分，下面分别进行介绍。

- **删除无效数据**：在统计过程中难免会有一些无用的字符或与目标不相关的数据，那么在数据处理中就需要删除这部分数据，不然多余的数据可能会给后面的工作带来一定难度。例如，在分析网站的流量数据时，就只需要了解其页面的浏览量、访客数等数据。
- **合并重复数据**：合并重复数据是因为有些后台的数据有重复性，合并重复数据后统计出的数据更直观。
- **组合相关数据**：原始数据中会有不同的数据混合在一起，因此需要将相关数据进行组合。

4．分析数据

数据在经过处理后就可以进行分析了，常见的数据分析类别有流量分析、销售分析、内容分析和执行分析，下面分别进行介绍。

- **流量分析**：主要是对网站流量和移动端的流量进行分析，对网站流量的分析主要是对跳出率、访问量、访问时间等数据进行分析，对移动端流量的分析主要是对微网站流量、H5访问量等数据进行分析。

- **销售分析**：主要是对网上销售的数据进行分析，销售数据除了包括下单数量、二次购买率以及支付比例外，还包括网上预订、线下支付的订单。
- **内容分析**：主要是指对各新媒体平台的内容数据进行统计，如微信公众号阅读量、微博粉丝数、头条号推荐量等。通过对基础数据进行分析，营销人员可以及时地调整文章内容、标题。
- **执行分析**：主要是指对营销人员进行考核，包括文章撰写速度、文章质量、软文发布频率等方面。

5. 总结数据

在数据分析完成后，还需要总结数据。总结数据不仅有利于沟通新媒体营销的情况，还便于分析新媒体营销结果、总结新媒体营销规律、制定新媒体整体营销规划。一般而言，新媒体的营销情况、同行的新媒体营销情况以及行业的新媒体发展趋势等都对营销有着指导性的意义，只有对数据进行总结，才可以根据数据制订下一环节的营销计划。

8.2.2 新媒体数据分析的方法

常见的新媒体数据分析的方法主要包括直接评判法、对比分析法、结构分析法、漏斗图分析法、雷达图分析法等，下面分别对其进行详细介绍。

1. 直接评判法

直接评判法是指营销人员根据营销经验，直接对具有分析性的数据下定义，判断它的好与坏，通常是从评估近期阅读量、销量以及当日文章推送量是否正常等方面入手。不过要想用直接评判法来进行数据分析，需要满足以下两个条件。

- 营销人员必须有丰富的新媒体运营经验，可以对阅读量等信息有正确的评估能力。
- 经过加工处理的数据要够直观，可以直接代表某数据的某个指标。

例如，某企业于2019年5月18日采用了线上活动进行微信公众号营销，并在营销前后进行了微信公众号粉丝的数量统计。图8-7所示即为该企业微信公众号粉丝人数的统计图，通过该图可以知道，在2019年5月12日到2019年5月17日期间该公众号日均粉丝增加10个左右，在5月18日当天增加了近2000个粉丝。因此可以直接利用后台粉丝数评估并改善营销活动的效果。

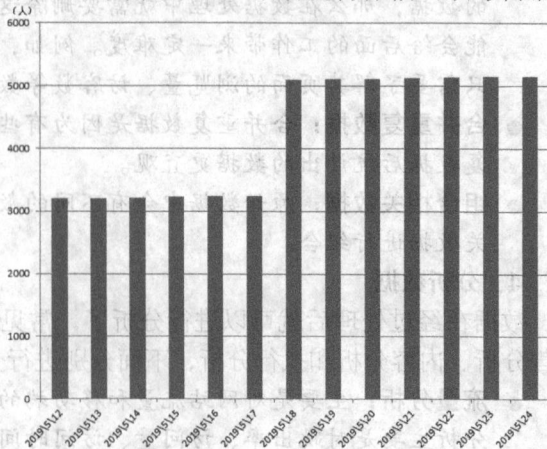

图8-7 某企业微信公众号粉丝人数

2. 对比分析法

对比分析法是将两个或两个以上的数据进行对比，分析差异，进而揭示这些数据所代表的规律的一种方法。对比分析法分为纵向分析法和横向分析法，纵向是指不同时间段同一指标的对比，横向是指同一时间段不同指标的对比。

在进行数据分析时，单一的数据分析只能体现单一的变量，如某一天的流量、销量，如果将某段时间内不同时期的流量、销量进行对比，就可以得到更多的信息，如流量增加或降低、销量提高或减少等。通过比较数据中某个相同的因素，对其他的数据进行对比分析，可以得到企业经营过程中各种数据的变化情况，从而更好地发现并解决问题。

图 8-8 所示为某企业第四季度的产品销售额对比情况，从中可以看出 11 月的销售额最高，12 月的销售额最低。那么就要对销售额上升与下降的原因进行分析，如是否是"双十一"活动导致销售额上升，或是市场行情、引流不佳、竞争对手导致销售额下降，下降的幅度是否正常。分析出原因后再有针对性地解决问题。

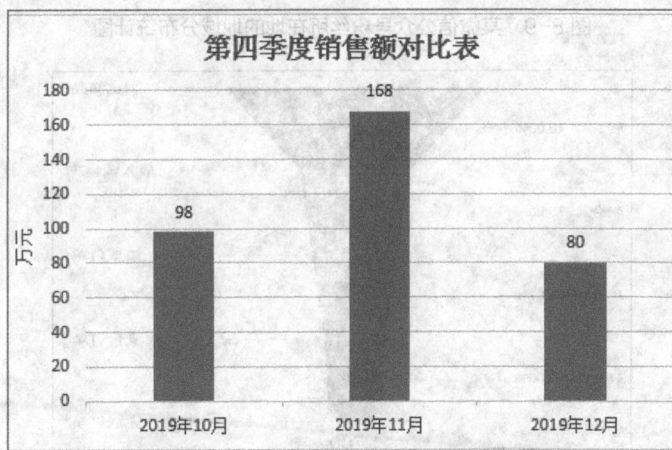

图 8-8　某企业第四季度的产品销售额对比情况

通过对比分析法可以直接了解营销的质量以及目前的营销水平。一方面可以找到当前比较有优势的环节，后期予以保持；另一方面可以及时发现当前薄弱的环节，进行优化突破。

3. 结构分析法

结构分析法是在统计分组的基础上，将组内数据与总体数据进行对比分析的一种方法。结构分析法分析各分组占总体的比例，分析的是相对指标。图 8-9 所示即为某微信公众号粉丝所在地的地域分布统计图，是典型的结构分析法。

4. 漏斗图分析法

漏斗图分析法是指通过对营销各个环节的流程进行对比分析，这种方法能够直观地发现并说明问题，如对营销各个环节的转化（从展现、点击、访问、咨询、订单生成的角度进行分析）和用户各阶段的转化比较等进行分析，如图 8-10

所示。漏斗分析法的各项数据是逐步减少的，要想取得更好的效果可以不断扩展漏斗的开口。

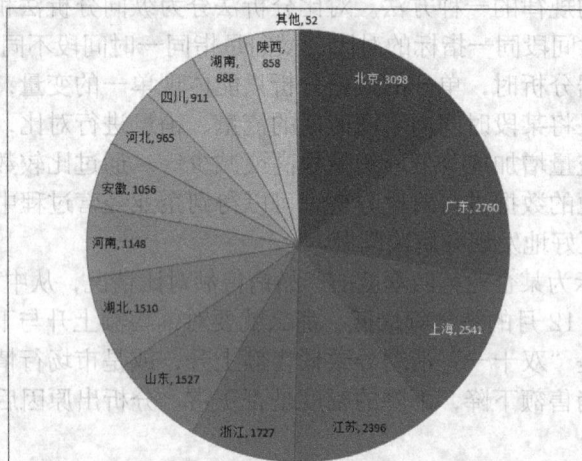

图 8-9　某微信公众号粉丝所在地的地域分布统计图

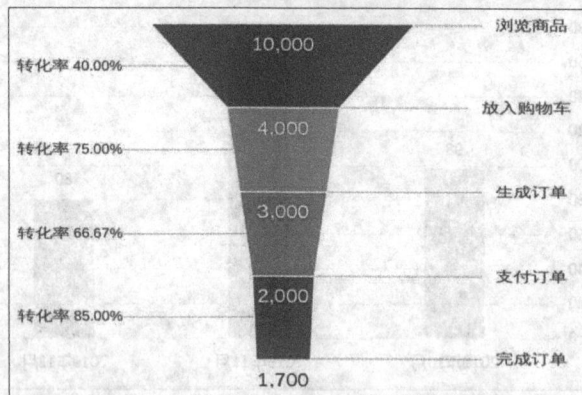

图 8-10　营销各环节和用户各阶段转化的比较

5．雷达图分析法

雷达图分析法常用于指数分析，如通过对新媒体账号的内容质量、领域专注等不同维度的计算得出的客观评分结果。百家号指数、大鱼号星级指数用的都是雷达图分析法。图 8-11 所示即为百家号指数，通过机器和人工评定相结合的方式评估作者最近 30 天的表现，从内容质量、活跃表现、领域专注、原创能力、用户喜爱 5个维度打分并通过加权计算得出分数，每

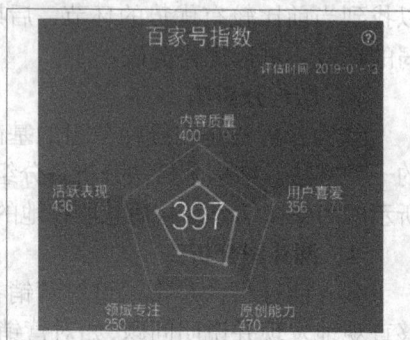

图 8-11　百家号指数

个维度的满分均为 1 000 分，分数越高，代表账号的质量越好，越能获得更高的等级与权益。

8.2.3 新媒体数据分析的常见误区

作为开展与改善营销计划的依据，数据分析要保证分析结果的准确性，因此营销人员必须熟悉数据分析的误区，避免因为自身问题而使分析结果产生误差，下面对常见误区分别进行介绍。

● **错误选取分析样本**：数据分析的样本选取是相当重要的，营销人员在分析前一定要明确所选取数据样本的时间和范围等，通过制定相同的抽样规则来保证数据分析结果的准确性、公正性。特别是在使用对比分析法进行数据分析时，必须保证对比条件相同，否则会使结果产生偏差。

● **忽略沉默用户**：活跃用户的需求并不等同于所有用户的需求，也不等同于产品或服务的核心需求，在以用户需求为中心的前提下进行数据分析时，不要以部分用户的反馈来做最终的决策，应该听取不同用户的意见，包括沉默用户，从大部分目标用户的需求出发进行数据分析。

● **过度依赖数据**：数据是分析的基础，但过度依赖数据可能会限制营销人员本身的创意和能力。网站、新媒体平台、第三方工具等数据分析平台中的数据信息众多，太多的数据不仅会增加营销人员的负担，还会使营销人员浪费大量的时间在没有太多价值的数据上。因此，营销人员在进行数据分析时，还要对数据进行筛选，侧重主要数据，忽略没有价值的数据。

● **逻辑关系混乱**：数据分析有因果关系和相关关系。因果关系是指A导致了B的发生，相关关系是指由于同一个事件出现了A和B等多种结果。在进行数据分析时，一定要明确各项数据分析指标之间的逻辑关系，避免出现常识性或逻辑性错误，导致最终的营销计划产生偏差。如影响销量的因素可能有产品质量、价格、促销力度、用户评论等，如果只针对某一项因素进行调整，可能并不能达到理想的效果。

8.3 微信公众号数据分析

以微信公众号为新媒体营销的主要平台，通过微信公众号后台的"统计"功能可以更加方便地进行数据的获取与分析。下面就对微信公众号的数据分析进行详细介绍。

8.3.1 微信公众号数据分析概述

进行微信公众号数据分析，能够帮助营销人员更好地运营微信公众号，发现问题并根据数据分析的结果解决问题。微信公众号的后台数据分析包括用户数据分析、图文数据分析、菜单数据分析、消息数据分析、接口数据分析和网页数据分析6大模块的内容，下面分别进行介绍。

● **用户数据分析**：用户数据分析包括用户增长和用户属性两个方面的内容。用户增长是对新增人数、取消关注人数、净增人数、累积人数的统计与分析。另外，营销人员可通过这些数据来分析公众号的粉丝变化情况，还可在下方单击"下载表格"超链接下载详细的数据信息，然后通过 Excel 表格进行个性化分析。用户属性分析主要是对用户的性别、语言、地域、终端等数据的分析。图 8-12 所示为某微信公众号的用户性别分析，从中可看出该微信公众号的粉丝中女性用户所占的比例较高，几乎是男性用户的两倍。

图 8-12　某微信公众号的用户性别分析图

● **图文数据分析**：图文数据分析包括单篇图文分析和全部图文分析两种类型。单篇图文分析主要是对图文发布的时间、送达人数、图文阅读人数、分享人数等数据进行统计分析；全部图文分析主要是对图文总阅读、原文页阅读、分享转发、微信收藏等数据进行统计分析，如图 8-13 所示。

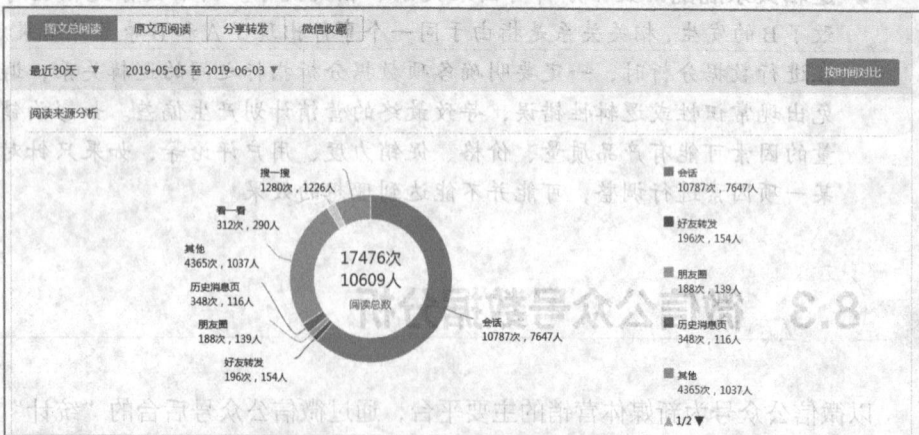

图 8-13　全部图文分析

● **菜单数据分析**：菜单数据分析主要是对微信公众号的菜单点击次数、菜单点击人数、人均点击次数进行统计分析，如图 8-14 所示。

- **消息数据分析**：消息数据分析主要是对消息发送人数、消息发送次数、人均发送次数、消息关键词等数据进行统计分析。
- **接口数据分析**：接口数据分析主要是对调用次数、失败率、平均耗时、最大耗时等数据进行统计分析。
- **网页数据分析**：网页数据分析主要是对页面访问量进行统计分析。

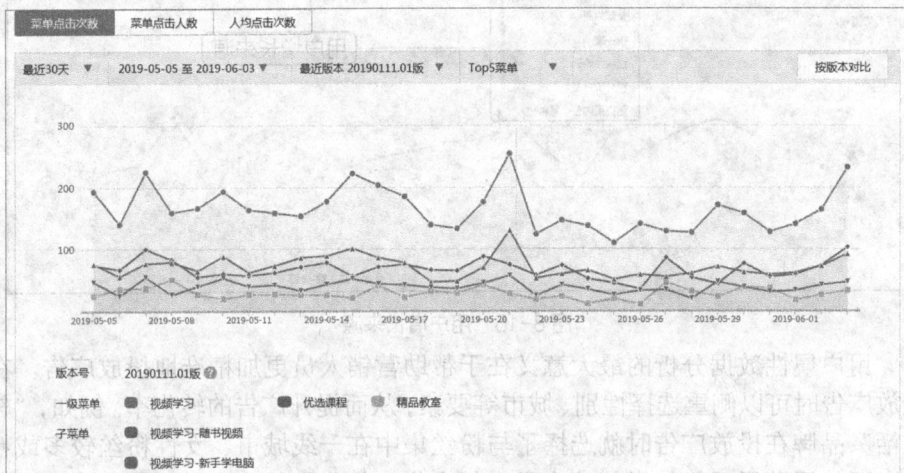

图 8-14　菜单数据分析

8.3.2　微信公众号用户数据分析

在使用用户数据分析模块时，分析的数据主要是用户增长和用户属性。通过用户增长可以了解微信公众号粉丝的增长趋势和原因，通过用户属性可以熟悉粉丝情况，下面分别进行介绍。

1．用户增长

用户增长数据分析在微信公众号后台中有 4 个指标，需要在其中重点关注新增人数，以便准确关注粉丝增长趋势。在监测这部分数据的时候，需要留意特别的数据和突然变化的数据。比如某微信公众号一天内突然增加了 100 多个粉丝，这时数据分析人员就要仔细查看粉丝激增的原因；如果取消关注的粉丝也突然出现暴增的情况，就要尽快查看推文是否出现问题，引起读者反感。通过用户增长数据分析，除了能看到某个时间段的数据外，还可以查看新增用户的增长来源。图 8-15 所示即为新增用户关注微信公众号的主要途径。了解这些关注途径，对研究微信公众号增粉的方法会有较大的帮助。

2．用户属性

用户属性中比较有价值的数据包括男女比例、城市分布等。男女比例数据可以帮助营销人员调整发布内容和推广内容，如粉丝中男性用户所占的比例偏高，那么微信公众号可以推送体育、汽车、数码产品等内容；反之，则可以推送时尚、美妆、娱乐等内容。对于城市分布数据而言，在知道了用户所在地区后，策划后续活动时就可以优先选择用户比较集中的地方，另外还可以进行针对性营销。例如，某微信公众号的粉丝中在北京的用户所占的比例较高，那么就可以创作与"北漂"、京剧等相关的文章进行营销。

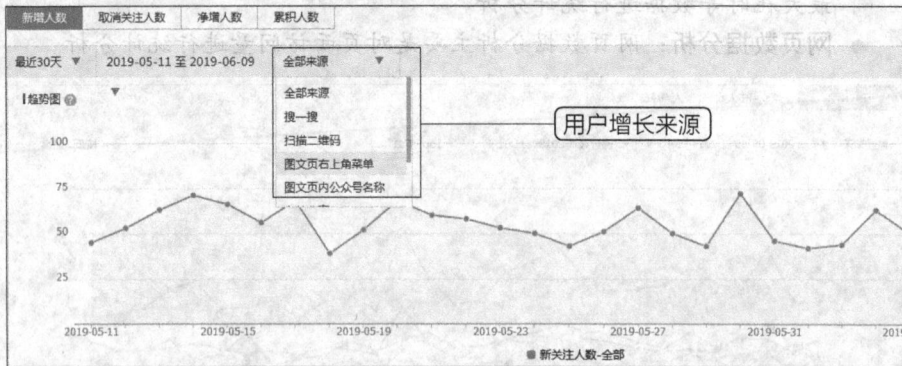

图 8-15　用户增长来源

　　用户属性数据分析的最大意义在于帮助营销人员更加精准地投放广告。在投放广告时可以侧重选择性别、城市等要素，从而提升广告的转化率。例如，"轻生活"品牌在投放广告时就选择了与粉丝集中在一线城市、女性粉丝较多或粉丝主要使用苹果手机的微信公众号进行合作，依靠微信"大 V"投放微信软文广告，获得了较大成功。

8.3.3　微信公众号图文数据分析

　　全部图文分析的数据是微信公众号图文数据分析中比较关键的数据，其关键指标主要包括图文总阅读、原文页阅读、分享转发和微信收藏 4 种，其定义如下。

- **图文总阅读**：所有图文在某个时间段里的阅读人数和阅读次数（包括非粉丝）。
- **原文页阅读**：点击一篇文章的"阅读原文"的次数。
- **分享转发**：所有图文在某个时间段里被分享、转发的次数。
- **微信收藏**：文章被用户收藏的总人数，一般来说，"干货"类、工具类、教程类的内容被收藏的可能性较大。

　　针对以上 4 项指标，微信公众号主要提供了两种分析方法，下面以某公众号的数据为例分别对两种分析方法进行详细介绍。

1．按照时间维度分析

　　按照时间维度的不同，微信公众号提供了最近 7 天、最近 15 天、最近 30 天的阅读来源和趋势图分析。通过分析阅读来源，可以推测出读者的阅读场景，优化营销渠道。通过分析趋势图，可以查看用户感兴趣的内容以及推送文章的时间段。例如，通过图 8-16 可知，该公众号最近 30 天的阅读量主要来源于公众号会话，并且其阅读量总体呈现下降趋势。

2．按照不同时段的趋势对比分析

在选择"图文总阅读"后，任意选择时间维度为 7 天、15 天、30 天，再单击页面右侧的"按时间对比"按钮，即可进行不同时段的趋势对比分析。图 8-17 所示即为该公众号 5 月 11 日—6 月 9 日和 4 月 11 日—5 月 10 日图文总阅读人数和图文总阅读次数的对比。

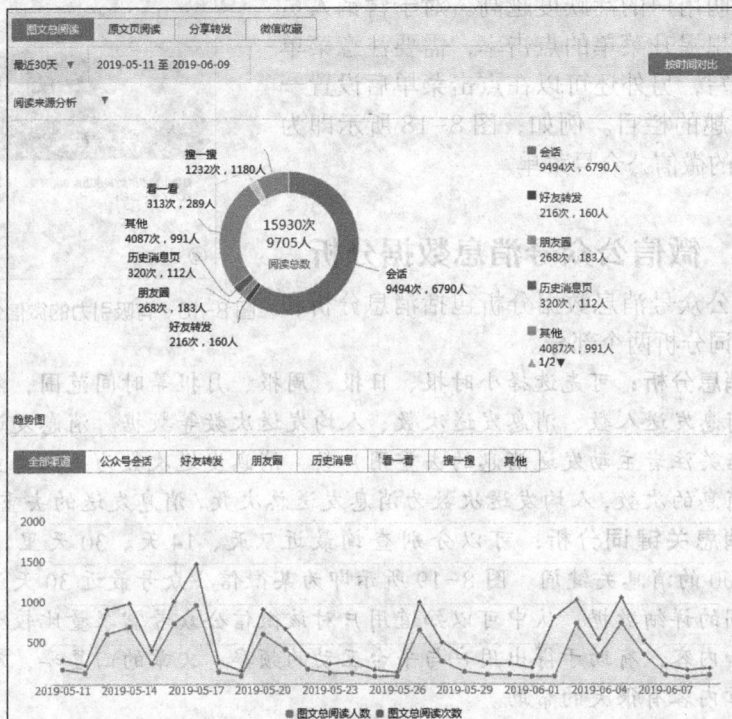

图 8-16　按照时间维度分析

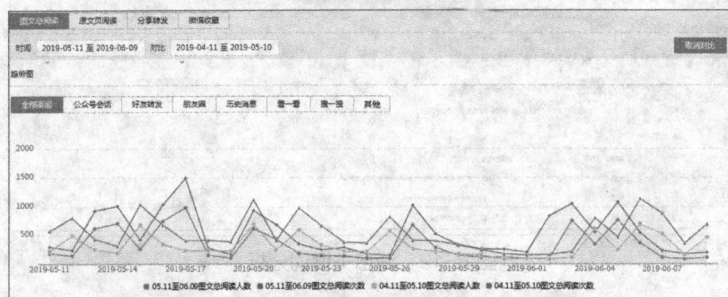

图 8-17　按照不同时段的趋势对比分析

8.3.4　微信公众号菜单数据分析

在菜单数据分析中可以看到昨日关键指标的 3 项数据：菜单点击次数、菜

单点击人数和人均点击次数。用户可以选择查
看最近7天、15天、30天等菜单点击情况的
数据。通过对菜单的数据分析可以查看微信公
众号粉丝的满意度和活跃程度，点击次数越多
说明微信公众号覆盖的人群越多，人均点击次
数越多说明用户的活跃度越高。对于营销人员
而言，若想提升菜单的点击率，需要注意菜单
文章的撰写，另外还可以在点击菜单后设置一
些比较有趣的栏目。例如，图8-18所示即为
有吸引力的微信公众号菜单。

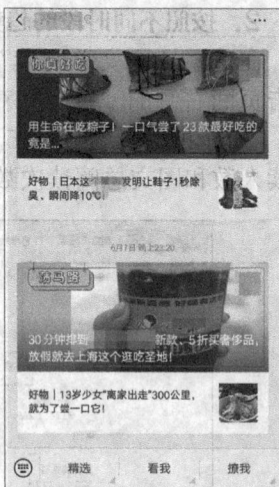

8.3.5 微信公众号消息数据分析

微信公众号消息数据分析包括消息分析和
消息关键词分析两个部分。

图8-18 有吸引力的微信公众号菜单

- **消息分析**：可先选择小时报、日报、周报、月报等时间范围，然后查看
消息发送人数、消息发送次数、人均发送次数等数据。消息发送人数包
括关注者主动发送消息的去重用户数，消息发送次数为关注者主动发送
消息的次数，人均发送次数为消息发送总次数／消息发送的去重用户数。
- **消息关键词分析**：可以分别查询最近7天、14天、30天里，排名前
200的消息关键词。图8-19所示即为某微信公众号最近30天消息关键
词的详细数据，从中可以知道用户对该微信公众号需求量比较大的功能
和内容，有助于得出用户与平台互动的频率、文章的回复率，对分析文
章内容有很大的帮助。

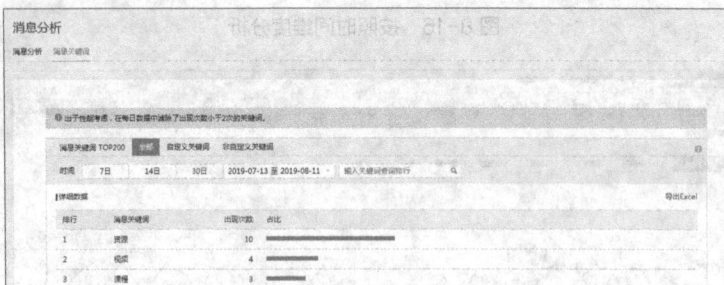

图8-19 消息关键词分析

8.4 微博数据分析

在"全民微博"的大环境下，通过微博这一平台开展营销活动，可以提高

品牌或企业的知名度，还可以得到用户的反馈，帮助企业及时发现问题、解决问题。大部分企业都想通过微博进行营销，但是却不知道如何分析粉丝、博文、评论等数据，无法通过微博数据的展示结果了解自身微博的发展变化，从而得不到比较好的营销效果。下面就对微博的数据分析进行介绍，帮助企业总结微博数据分析方法，优化营销内容。

8.4.1 微博基本数据分析

微博管理后台提供了比较丰富的数据分析模块，营销人员可以对昨日关键指标、粉丝变化、我发布的内容、文章和视频等基本数据进行分析。

- **昨日关键指标**：昨日关键指标主要包括净增粉丝量、阅读量、发博量、文章发布量、文章阅读量、视频发布量以及视频播放量。营销人员可以对以上指标随时间的变化进行分析，红色表示数据情况变差，绿色表示数据增长。例如，净增粉丝数为绿色，表示粉丝数据增长，就可以从发布内容、数量、发布时间等方面，总结营销经验，以提升粉丝增长速度。

- **粉丝变化**：粉丝变化包括新增粉丝量和减少粉丝量两个关键数据，其中减少粉丝量不仅包括粉丝主动取消关注账号的数据，还包括账号主动移除粉丝的数据。对于该项数据，营销人员可以关注粉丝变化较明显的时间段，从而找到增强营销效果的方法。例如，某微博账号 6 月 1 日粉丝变化数据较大，通过研究发现，账号当天进行了儿童节的抽奖转发活动，大量的粉丝进行了转发和评论，并带来了新的粉丝。根据数据分析得出结论，营销人员在节日前后开展抽奖转发等活动可以带来阅读量和粉丝的增加。

- **我发布的内容**：我发布的内容包括发博量、发出评论量和原创微博量 3 个关键指标，在数据概览中可以查看发布内容的详细数据。对该项数据进行分析，可以知道营销人员的"勤劳程度"，还可以知道其是否抓住了热点时间，如"6·18""11·11"等，从而合理规划营销时间段，确保营销效果最大化。

- **文章和视频**：文章和视频模块的数据分析，即对文章阅读量和视频播放量的分析。与粉丝变化模块的数据分析相似，营销人员也可以分析文章和视频变化数据较大的时间段，从而总结出用户比较喜欢观看的文章和视频内容。

8.4.2 微博内容数据分析

微博内容数据分析主要包括博文分析、文章分析和视频分析。其中，博文分析是指对所发微博短文进行分析，文章分析是指对微博头条文章进行分析，视频分析是指对所发微博视频进行分析。

- **博文分析**：博文分析包括微博阅读趋势、微博阅读人数、微博转发和评论和获得点赞的数据、点击趋势分析，以及单条微博数据的分析。其中，营销人员需要重点关注微博阅读趋势和单条微博两项数据，微博阅读趋势反映了账号在近7天、30天、90天的微博被阅读次数，根据这些数据可以分析账号被阅读数据差异较明显的时间段，总结用户感兴趣的博文内容，如图8-20所示，该账号在4月22日后的某日发布的博文出现了阅读量的最大值，从而可以得出该博文可能是用户比较感兴趣的内容的结论。通过单条微博分析，营销人员可以快速找到阅读量和互动量较高的微博，从而对其微博内容、发文时间进行统计分析，以便找到最佳营销策略。

- **文章分析**：文章分析可以对文章阅读趋势，文章转发、评论和点赞量，以及单篇文章的数据进行分析。对于微博头条文章，营销人员可以将文章的阅读量和点赞量进行分析，找出点赞量比较高的文章，总结文章的相同点，并分析文章主要满足了用户的哪些需求；另外，还可以对阅读量高的文章的排版、语言风格和发布时间等进行详细分析。

- **视频分析**：与博文分析类似，视频分析包括视频播放趋势，视频播放人数，视频转发、评论和点赞量分析，以及单条视频相关数据的分析。同样，营销人员可以通过统计视频的播放量和点赞量，找到优化视频内容的方法，以增强营销效果。

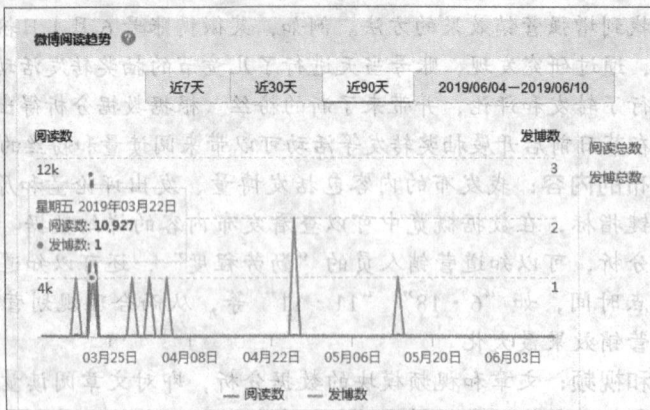

图8-20　微博阅读趋势

8.4.3　微博粉丝数据分析

微博粉丝数据分析与内容数据分析类似，对粉丝的属性等进行分析，可以帮助营销人员了解粉丝的喜好，从而更加顺利地开展营销活动。微博粉丝数据分析主要包含3个部分，即粉丝趋势、活跃分布和粉丝画像，下面分别进行介绍。

- **粉丝趋势**：包括粉丝趋势分析和近7日取关粉丝列表两个关键指标。在粉丝趋势分析中，营销人员可以选择任意两个指标进行数据分析，通过数据分析图，可以快速分析粉丝增加或减少情况，利于分析当天发布的内容，找出粉丝变化的原因。图 8-21 所示即为某账号近 90 天内粉丝总数和粉丝增加数的情况，从中可以看出其粉丝的数量较少，但是在近 90 天内粉丝总数呈现上升趋势，4 月 8 日粉丝增加人数较多，因此应当找出粉丝增加的原因，并找到增长粉丝的方法。

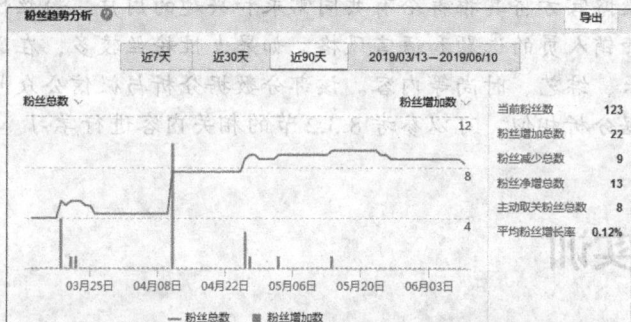

图 8-21　某账号近 90 天内粉丝总数和粉丝增加数的情况

- **活跃分布**：在活跃分布中，营销人员可以对活跃粉丝数（即在某一时间登录过微博的粉丝）进行分析。大部分拥有一定粉丝基础的微博账号，也同时拥有很多从来不活跃的粉丝，俗称"僵尸粉"。不活跃的粉丝没有实际意义，因此在分析微博粉丝时，应该关注活跃粉丝。在活跃分布中，包括粉丝按天分布和粉丝按小时分布，通过前者可以查看账号日活跃粉丝的数量，通过后者可以查看粉丝按小时分布的情况，总结出合理的发文时间。从图 8-22 中可以看出该账号近 7 日粉丝活跃数量在 30 人左右，数量较少，并且粉丝活跃的时间段为早上 8 点到晚上 11 点。因此该账号应当策划相应方案以增加活跃粉丝的数量，发博的时间也应当控制在粉丝比较活跃的时间段内，即早上 8 点到晚上 11 点。

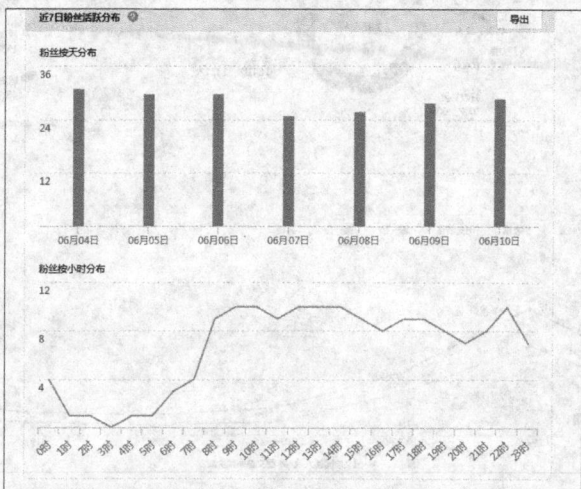

图 8-22　某账号近 7 日粉丝活跃分布数据

● **粉丝画像**：在粉丝画像中可以查看的数据较多，包括粉丝来源、粉丝性别和年龄、粉丝地区分布、关注我的人的粉丝量级、粉丝兴趣标签、粉丝类型等。通过粉丝来源可以查看账号粉丝的来源渠道。例如，某账号来自微博推荐的粉丝较多，那么营销人员应当设置好微博的分类标签，便于微博官方将其推荐给有共同需求和兴趣的用户。粉丝性别和年龄会影响营销人员的选题和语言风格，如果女性粉丝较多，在选题时可以偏向娱乐、综艺、时尚等内容。该部分数据分析与微信公众号中的用户属性数据分析相似，可以参考 8.3.2 节的相关内容进行学习。

📈 课堂实训

实训　微信公众号图文数据分析

🎯 实训目标

图 8-23 所示为某微信公众号近 7 天的图文总阅读数据来源和全部渠道的阅读数据趋势图，请试着对其进行分析。

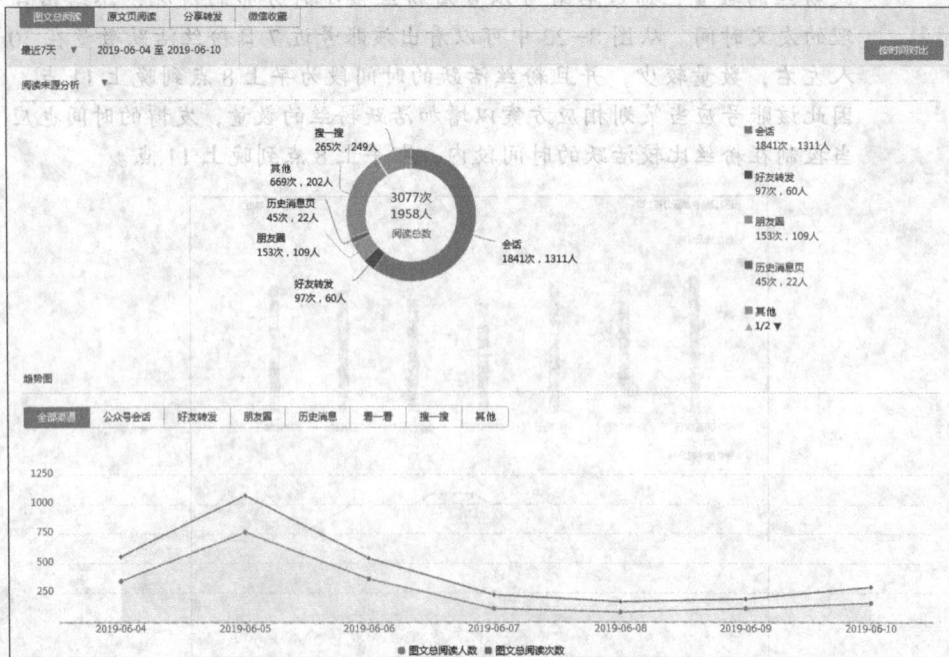

图 8-23　某微信公众号近 7 天的图文总阅读数据来源和全部渠道的阅读数据趋势图

实训思路

（1）分析图文总阅读数据来源。通过图文总阅读数据来源，可以看出近7天中该微信公众号的图文总阅读数据主要来源于会话、搜一搜和其他。

（2）分析全部渠道的阅读数据趋势图。通过全部渠道的阅读数据趋势图，可以看出6月4日到6月5日的图文总阅读人数和图文总阅读次数呈上升趋势，并在6月5日达到了最高峰。6月5日至6月10日，该微信公众号图文总阅读人数和图文总阅读次数就整体呈现下降趋势。通过了解该项数据，可以研究增加微信公众号图文阅读量的方法。例如，该微信公众号获得好友转发的次数较少，那么下次在撰写微信公众号文章时就可以从这方面着手，如策划转发给好友即可获得小礼品活动的方案。

课后练习

练习1　对微信公众号用户增长来源进行判断

试着通过以下几个场景判断微信公众号新增用户的增长来源。

（1）在买完奶茶后，使用微信付款成功后顺便关注奶茶店的微信公众号。

（2）好朋友说某微信公众号很不错，你打开手机进行了搜索和关注。

（3）好朋友分享了一篇微信公众号文章给你，你看完后顺便关注了该微信公众号。

（4）逛街时发现商场门口有张海报显示关注微信公众号可以领取代金券，于是扫码进行了关注。

练习2　微博数据的分析

在微博中，若要以提升销量为目的制订营销计划，应先进行哪些方面的数据分析？试着结合微博的数据指标来展开分析。

拓展知识

1. 图文分析中的"小时报"

微信公众号后台全部图文分析有两个时间项可供选择——日和小时。正文中的数据分析都是日报，下面重点给大家介绍小时报。小时报就是统计文章在一天内不同时间段被用户阅读的情况。一篇文章除了要具备优质的内容外，还应当在最合适的时间被推送出去，图文分析中的小时报就可以帮助营销人员分析哪些时间段的阅读量较高。根据图 8-24 可以分析得到，阅读量较高的时间段分别是 8:00—12:00、15:00—17:00、18:00—20:00。通过小时报，营销人员可以根据数据找出最高的流量点，从而找出最合适的推文时间。

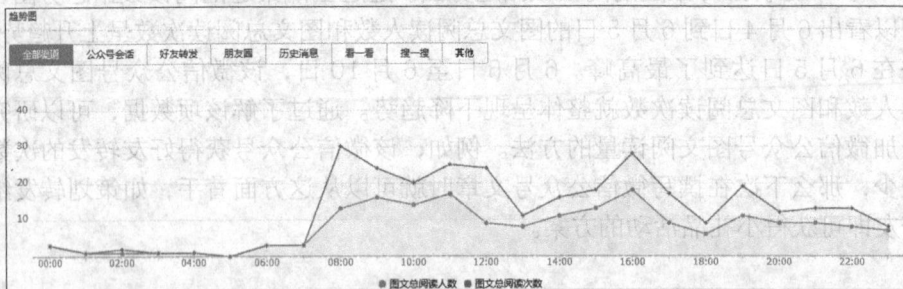

图 8-24　小时报下的图文总阅读数趋势图

2. 找出微博账号具有营销价值的数据

微博是一个社交媒体平台，微博营销并不能像电子商务一样直接看到具体的销售数据。判断微博账号是否具有营销价值需要从粉丝数量和粉丝增长速度、阅读量、互动情况等方面进行分析，下面分别进行介绍。

- **粉丝数量和粉丝增长速度**：粉丝是微博营销的基础，不管是粉丝数量还是粉丝的增长速度，都是微博营销人员必须关注的问题，一个健康、有潜力的微博账号应该具有一定的粉丝数量，且能保证微博粉丝在一定程度内持续增长。

- **阅读量**：发布微博后，在自己所发布的微博界面可以查看该微博截至目前的阅读量，即该微博被用户看到的次数。阅读量越高，说明该微博被阅读的次数越多，因此阅读量越高的微博，传播范围越广。

- **互动情况**：互动是微博非常重要的一项功能和特点，微博用户的转发、评论、点赞都是互动，互动情况可以直接反映博主和微博内容的受欢迎程度，也代表微博粉丝的参与度。通常互动情况越好的微博，粉丝对博主的接受度越高，宣传和推广效果也就越好。